明思宗朱由检
明熹宗朱由校
明神宗朱翊钧
明世宗朱厚熜
明孝宗朱祐樘
明代宗朱祁钰
明英宗朱祁镇
明宣宗朱瞻基
明仁宗朱高炽
明成祖朱棣
明惠帝朱允炆
明太祖朱元璋

明朝十六帝

历史绝对不简单

曹金洪 ◎ 编著

陕西新华出版传媒集团
三秦出版社

图书在版编目(CIP)数据

明朝十二帝 / 曹金洪编著. -- 西安：三秦出版社，2014.5（2022.3重印）
（历史绝对不简单）
ISBN 978-7-5518-0780-7

Ⅰ.①明… Ⅱ.①曹… Ⅲ.①皇帝—生平事迹—中国—明代—通俗读物 Ⅳ.①K827=48

中国版本图书馆 CIP 数据核字(2014)第 097524 号

明朝十二帝

曹金洪　编著

出版发行	陕西新华出版传媒集团　三秦出版社
社　　址	西安市雁塔区曲江新区登高路1388号
电　　话	（029）81205236
邮政编码	710061
印　　刷	河北浩润印刷有限公司
开　　本	710mm×1000mm　1/16
印　　张	16.125
字　　数	200千字
版　　次	2014年5月第1版 2022年3月第3次印刷
印　　数	6001-11000
标准书号	ISBN 978-7-5518-0780-7
定　　价	48.00元
网　　址	http://www.sqcbs.cn

前　言

　　从古至今，中华民族历经数千年的风云变化，刀光剑影早已暗淡，鼓角争鸣业已远去，秦皇汉武的霸业亦归入尘土，银台金阙的浮华也日渐沉寂。轻轻地将岁月的尘埃拭去，五千年的历史才会清晰地显现出来。

　　然而，如果想要了解中国历史，尤其是各个朝代的历史脉络，并不是一件简单的事情。不过，人是历史的主宰，若能了解具有代表性的君王、后妃、名将、谋士等重要人物，那么就能轻松地理清各朝代的历史发展。

　　春秋战国时期，群雄争霸，百家争鸣，史书翻开了新的一页。不管是春秋霸主齐桓公，还是卧薪尝胆的越王勾践，为了各自的霸业都在不懈地努力着……

　　两汉时期虽已成为历史，但其对后代的影响，却随着车轮的滚动越发清晰。品读两汉时期十八位杰出帝王的丰功伟绩，体会他们的治国才略与经典人生。

　　自古以来，帝王需要名将辅佐、谋士的相助，方能成就霸业；而名将与谋士，也需要帝王的慧眼识珠，才能发挥所长，功成名就。在三国这个纷乱的时代，这十二位名将与十二位谋士具有怎样的传奇经历？

　　三国两晋时期的美女都带有当时战乱割据的特点，貂蝉成了连环计的主角，西施成就了夫差的美名。似乎每个美女都有一段可歌可泣的传奇故事，似乎每一段传奇都由一位美女所铸成。且看这十二美女的人生经历与内心的悲欢离合。

唐朝是我国历史的巅峰时期，开创了中国历史的新纪元。在唐朝三百年的统治时期，出现了多位杰出的帝王，让我们穿越时光，走进斑斓的岁月，去品味帝王的传奇经历。

宋朝是一个经济富饶、文化繁荣的时代。回首两宋十六帝的传奇人生，感受宋朝皇宫中的雄浑质朴之风、智谋天下之术……

有人说明朝是最为黑暗的时代，也有人说它是捉摸不定的时代。不妨将明朝皇帝请出来，让他们为你"讲述"当时的历史剧目……

清朝十二帝与清朝十二后妃的人生经历，展现了作为皇帝的治国经略，作为后妃的悲欢离合，同时也显示了清朝荣华兴衰的发展。从他们的身上，你可以看到人生的辉煌，也能够看到人性的阴暗……

本丛书共分为《春秋战国十君王》《两汉十八帝》《三国十二名将》《三国十二谋士》《三国两晋十二美女》《大唐二十帝》《两宋十六帝》《明朝十二帝》与《清朝十二后妃》九册，详细地讲述了发生在那个年代的故事……

目 录

第一章　和尚出身的开国皇帝——明太祖朱元璋 1
帝王档案 2
人物简评 4
生平故事 4
　从放牛娃到开国皇帝 4
　朱元璋到底长什么样子 10
　定都风波 11
　大脚皇后 13
　残害文人　历史罕见 14
　皇帝短命说 16
　朱家风水传说 18
　朱元璋下葬之谜 20

第二章　在位四年的仁慈君主——明惠帝朱允炆 23
帝王档案 24
人物简评 25
生平故事 25
　有抱负却短命的皇太子朱标 25
　皇太孙朱允炆 27

朱允炆上台后的政策	31
叔侄反目　燕王造反	33
靖难之役失败总结	37
朱允炆的最终去处	39

第三章　奠定明清两代政治生活的帝王——明成祖朱棣　41

帝王档案	42
人物简评	43
生平故事	43
燕王朱棣驻守北平	43
关于迁都的辩论大赛	45
诛十族血案	48
发展生产　巩固边防	51
生母之谜	53
别样的感情生活	58
朱棣真正爱的是徐妃	60

第四章　沾儿子的光而登基的皇帝——明仁宗朱高炽　61

帝王档案	62
人物简评	63
生平故事	63
艰难坎坷　苦尽甘来	63
短命皇帝　死因成谜	69
推崇儒学　一代仁君	72
长命皇后　女中尧舜	73

第五章　明朝盛世的开创者——明宣宗朱瞻基 …… 81

帝王档案 …… 82

人物简评 …… 83

生平故事 …… 83

  备受喜爱的皇孙 …… 83

  接掌帝位 …… 86

  登基之后的策略 …… 91

  皇帝也爱斗蛐蛐 …… 96

  这个谎言说不清 …… 98

第六章　史无前例的太上皇——明英宗朱祁镇 …… 103

帝王档案 …… 104

人物简评 …… 105

生平故事 …… 105

  大起大落的天子 …… 105

  俘虏皇帝 …… 106

  一往情深的夫妻 …… 108

  机关算尽终是空 …… 112

  明英宗"英明"之举 …… 115

  明英宗的不"英"之处 …… 117

  改名事件 …… 119

第七章　意外得来皇位的皇帝——明代宗朱祁钰 …… 121

帝王档案 …… 122

人物简评 …… 123

生平故事 …… 123

宫墙外的皇子 ·············· 123
　　受命于危难之际 ············ 125
　　同仇敌忾　捍卫北京 ········ 129
　　朱祁镇还朝 ················ 132
　　太子之争 ·················· 136

第八章　难得的好皇帝——明孝宗朱祐樘 ········ 139
　帝王档案 ···················· 140
　人物简评 ···················· 141
　生平故事 ···················· 141
　　九死一生 ·················· 141
　　上天的眷顾 ················ 144
　　母亲的身世之谜 ············ 147
　　最钟情的皇帝 ·············· 149
　　贤明的君王 ················ 151
　　误入歧途 ·················· 155
　　不称职的父亲 ·············· 159

第九章　被宫女拿下的皇帝——明世宗朱厚熜 ········ 161
　帝王档案 ···················· 162
　人物简评 ···················· 163
　生平故事 ···················· 163
　　少年藩王　登基为帝 ········ 163
　　纷纷扰扰　过继风波 ········ 169
　　前生道士　今生皇帝 ········ 172
　　拼命宫女　谋杀未遂 ········ 173
　　清官海瑞　痛骂皇帝 ········ 175

帝王之妃　命不由己	176
一代张后　病死冷宫	178
圆滑皇后　葬身火海	179

第十章　爱钱如命的皇帝——明神宗朱翊钧　183

帝王档案　184
人物简评　185
生平故事　185
  "皇帝"、"大叔"是非恩怨　185
  辣味"母后"　爱恨交织　188
  皇帝女婿　谨言慎行　190
  罢工25年　享受生命　193
  后宫战争　乌烟瘴气　196
  大喜大悲　恭妃王氏　198
  得宠失意　嫔妃郑氏　200
  棺椁开启　惊现秘密　202
  定陵揭密　驼背皇帝　204

第十一章　心灵手巧的木匠皇帝——明熹宗朱由校　207

帝王档案　208
人物简评　209
生平故事　209
  天才的木匠皇帝　209
  文盲皇帝　212
  独爱奶妈　214
  好女人张皇后　219
  奸臣魏忠贤　221

天才木匠死去了 …………………………………………… 224

第十二章　悲剧的亡国皇帝——明思宗朱由检 ……… 227

帝王档案 ……………………………………………………… 228
人物简评 ……………………………………………………… 229
生平故事 ……………………………………………………… 229
 最后一个皇帝 …………………………………………… 229
 清除魏忠贤一党 ………………………………………… 231
 节约从俭的朱由检 ……………………………………… 235
 最后一位皇后 …………………………………………… 237
 测测明朝的灭亡 ………………………………………… 240
 明朝的末日 ……………………………………………… 241
 崇祯自缢　明朝灭亡 …………………………………… 246

第一章

和尚出身的开国皇帝——明太祖朱元璋

帝王档案

☆姓名：朱元璋、朱重八

☆民族：汉族

☆出生日期：1328年10月21日

☆逝世日期：1398年6月24日

☆配偶：马皇后（马秀英）

☆子女：26个儿子，16个女儿，长子朱标为太子，可惜最后病逝，后由其儿子朱允炆继承，是为皇太孙。

☆在位：30年（1368年1月23日~1398年6月24日）

☆继位人：皇太孙朱允炆

☆庙号：太祖

☆谥号：开天行道肇纪立极大圣至神仁文义武俊德成功高皇帝

☆陵墓：南京明孝陵

☆生平简历：

公元1328年10月21日，朱重八出生。

公元1352年4月15日，朱重八加入郭子兴的红巾军。后，郭子兴将自己的义女马秀英（未来的马皇后）嫁给朱重八，并且赐名为朱元璋。

公元1353年6月，朱元璋回乡招兵，徐达、周德兴等人投奔在他的帐下。

公元1355年，朱元璋带兵拿下和州。同年，郭子兴去世，朱元璋继承了他的位置。

公元1360年，四子朱棣出生，也就是未来的明成祖。

公元1368年，朱元璋在南京称帝，年号洪武，建国大明。同年，开始修筑明长城。

公元 1370 年，定科举法。

公元 1377 年，太子朱标的长子，未来的皇太孙明惠帝朱允炆出生。

公元 1378 年，朱棣的儿子朱高炽出生，未来的明仁宗。

公元 1380 年，处死胡惟庸，废黜了丞相制度。

公元 1382 年，马皇后去世，终年 51 岁。

公元 1385 年，开国功臣徐达去世，终年 53 岁。

公元 1392 年，太子朱标因病去世，终年 37 岁。

公元 1398 年 6 月 24 日，朱元璋去世，终年 70 岁，皇太孙朱允炆继位，是为明惠帝。

人物简评

他是一个极具有争议的人物,长久以来,关于他的野史层出不穷,有人称之为"造反英雄",有人则称他为"乱世流氓"。对于他的研究,自始以来就是一个很热门的话题。他出生贫寒,投身于皇觉寺做了和尚,后加入起义军,建立大明王朝,消灭蒙古势力,对于中国具有跨时代的意义。可惜他的晚年昏庸,滥杀功臣,为后世留下了祸患,虽是开国君王,却被人们称之为"暴君"。他就是草莽中的真命天子,和尚出身的开国皇帝——朱元璋。

生平故事

从放牛娃到开国皇帝

在中国历史上,总共出现了两位汉人混混成为了开国皇帝,一位是刘邦,一位是朱元璋。

朱元璋在家里排行老三,大哥是朱重四,二哥是朱重六,而他是朱重八。其实,朱重八出生的时候很富有传奇色彩。有一天,朱重八的母亲陈氏遇到是一位奇怪的人,相貌奇特,身穿红衣,头戴黄冠,他给了陈氏一粒药丸,这粒药丸闪烁着白色的光芒,陈氏知道这并非凡间之物,就一口吞了下去。回家之后,就怀孕了。据说,朱重八出生的那一天晚上,屋子里被红光照亮了,绚烂夺目,左邻右舍还以为着火了,慌忙奔走,哪知竟然只是虚惊一场。

第一章 和尚出身的开国皇帝——明太祖朱元璋

朱重八命运多舛，很多次差一点就活不成了。刚刚出生的时候，朱重八的肚子鼓得很大，几天不吃不喝，眼看就要不行了，他的父亲朱五四着急地在院子里面转悠，就是想不出一个好办法。几天之后，朱重八的涨肚情况逐渐消失了，虽然已经没有什么生命之忧了。但是还是没有任何好转，两天三头地生病，让朱五四的全家人都很担心。后来，家人想着如此下去也不是办法，听说佛祖保佑人，所以将朱重八送到寺庙里或许对他的身体有帮助。最后，朱重八的父母一商量，就拿着拿着香、烛，来到村头的皇觉寺中，想要把孩子托给寺院，出家做和尚，只是当时朱重八的年纪还小，只可以先在家里面养着，等到稍微大一些的时候才送到寺院中。

朱重八父母生下朱重八的时候已经四十多岁了，再加上朱重八的上面还有几个哥哥和姐姐，这个小儿子出生之后又多病，自然成为了家中的重点保护对象。朱五四一家人租的是别人家的地，虽然租金稍微高了一点，但是只要全家人勤俭节约维持生计还是可以的。朱重八每天什么都不做，身体逐渐好转，后来，朱重八的父母就将朱重八送进了皇觉寺。

等到朱重八大一些的时候，就离开了皇觉寺，成为了一名放牛娃。朱重八聪颖可爱，虽然只读了几天的书，但是在众多放牛娃中却是鬼主意最多的一个。几个小伙伴们聚在一起经常扮演皇帝与太监的游戏，每一次朱重八的角色都是皇上。他让小伙伴们双手举着木块，对其三叩九拜，欢呼万岁。

朱重八在精神方面虽然很快乐，但是在物质方面却很困苦，时常饿着肚子放牛。有一天，几个小伙伴实在饿得受不了了，朱重八灵机一动，想出了一个主意，决定杀掉一个小牛犊充饥。小伙伴们犯了愁，少了一头牛，地主是一定会知道的，如何是好呢？随后，朱重八又想出了一个主意，他让伙伴们将牛骨和牛皮埋掉，掩盖好血迹之后将牛尾巴插进岩缝里，回去就说牛钻进岩石缝中拉不出来了。可是，这样天真的想法又如何能够瞒过精明的地主呢。于是，朱重八挨了地主的一顿狠揍，也正是因为这样，朱重八在小伙伴中间树立了威信。

公元1344年，虽然朱重八还没有成年，但是已经成为一个身强体壮的小伙子了。他身材魁梧，大眼浓眉，鼻梁高挺，额头突出，下巴撅起，又因为每天下地干活，整个人被晒得黑黢黢的，这副长相真是令人过目不忘啊！

这一年，濠州的光景不是很好，从春天开始就没有见过一滴雨水，旱情一直持续到夏天，依旧没有下雨的迹象，朱五四一家人辛勤的劳作着，日夜抗旱，才勉强有了一点收成。只可惜，祸不单行，田里的稻谷刚刚有一些起色，又遇蝗灾，几天之内就把庄稼都吃光了。

因为饥饿，村子死了很多人，更加恐怖的是，随着蝗灾而来的是一场百年不遇的瘟疫，为了保住性命，村子里的人接二连三地逃走。朱重八的家里也是灾祸连连，首先是父亲染病去世，之后是大哥，最后是母亲陈氏。无奈之下，大嫂带着儿子朱文回到了娘家，此后，二哥的儿子、妻子、大哥的儿子也相继去世。一家人最后只剩下了朱重八与二哥朱重六。原本快乐的一家人，因为一场瘟疫落得妻离子散的下场。

此时的朱重八只有17岁，看着亲人在自己的面前一个个死去，自己却无能为力，内心感觉悲痛不已。朱重六六神无主，但是总要想办法将亲人们安葬啊，于是拉着弟弟去求助父亲生前比较好的兄弟商议，最后还是一位大伯行善同意他们将亲人埋在自己的家的地里。于是，兄弟二人用家里的破烂衣衫将亲人们包裹起来，合力将他们抬到了山坡上，可是，不知怎么的绳子突然断裂了，朱重六吩咐弟弟留在这里看好尸体，他回家拿绳子。可是，朱重六没走多久，天色就忽然阴沉了下来，接着就是雷电交加，朱元璋十分害怕，他赶紧躲到了一棵大树后面。天色越来越沉，不一会就下起了瓢泼大雨，大雨过后，朱元璋来到存放尸体的山坡上看，心中十分震惊，这场大雨竟然将山坡上的土冲了下来，将亲人的尸体全部埋葬了起来，形成了一个坟包。这种奇异的现象叫做"天葬"。传说，只要出现天葬，那么这家人的后代必定贵不可言，甚至会出现"天子"。

走投无路的朱重八又回到了皇觉寺，继续清修。其实，在皇觉寺的生

活并不快乐，因为在这里他要做很多杂活，每天忙的不可开交，只要稍微有些不慎，就会遭到寺庙里面老和尚们的训斥，时间长了，朱重八的心中积了很多的怨气。

有一次，伽蓝神座上面的蜡烛被老鼠咬坏了，老和尚因此十分生气，就当众训斥了朱重八一顿。朱重八很生气，心想，伽蓝神座连自己的蜡烛都没有办法保护，还如何保护这寺院里的人呢？于是他找来一支笔，在伽蓝神的后面写了几个字——"发配三千里"，由此可见，朱重八的性格中有不受压迫的那一面。

没过多长时间，皇觉寺里也没有什么吃的了，17岁的朱重八开始了云游的生活，他一边走一边乞讨，听说哪一边风景好就往哪一边走。

云游实际上是指出家人的优游自在，之后逐渐演变成和尚离开寺院，到外地探亲访友、钻修佛学。朱重八并不会念经，也不懂得什么佛理，他云游主要是为了讨口饭吃。

朱重八从皇觉寺出来之后，走了几个月的时间，来到了合肥地区。一直以来，合肥都是淮南重地，人口繁多，经济繁盛，人文也与濠州很不相同，这里所有的一切都让朱元璋感到十分好奇和新鲜。在合肥待了一段时间之后，又听当地人说西边的景色不错，于是又匆匆忙忙赶到西边。一路上，免不了风餐露宿，地势越高，天气就越冷，晚上睡觉的时候时常被冻醒，就这样，走着走着，就来到了大别山区。

山区里面的天气很冷，而且昼夜温差很大，居民也比较少，通常是赶了一天的路也看不到一个像样的村庄。不过，这里的山民朴实热情，食物丰富，只可惜晚上只能留宿在古刹中，日子十分艰苦。他忍不住想起了去世的亲人，悲从中来。就这样，一路上颠沛流离，饱尝辛酸。朱重八从合肥向西行到河南固始县之后，又接着向西行，之后到了信阳，接着从信阳向北走，到达临汝、淮阳，之后又越鹿邑，过亳州、颍州。此时，朱重八听说濠州有些动荡，于是思乡之情更切，便决定原路返回濠州，回到皇觉寺。

此时的朱重八已经21岁，与三年前相比，他的身上多了几分沉稳和坚韧。三年来长途跋涉已经让年纪轻轻的朱重八看透了世态冷暖，不得不说，这些经历对于朱重八来说是很有意义的。

皇觉寺与之前并没有任何差别，只是多了几分凄凉和破败。

朱重八还是给老和尚做徒弟，只是事情没有以前那么多了。第一是因为皇觉寺的香客非常少，第二是因为寺院里的收入也不如以前了。方丈与长老们都没有信心，这让朱重八顿时轻松了不少。朱重八回来之后，听说朱重六死在了逃荒的路上，大姐与大姐夫全家人也没能幸免，二姐带着外甥李保到处讨饭，至今下落不明。朱重八在云游的过程中，看到很多饿死的人，心中就已经明了，现在听到这个消息之后，也只能在心底无声地叹息。

借着空闲的时间，朱重八将亲人的坟墓修了一遍，这就是后来的凤阳皇陵。

在外云游的三年时间里，他朱重八深深体会到读书的重要性，于是，回到皇觉寺之后，他开始发愤图强，每次遇到不认识的字，就在下面画一个问号，然后找到寺庙里的师父问清楚。朱重八十分聪明，没几天就可以读信了，无论是佛经还是儒家经典，都可以结合自己在外面的所见所闻，说出一番道理。

渐渐地，朱重八开始关心当下的时局，寺院里没有人可以与他交流，他就到外面去，到城里人多的地方。因为人多的地方消息也比较开放，而且经常听人们说一些官方新闻。在两年之前，南边沿海地区有一对兄弟造反，居然集结了几千人的兵马，在海上横行霸道。朝廷曾经派遣官兵出征，却被这对勇猛的兄弟俘获了一员大将，后来，还有消息说，兄弟二人因为无法与朝廷抗衡，最终归顺朝廷，成为了朝廷官员。这种消息越来越多，但是却没有人知道它的真假。只知道，当下的时局越来越乱，造反的也越来越多了。

转眼，回到皇觉寺已经三年了，朱重八也已经24岁，不过，在这里他结交了很多朋友，消息的渠道也越来越多。这一年春天，不知从哪里传来了消息，说朝廷调遣十五万民夫，被两万士兵看管着，让他们把黄河决口的地方堵上，让黄河重新回到原来的河道中。开工之后不久，人们就挖出了一个只有一只眼睛的石人，当时，河工有十几万人，大家都在说这件事情，甚至出现了这样的谣言："石人一只眼，挑动黄河天下反。"不久，就传出了造反的消息，这群势力头戴红色的头巾，领导者刘福通，传说是宋朝时期的大将刘光世的后人，这群起义军被称为"红巾军"。只用几个月的时间，就相继攻占了颍州、光州、息州等地，造反人数增加到了几十万，占领了很多粮仓。

接着，各地纷纷吹响号角。得到这个消息之后，25岁的朱重八再次离开了皇觉寺，投到红巾军郭子兴的麾下。进入军队后，朱重八勇猛善战，再加上原本就机智灵敏、精通文笔，因此得到郭子兴的赏识，并将其视为心腹、知己。后来，郭子兴还将自己的养女马氏嫁给了朱重八，如此一来，朱重八就变成了一个有身份的人，为了符合身份，郭子兴还为他改名为朱元璋。

之后，朱元璋就一直跟随郭子兴，后来，郭子兴不幸去世，朱元璋被任命为左副元帅，可是，朱元璋本就是一个有勇有谋的人，再加上他的手下都是一些得力的助手，所以，很快朱元璋就成为了副元帅，实际上已是这支队伍的主帅。

没多久，朱元璋攻克集庆，将集庆改为应天府（今南京），而且派遣大将徐达率军攻打镇江，以此巩固以应天为中心的根据地。在出征之前，为了严明军纪，朱元璋还刻意放纵士兵将主将徐达抓了起来，恶狠狠地说要军法处置，此时，军师李善长出来求情，其他的将士也都知道这只不过是朱元璋的一个计谋，也纷纷跟着求情。于是，朱元璋便顺水推舟，免去了徐达死罪，可是要徐达保证，在攻克镇江之后，要做到不烧杀抢掠，如此才赦免徐达的死罪。将士们看到朱元璋如此严厉，都不敢不遵守军纪了，就这样，徐达带着众位将士，很快攻克了镇江。

在短短的一年时间里，应天府周围的据点全部被朱元璋攻克，同时，他还实施高筑墙、缓称王、广积粮的政策，重用人才，安抚人心，诸多迹象都表明朱元璋要开辟一个新时代。之后，朱元璋还消灭了自己的两位强有力的竞争对手：陈友谅与张士诚，一举占领了全国最为富庶、发展最繁盛的地区，并开始了大规模的南征北战。

征战虽然艰辛，但过程还算顺利，1368年，40岁的朱元璋在应天府登基称帝，国号大明，改元洪武，定都应天。经过了16年的时间，朱元璋从一位贫苦的放牛娃，摇身一变成为了明朝的开国皇帝。

明朝初期，朱元璋采取一系列休养生息的新政策，与此同时，还除奸臣、灭贪官，让朝中局势逐渐稳定下来，一时间，明朝出现了一副国富民强的全新局面。在位期间，为了缓和阶级矛盾、民族矛盾与统治集团的内部矛盾，朱元璋采取了一系列强有力的措施，例如抗击外敌、发展生产、革新政治、安定民生等，一个全新的君主专制制度就这样诞生了。

朱元璋到底长什么样子

古时，皇上的颜面称为"龙颜"，在臣子拜见皇上的时候，如果皇上没有说抬起头来，那臣子就不可以抬头看，更别说私下讨论了。这就是彰显帝王威严的一种方式。就是因为皇上的龙颜不能随便看，所以历史上关于皇帝的相貌一直是个谜。其中，最令大家感到疑惑的就是朱元璋了。

根据相关的历史记载，南薰殿一共收集了七十五幅历代皇帝皇后的画像，其中，皇帝的画像有63幅，这里面包括唐太宗的三幅，宋太祖的四幅，其他的多是一人一幅，而明太祖朱元璋却足足有十三幅，北京博物院收藏一幅，剩下的十二幅都在台湾故宫博物院中收藏着。令人倍感疑惑的是，虽然这十三幅画中的人都是朱元璋，长相却不一样。

当时，朝廷召见了很多技术超群的画师为朱元璋画像，但是到了最后都因为画的不合格而掉了脑袋。后来，有一位聪明的画师对朱元璋的脸型

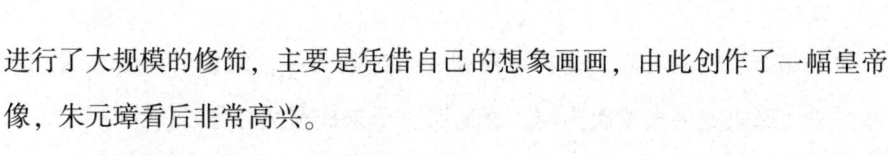

进行了大规模的修饰，主要是凭借自己的想象画画，由此创作了一幅皇帝像，朱元璋看后非常高兴。

这不禁引起了很多人的猜测，其实，朱元璋是一个下巴很长，耳朵圆大，满脸麻子的丑陋男人，算得上是中国历史上最丑的皇帝。不过，还有人认为，朱元璋的长相俊美，超凡脱俗，是帝王之中少有的面相。面对这两种截然不同的观点，至今还没有找到一个准确的答案。

那么，朱元璋究竟长什么样子呢？对此，朱元璋的第一谋士刘基有所描述，传说刘基是一位通古论今的人物。

刘基第一次见到朱元璋的时候，的确被朱元璋的相貌吓了一跳：高高的额头、细长的眼睛、高挺的鼻梁、厚厚的嘴唇，耳朵虽小但厚，脸颊虽然突出但下巴宽硕；身长且有点弓背，腿长而膝盖弯，手掌阔大而手指细长；走起路来就像是在水里游，说起话来像老鹰在叫。刘基见过之后，不禁感叹说："此人的相貌，兼有大贤之厚与奸邪之恶。"果不其然，朱元璋晚年的做法，的确印证了刘基的说法。可见，朱元璋长相怪异的说法还是有几分可信度的。

定都风波

中国古都的文化主要有三大类型，那就是以北京为中心的渤海文化，以南京为中心的长江流域文化，以西安为中心的黄河流域文化。其中，南京算得上是短命王朝的国都。

其实，朱元璋定都应天之后，心里就感觉不踏实，总是疑神疑鬼，感觉南京不会是万年之都，一直到去世这都是一块心病。

公元1368年，朱元璋在应天登基称帝，虽然南京的交通便利、水上交通发达，但是从全国的地理位置来说，南京的位置并不算优越，更不利于北方疆域的巩固。明朝的政权是从蒙古人的手中夺过来的，虽然元人已经退出关外，但是潜在的威胁并没有消除。再加上，南京与北方相距甚远，不利于北方政权的巩固。倘若将权利交给边疆元帅，只怕会再生事端，最终，朱元璋决定将大梁改为府，派遣四皇子朱棣前往驻守。

朱元璋是一个十分迷信的人，他在皇宫内的住址都是刘基帮他占卜决定的，这座宫殿位于钟山的西南方向，原本是一片面积非常大的低洼池塘，选好地址后，朱元璋就命人将这个池塘填平，在上面建立了宫殿，为了填湖，他可真是没少操心。在建造宫殿的时候，朱元璋认为基址逼仄，位置太窄，于是又把柱基往后移动了一点，刘基当时就说，这样稍微动一下对皇宫并没有任何影响，但是今后迁都却很费事。而这句话，在后来也言中了。

没多久，朱元璋就提出了迁都的要求，并且将目标锁定了自己的家乡濠州，并强烈要求兴建中都，迁都于此。

于是，施工六年之后，朱元璋前来视察的时候却突然宣布停工，理由就是兴建中都的费用太高。虽然当时明朝的财力并不雄厚，但是六年的施工过程，的确花费了太多的人力财力，这样说停就停，才是真正的浪费。

不过，据说还是因为刘基反对，他说那里虽然可以成为皇帝的故乡，但是却不可以成为国家的帝都。还有一些人说，在施工的过程中，损害了朱家的根基，所以朱元璋盛怒之下，斩杀了很多工匠，后来，经过历史学家分析，真正的原因是朱元璋担心定都中都后，与他一起征战的将领们的观念会有所膨胀，对明朝的统治不利。

其实，在此之前，就已经有人建议他将国都定在宫室完整、节省民力的北京，中都工程停止之后，朱元璋就采纳了这个意见，将北京定位京师，不过，他从来没有去北京主持过朝政事务。不久，朱元璋又认为元朝的亡国之都不适合作为都城，于是否定了北京，重新将都城定为南京。可是，南京的皇宫"南高北低"，存在着严重的风水问题，与帝王居高临下的气势很不相符，终究成为了朱元璋的一块心病。

后来，在关中、洛阳、汴梁（今开封）几个地方里，选定了关中（今陕西境内，即关中平原）这个有"八百里秦川"之称的地方。只有将都城

定在关中，才会是真正的"中国"。于是，朱元璋派遣太子朱标前去考察，可惜在考察回来的路上，太子不幸病重去世，给了朱元璋非常大的打击。如此一来，关中又变成了不祥之地，最终，朱元璋将都城定在了南京。

一直到朱元璋去世，迁都的心愿都没有完成，这当真是朱元璋的一大憾事啊！

大脚皇后

郭子兴的好朋友马公有一个女儿，叫马秀英，马公去世之后，郭子兴就将马秀英收为养女，留在身边。直到红巾军起义，朱元璋投奔到郭子兴的麾下，郭子兴见此人是一个人才，就将21岁的马秀英许配给他。马氏生的天生丽质，却生了一双大脚，当时人们称为"天足"。也正是因为这双脚，被民间称为"马大脚"。

马秀英嫁给朱元璋之后，十分疼爱这个放牛娃出身的丈夫。

有一次，朱元璋当众驳了郭子兴的面子，郭子兴一气之下将朱元璋关了禁闭，不让任何人给他东西吃。马秀英知道之后，心里十分着急，她偷偷从厨房拿了一个刚出锅的馒头给朱元璋拿过去，谁知道，半路上遇到了义母，情急之下，马秀英将馒头藏在了怀里，皮肤都被馒头烫伤了。由此可以看出，马秀英对朱元璋是真心的。

正是因为如此，朱元璋登基称帝之后，唯一畏惧的就是这位马皇后，生怕皇后有一点不高兴。只是，马秀英并不是一位悍妇，相反，她恪守妇道、知书达理，将后宫的嫔妃们管得服服帖帖，给朱元璋省去了很多的麻烦。

除此之外，马秀英在国家政事方面也为朱元璋出了很大的力气。倘若不是马秀英，还不知有多少人枉死呢。朱元璋深知马秀英是一个不可多得的贤内助，所以在马皇后生病的时候，朱元璋寻遍全国的名医，守护在马皇后的病床前，亲自喂药，马皇后在弥留之际，还是不放心朱元璋，嘴里不断说着一句话："希望陛下可以求贤纳谏。"由此可见，马皇后的确是一位贤内助。

公元1382年8月10日，马皇后去世，终年51岁。朱元璋泪如雨下，直到去世都没有再立皇后。

马皇后去世之后，朱元璋赐谥号为"孝慈昭宪至仁文德承天顺圣高皇后"，"孝陵"的名字也由此而来。公元1538年，又加谥号为"孝慈贞化哲顺仁徽成天育圣至德高皇后"。朱元璋为马皇后举办了隆重的葬礼，规格很高，但是在他临终的时候却要求后事从简。不仅如此，马皇后去世之后，朱元璋很多天都没有心情理会朝事。由此可知，朱元璋对马皇后的感情有多深。

在马皇后入葬那一天，竟然发生了一件十分离奇的事件。根据明代文学家徐祯卿在《翦胜野闻》中的记载：马皇后的灵柩前往东郊孝陵时，天空突然乌云密布，电闪雷鸣，接着雷雨大作，这对于9月份的南京而言，是一件非常反常的事情。为此，朱元璋还专门请了和尚为其超度念经，好让她可以安安稳稳地归入孝陵。只听和尚的口中念念有词："雨降天垂泪，雷鸣地举哀。西方诸佛子，同送马如来。"说也奇怪，和尚刚一念完，天便放晴了。朱元璋心里十分高兴，立即赏赐寺院百两白金。

残害文人　历史罕见

众所周知，在民间流传着很多被丑化了的朱元璋的画像。为什么会这样呢？对于这一点，背后隐藏着一个秘密：朱元璋心性残忍，在他的一生之中，不知道残害了多少忠良，让多少文人无辜受死。所以，每次提到朱元璋，文人们都恨得牙痒痒，但是又能怎么样呢，最后只能将怒气释放在画像上。所以，他们根据人们的描述，将朱元璋的面部缺点夸大，尽可能地丑化朱元璋，让原本相貌平平的朱元璋变得越发丑陋。

在中国历史上，帝王残害文人的例子比比皆是。暴君秦始皇实施的焚书坑儒残害了很多文人，其目的是为了扫除六国残余的上层人物，巩固统治；清朝时期，康熙、雍正、乾隆三位帝王兴起的文字狱，是为了让汉人断绝反清思想，这两者都存在明显的政治意图，虽然残暴，但都是从稳固统治的角度出发，这是可以理解的。但是朱元璋不同，他既不是为了镇压造反的人群，也没有任何政治目的，他诛杀文人，完全是出于个人喜好，是出于对文人墨客的嫉妒心理。

据《明史·文苑传》的详细记载，朱元璋所杀文人的数量在历史上是独一无二的。诗人高启因为一篇文章为自己带来了杀身之祸，与高启合称"四杰"的杨基死在了劳役场上，张羽被流放之后投河自杀，徐贲在牢狱中惨死。与高启并称"十才子"之一的谢肃被残杀，此外还有张孟兼、杜寅、孙蒉、苏伯衡、王绂、傅恕、王彝、张宣充军，王蒙、王洪瘐死，戴良被迫选择自杀，就连为朱元璋立下汗马功劳的刘基都是朱元璋下令毒死的，只有宋濂在皇后与皇太子的力保下，才保住了性命，但是宋濂的儿孙却没能逃过此劫。

在《蒻胜野闻》中还有这样一则笑话。明太祖生性多疑，总是怀疑别人在背后说他的坏话。杭州有一位儒学大师，名叫徐一夔，曾经上了一份贺表，其中有一句"光天之下"，接着又说"天生圣人，为世作则"。朱元璋看完之后十分生气，说道："你这是在骂我吗？'生'与'僧'双关，就是说我曾经做个和尚；'光'的意思是剃光头；'则'与'贼'的读音十分相似，你难道不是在骂我偷东西吗？"说完之后，就下令将徐一夔拖出去斩首了。

此书中还有一个故事，更将朱元璋的小肚鸡肠、斤斤计较的本性展现得淋漓尽致。这则故事讲的是：监狱中有一个犯人，明太祖想要杀掉他，但是太子不同意。此时，御史袁凯正好在旁边侍奉，于是，朱元璋就问袁凯说："朕与太子究竟谁对呢？"袁凯思考了半天，说："陛下想要杀死他，是秉于王法；太子不想要杀他，是因为心肠慈悲。"袁凯认为自己这样说总可以天衣无缝了，但是偏偏遇上了朱元璋这样一个不讲道理的皇帝。朱

15

元璋认为袁凯的回答不真诚，于是就让人将其关进了大牢，三天不给饭吃，为了活命，袁凯就假装疯癫。哪知道这样朱元璋还是不肯放过他。后来，袁凯被释放之后，朱元璋依旧不依不饶，为了让朱元璋安心，袁凯只要将自己捆在床上，一步也不离开。

皇帝短命说

公元 1398 年，朱元璋因病去世，他的死一直是史上的一个未解之谜，直至今日，依旧无人知晓。

史载，朱元璋在出生的时候，天空出现异象。据说，他的生死是顺应天意的。相传，朱元璋的皇帝命原本是 35 年，可是只当了 30 年就去世了。那么，其余 5 年跑去了哪里呢？

不管怎样，朱元璋的确算得上是一位敢作敢当的皇帝。在他去世的前一年，也就是他 70 岁的时候，突然生了一场大病，这场病来势汹汹，文武大臣们无不为之担心，而朱元璋也知道自己将不久于人世了。于是，他就连夜拟好了一份册立皇长孙朱允炆登基的诏书，还尽可能地铲除一切对大明江山有威胁的隐患。为了让孙子顺利登基，他还命令各地的诸侯不可以回京奔丧。

哪知，朱元璋命不该绝，竟然从大病中挺了过来。传说，这是因为朱元璋的阳寿未尽，可惜朱元璋坚持了不到一年的时间，还是没能躲过此劫。

公元 1398 年，朱元璋在前殿与大臣们商量完国事，就回到后宫休息，哪只这一觉就再也没有醒过来。根据历史记载，朱元璋大病一场之后，身体就已经大不如前了，只是他还是坚持着去上朝，由此可见，朱元璋很有可能是累死的。如此算来，朱元璋也只是做了 30 年的皇帝，与 35 年还差 5 年。

关于此事，历史上存在两种说法。

第一种是"偷鱼说"。

那时，朱元璋还仅仅是一个贫穷的老百姓，饥寒交迫，生计成为了百姓们最大的问题，那时，朱元璋经常到河里摸鱼。有一次，朱元璋逮到了三十五条鱼，邻居陈四为了捉弄他，就偷走了五条。朱元璋回到家才发现少了五条。不用说，肯定是陈四偷的。于是，朱元璋怒气冲冲的跑到陈四家，陈四见到朱元璋生气了，就赶快把鱼给他，如此一来才算了结了。于是民间就有了这样一个说法，说朱元璋逮了三十五条鱼，就预示着他要做三十五年的皇帝，只可惜被陈四偷走了五条，也就夺去了朱元璋五年的寿命，大明江山也因此埋下了隐患。

第二种是"天象说"。

第一谋士刘基善于观察天象，有神机妙算之术。朱元璋登基称帝后，就让刘基帮忙占卜，看看自己可以做多少年的皇帝。刘基知道朱元璋是什么意思，于是根据天象、命理，说皇帝万寿无疆，如果说出具体的年数，那就是三十五年，但是其中的五年是虚的。这一种说法与朱棣篡位是吻合的。

朱棣在篡位之后，对侄子朱允炆在位的那几年矢口否认，依然沿袭洪武年号。朱允炆当了四年的皇帝，再加上朱元璋去世的那一年，加在一起正好是五年。但是朱元璋做了三十年的皇帝，因此史书上才会有"洪武三十五年"的说法。

不过，朱元璋并不明白刘基是什么意思。倒是朱元璋是一个迷信的人，当回想起同乡陈四偷了他三十五条鱼的事情，便顿时大悟。在民间，素有鲤鱼跳龙门的说法，鲤鱼是具有特殊意义的，在朱元璋的眼中，陈四偷了他五条鱼，才让自己那五年的寿命变成了虚数。想到这里，朱元璋立刻命人将陈四带到南京，想要将其斩首，以泄心头之恨。但是陈四是一个十分狡猾的人，他知道朱元璋召见他一定没有好事，于是就在朱元璋的面前说尽了好话，也因此保住了自己的性命。朱元璋问陈四是不是还记得当年偷鱼的事情，陈四说一刻都不敢忘记。朱元璋问是不是记得那条河叫什么名字，陈四说是乌龙潭。实际上，这条河的名字是陈四临时想出来的。朱元璋说自己没有印象，陈四说这条河之所以叫做乌龙潭，是因为太祖当年在这里逮住了一条乌龙。

朱元璋听后十分高兴，顿时将抓捕陈四的目的抛到了九霄云外，还封了陈四一个户部江西司郎中的职务。不过，朱元璋并不是什么宽宏大量的人物，得罪了他就不要想捞到一点好处。陈四只做了三年的户部江西司郎中，朱元璋就随便找了一个理由，将他满门抄斩了。

其实，仔细想一下，"偷鱼说"仅仅是迷信，可是刘基的神机妙算倒是有一定的科学依据的。古时候，因为人们的生存环境相当恶劣，可以活到70岁已经很不容易了，而刘基正是根据此种方法推算的：如果朱元璋做35年的皇帝，那么他能活到76岁，做30年便能够活到71岁，而71~76岁，已是朱元璋的寿命了，这样的推算也是合情合理的。

朱家风水传说

朱元璋的祖父名叫朱初一，户籍是江苏句容县朱家村。后来，因为时局动荡，他就带着全家人横渡淮水，在泗州定居。每当遇到红白事，都会邀请他来做司仪。

有一天，朱初一正在休息，突然来了两个道士，一老一少。老道士指着朱初一睡觉的地方说："如果谁可以葬在这里，那么他的后代就有天子之命。"小道士问："为什么呢？"老道士故弄玄虚说："你如果不相信的话，可以找一根枯树枝插在这里，10天之后，树枝一定会发芽。"紧接着，小道士想要将朱初一叫醒，其实朱初一早就听到了这句话，只要假装睡觉没有睁开眼睛。两位道士看无法叫醒朱初一，就插了一根枯树枝走了。10天之后，朱初一刚刚起床就跑出去看那个枯树枝，果然被道士言中了，枯树枝发芽长叶了。他因此心里十分高兴。可是，他左思右想，还是不想让人知道这件事情，就将发芽的枯树枝拔掉了，又重新插了一根枯树枝。不

一会儿，两位道士又来了，那位老道士看到枯树枝并没有任何变化，又看了看坐在一旁的朱初一，心中产生了疑惑。

于是，老道士指着朱初一对小道士说："那根枯树枝一定被人换掉了。"之后又转过身对朱初一说："如果你想要大富大贵，去世之后就一定要葬在这里。"

公元1327年，朱初一不幸去世，便葬着了这里，结果还没有封土，就自己形成了坟墓。年末，朱家人又迁居到盱眙县，第二年，朱元璋出生，距离祖父朱初一去世只有一年的时间。

朱元璋登基之后，依照惯例要从上四代的祖辈封爵建陵。父亲朱五四是朱元璋亲自埋的，自然很快就找到了。而其他的祖坟却不知道在哪儿，期间，也派人四处寻找，却一直没有找到。

公元1371年，朱元璋在无可奈何之下只好在泗州城建立祖陵庙，里面供奉了祖父以上三代的牌位，也就是高祖朱百六、曾祖朱四九、祖父朱初一。没多久，有一位名叫朱贵的同宗找到了祖坟，如此一来，朱元璋悬着的心总算是落地了。

明祖陵有皇城、砖城、土城内外三重城垣，大金门、金水桥、棂星门、石像神道、左右庑碑亭、享殿、玄宫等全部包括在内，是明朝帝王陵寝中规模最大的，以后的帝王陵都无法超越。与明祖陵相较，朱元璋与朱棣的陵寝都要简朴很多，因此明祖陵也被世人称为"明代第一陵"。

但是，朱初一入葬的地方真的是风水宝地吗？

实际上，这个地方紧邻洪泽湖，东西两面都是水，地势非常低，曾经被人们戏称为"九岗十八洼"。一旦遇到下雨天，根本没有办法通行，不但不是什么风水宝地，而且此时的土壤十分贫瘠，人们都恨不得马上离开这个鬼地方。当初，朱五四之所以带着全家离开这里，也是因为这个原因。

明祖陵坐落于苏北地区，位于平原之上，周围是一片水国，其他的并没有什么富贵可言。所以，当初在建造明祖陵的时候进行了大规模的地理改造，让这里变成了一块名副其实的风水宝地了。只是，到了明朝后期，明祖陵一直饱受水患的困扰。

明英宗统治期间，明祖陵遭到了百年不遇的洪水灾害，到了明朝晚期，形势变得越来越严峻，再加上淮水流域发大水，明祖陵被洪水淹没了两次，虽然堤坝已经筑的非常高，水道也已经做了疏通工作，但是依旧无法抑制水患的发生。

公元1680年，黄河淮水流域河水暴涨，酿成了重大灾难。这一次受灾的不仅仅只有明祖陵，还是整个泗州城。这就是历史上著名的"水漫泗州城"。之后，明祖陵在水下度过了近三百年的时间，一直不为人知。一直到时文化大革命时期，由于部分露出了水面，才让明祖陵重见天日。

如此看来，朱初一葬在风水宝地的说法简直是谬论。可是，又有一些巧合之处，明祖陵在饱受水患时，明王朝也正值衰落之时，而明祖陵的水患时与明王朝灭亡的时间极其吻合，由此看来，又神乎其神。

朱元璋下葬之谜

一直以来，人们对于朱允炆埋葬朱元璋是哪一天一直备受争议，史学家们对此颇有争议。有人说，朱允炆登基当天就把朱元璋埋葬了；可是一些史书上记载的时间是闰5月29日；也就是说朱元璋去世之后的7个月才安葬，原因是朱允炆是一位很讲礼数的皇帝，根本不可能把朱元璋那么快下葬。

据《明史·太祖本纪》记载的时间是公元1398年闰5月10日，下葬时间是："（朱允炆）辛卯即皇帝位……是日，葬高皇帝于孝陵。"这是历史上最权威的时间。

既然史书上已经有明确记载了，为何还会出现如此多不同的版本呢？

因为根据史书上的说法，作为明朝的开国皇帝，去世几天之后就下葬，而且是赶在那些分封在外的皇子们没有赶回来之前，这根本就是不合

乎常理的。因此，也为朱棣寻找了一个篡位的借口，朱允炆匆匆将朱元璋埋葬，属于大不敬，因此他便以奔丧回京为由，蓄意篡权夺位。

现在，在多数的史学家眼中，朱允炆的确是很快将朱元璋埋葬了，相关的史书记载，这是朱元璋本人的主意，目的是为了防止外藩王谋权夺位，所以等不及皇子们赶来，就让孙子朱允炆匆匆将自己安葬了。

据说，在朱元璋入葬的那几天还出现"迷魂阵"——南京十三个城门同时出殡。那么，朱允炆为什么要这样做呢？是为了干扰试听，防止有盗墓者？元朝时期，帝王并没有固定的陵寝，主要是为了防止有人跟踪盗墓，才会摆个迷魂阵，这倒是可以理解的，可是既然朱元璋早已经给自己建好了陵寝，就没有摆迷魂阵的必要了。可是，朱元璋下葬之后不久，就便有其并不是葬在原先选定的孝陵，而是葬在了朝天宫的说法。

葬在朝天宫的说法，倒是与朱允炆火速埋葬朱元璋、大败迷魂阵的说法有些相称。朝天宫的位置就在城中，十分适合火速入葬。如果朱元璋是葬在孝陵，那么就没有必要再摆出一个迷魂阵了。

可是，后世的学者对此还是不敢相信，因为他们看来，朱元璋花费了几百万银子，用十几年的时间，修建了孝陵，最后却没有葬在那里，的确有些不合乎常理。而且，朱允炆是十分注重孝道的，应该不会葬在除孝陵之外的地方。

除此之外，还有一个十分怪异的说法，说在朱元璋下葬之后，孝陵内每到夜里就会传来女人的哭声，根据当地的百姓说，这是马皇后的哭声，因为朱元璋没有安葬在孝陵，所以她感觉很寂寞。后来，请了几个法师，才平息了这场灵异事件。

如今，关于朱元璋到底身葬何处，始终是一个未解之谜。

第二章

在位四年的仁慈君主——明惠帝朱允炆

帝王档案

☆姓名：朱允炆

☆民族：汉族

☆出生日期：1377年12月5日

☆逝世日期：不详

☆配偶：孝愍温贞哲睿肃烈襄天弼圣让皇后马氏

☆子女：2个儿子

☆在位：4年

☆继位人：四皇叔朱棣（属篡位夺权）

☆庙号：明惠帝

☆谥号：嗣天章道诚懿渊功观文扬武克仁笃孝让皇帝，清朝乾隆元年上谥号为恭闵惠皇帝，后世有人以其年号而称建文帝。

☆陵墓：不详

☆生平简历：

公元1377年12月5日，朱允炆出生，是太子朱标的长子。

公元1392年5月17日，太子朱标因病去世。朱允炆被立为皇太孙。

公元1398年6月30日，朱元璋去世后，朱允炆在南京登基为帝，史称明惠帝，时年21岁。

公元1399年8月5日，燕王朱棣发动政变，史称靖难之役。

公元1402年7月17日，燕王朱棣继承王位，但不是继承建文帝朱允炆的，而是继承明太祖朱元璋的帝位，而朱允炆则是不知下落，生死不详。

人物简评

靖难之役是明朝传奇中的一个巨大转折点，建文帝朱允炆在位时期，创下了建文之治的繁荣景象，人们对于这位命运多舛的少年皇帝也是诸多同情。他是人们眼中的明君，是明王朝的希望，是一个仁慈勤于政事的君主，所以朱棣篡位成功后，人们始终相信朱允炆从火场中逃了出去，而不愿提及他的生死所归，也致使朱允炆的死成了历代是学家们所要探索的谜团之一。

生平故事

有抱负却短命的皇太子朱标

太子朱标是明朝第二代皇帝朱允炆的父亲，只可惜命短，还没有坐上皇帝位便因病去世了。可以这么说，朱标虽然生在战乱年代，但是却从没有真正饱受过战乱之苦。朱元璋刚登基，便封朱标为太子，只可惜这个太子不长命，很是郁闷。

为了将朱标培养成一个合格的皇位继承人，朱元璋为其广纳天下名士，在宫里设置了大本堂，里面包含了古今图书，并且派遣名儒轮流为朱标和其他皇子上课，还找来一些年轻才俊作为伴读。朱元璋下朝后，便经常去他们上课的地方查看，会赏赐给这些老师宴席，和老师们赋诗，谈古论今。朱元璋告诉这些老师们：他的这些皇子都是以后国家的栋梁之才，是要管理国家大事的，所以在教育他们的时候，自己一定要做到心正，只有心正了，万事才能够通顺。所以，在教育皇子的时候一定要循循善诱，要用实际来教导他们，而并非死记硬背一些儒家经典。而朱标每天除了学习四书五经之外，还要学习帝王之道、礼乐之教、往古成败之迹、民间稼穑之事等。有时朱元璋也会抽出时间亲自给他上课，用自身的经历来教导他，告诉他创业艰难，守住根基更难的道理。

在李善长、徐达、宋濂等人的悉心辅佐下，朱标也越来越有帝王风范了，朝中大臣们都评价他为"为人友爱"，"孝友仁慈，出于至性"，"善美过昭明"。有一次朱元璋为了让朱标变得坚强一点，曾经暗地里派人抬了一筐尸骨，故意让朱标看到，朱标看到后，吓得面无全色，连口说："善哉！善哉！"

而在儿子朱允炆的眼中，朱标也是一位温文儒雅、慈仁殷勤、颇具儒者风范的父亲，是一位颇具有帝王之气的储君。

正因为这样，洪武十年（1377年），年仅22岁的朱标被朱元璋委以重任，朝中一切事务都要经朱标处理后，再转交给朱元璋，这是朱元璋有意锻炼他"日临群臣，听断诸司启事，以练习国政"的能力。有一次，朱元璋让朱标审讯一个囚犯，吏部尚书詹徽在一旁侍奉。在审讯过程中，朱标和朱元璋的意见出现了分歧，朱标想要从宽处置，而朱元璋则是亦在立威摄众。朱标说："治国应该以仁为本。"没想到却让朱元璋大为恼火，他生气地说："难道你想自己当皇帝，来教训我吗？"一句话说得朱标胆战不已，不知道该如何是好。

朱元璋曾经告诉朱标，在处理朝政事务上有几个原则：第一是仁，能仁者才不会失于疏暴；二是明，能明才不会被奸佞迷惑；三是勤，勤恳才不会沉迷于安逸；四是断，有决断才不致受制于文法。朱标则是尤其希望贯彻其中"仁"的原则，行"宽通平易之政"。可惜，他的这个梦想至死都没有实现。

朱元璋从上台开始，便将大权全部抓在手中，而且他的疑心很重，对每个人都不放心，于是登基没多久，他便开始屠杀有功之臣、开国将领，

其中就有朱标的老师李善长、徐达等人,由此整个皇城都陷入了一片恐慌之中。朱标眼见着自己周边的人一个个惨死在父亲的刀下,他的内心也开始恐慌起来,他想到了元朝末期的萧蔷之祸,他害怕悲惨的历史会在自己身上重新上演。

虽然知道朱元璋为政刚猛,但是朱标依然不改自己的政治主张:以仁为本,甚至还经常和朱元璋发生冲突,也因此招惹了不少的麻烦。洪武七年(1374年),孙贵妃去世,朱元璋命其服齐衰杖期,可是这在朱标看来不合礼法,便拒绝执行,朱元璋一怒之下,要拿剑将其刺死。由此,父子二人的间隙慢慢地拉开。为了让自己免遭废黜之祸,朱标也要选择一个牢靠的靠山才对。在混乱时期,朱元璋被敌军追击,最后是马秀英皇后背着他逃出来的。这些年,朱标受到的惩罚不少,但最后都在马皇后的保护下而没有惹来大祸。马皇后病逝后,朱标便让人做了一幅马皇后救朱元璋的画像藏在自己的袖口中,以防不时之需。有一次,朱标惹恼了朱元璋,为了躲避惩罚,朱标故意将这幅画像掉在地上,朱元璋睹图思人,最后因念及马皇后的恩情而放过了朱标。

传言说,马皇后是朱标的生母,这句话可是大错特错了。其实,朱标是由淑妃李氏所生,后因太子的身份,而被过继给了马皇后。

就这样,朱标一直生活在一个精神压力和心理负担极重的世界中,和朱元璋这样的父亲一起生活,朱标很难展现自己心中的抱负和才华,终日在惶恐和郁闷中度过。

洪武二十四年(1391年),朱标奉旨巡视陕西,一方面是为了就地考察西安是否可以当成明朝的都城,而另一方面则是悄悄调查秦王朱棱的言行。只可惜,在返回的途中,朱标不幸因病去世,终年38岁。

皇太孙朱允炆

朱标死后,朱允炆带着一团团问号登上了政治舞台。

朱元璋有20多个儿子，皇太子朱标死后，再另选一个儿子做太子，并非难事。可是，不管选哪一个做皇帝，都会激起其他兄弟的不满，甚者还会引发天下大乱。为此，朱元璋便选择了嫡长子继承制。于是，洪武二十五年（1392年），已故太子朱标的儿子朱允炆被朱元璋立为皇太孙，成为明朝的下一任皇帝。那一年，朱允炆只有16岁。

朱允炆生下来脑袋有些偏，人们都称他为"半边月儿"。相传，脑袋有些偏的人都比较聪明。在朱允炆的幼年生活中，没有杀戮和战争，有的只是天下太平的景象。朱允炆和他的父亲很相似，也是推行仁孝、友爱之道。朱标病重的时候，朱允炆在床前侍候，不分昼夜，由此也深得朱元璋的赞赏。

在朝中大臣们看来，朱允炆天资聪慧，性格正直而遵守孝道，和他的父亲朱标很相似。朱允炆成为皇太子之前，所接受的教育和朱标很相似。当然，虽然说朱元璋很喜欢这个皇孙，但如果不是朱标的突然离世，恐怕他也不会注意到这个孙子的。因为，朱允炆的性格比他的父亲朱标还要软弱，并不是朱元璋所欣赏的类型。

朱元璋和朱允炆出身不同，所接受的教育也不同，而环境遇不同，自然也就使得他们二人的思想作风和处事方式不同。朱元璋严峻，朱允炆宽厚；一个从现实政治出发，一个从私人情感出发；一个要树立绝对的权威，一个则是想要以仁为本，不肯屈服。在朱标看来，他们二人之间的矛盾是存在的，而他也坚信朱元璋所实施的刚猛为政并不合时宜。对于一个开国皇帝来说，用刚猛政策来稳定国家，是毋庸置疑的；但是对于一个守成的皇帝来说，就不适合用刚强治国了，那样只会徒增杀戮，不利于国家的稳定和经济的发展。所以，朱允炆认为，如果让父亲朱标来治理国家，则是百姓之福、国家之福。

有一次，皇子皇孙们都在奉天殿陪王伴驾，朱元璋指着卫队的骏马良驹，出了上联："风吹马尾千条线"，让皇子皇孙对出下联。朱允炆是反应最快的一个，他立刻说出了下联"雨打羊毛一片毡"。字句工整严谨，无

可挑剔。不过，对联却是显得有些苍白无力。这时，站在一边的四皇子朱棣慢吞吞地说出了自己的答案："日照龙鳞万点金。"很明显，朱棣的这个下联样子工整，而且颇有帝王之气，很得朱元璋的喜欢。但同时，朱元璋也感觉到了来自于藩王的压力，那股威胁到皇权的巨大力量。

朱元璋刚登基为帝的时候，为了除去潜在的威胁，他诛杀了很多有功之臣以及开国将领。后来才发现，这些功臣死后，朝中似乎没有可以驻守边疆的将士了，于是他便将自己的23个儿子全部都封为亲王，年龄稍大一点便被派去镇守地方，各立王府，设置官署，仪仗档次仅次于皇帝，远在公侯大臣之上。虽然他们没有权利过问地方的政事，但是却允许他们持有兵权，少的有几千人，多的达到上万人。不仅如此，当遇到紧急情况的时候，他们还有权利调动各地都指挥使司的兵马。尤其是在北部边塞驻守的亲王，他们担负着屏藩朝廷、抵挡蒙古人南侵的重任，他们手中都有着雄厚的兵力，时刻准备作战。而四皇子朱棣便是这边塞亲王中的一员，驻扎在北平，手中握有重权。

正因为这样，也埋下了尾大不掉的隐患。宁海人叶伯巨曾经上书朱元璋，告诉封王太多的弊端，最后却被朱元璋以"离间皇上骨肉"的罪名，下狱至死。朱元璋晚年时期，甚至规定，新皇登基之后，朝中若没有贤臣、奸逆当道，那么亲王就可训兵待命，领兵讨伐。如果亲王被"奸臣"所害，王府官员和亲兵都可以直接移军都督府，索取奸臣。就这样，在朱元璋的保护下，亲王的权利再次膨胀。

朱允炆曾经询问过朱元璋："北方的蒙古人若寻衅闹事，那么各位藩王可以领军阻挡；那如果各位藩王闹事，又该派谁阻挡呢？"朱元璋也深知西汉七国之乱、西晋八王之乱的惨痛教训，听了朱允炆的话后，他一时没有说话。过了一会儿，他反问道："那依你之见，该如何是好呢？"

"依孙儿之见，应该德行天下，礼法治之，如果不行的话那就削弱其藩地，再不行就废黜他的权位，最后就只好带兵征讨他们了。"朱允炆的意思很明显，那就是先礼后兵，这样出兵征讨各位亲王的时候，也算是师出有名了。朱元璋叹了一口气，说："是啊，除了这样，再也没有其他的方法了。"

朱元璋去世之前曾经叮嘱皇太孙朱允炆："燕王（朱棣）不要小觑。"他也曾经对自己的亲信大臣说："如若该有违抗天命的，你可以代朕征讨他！"朱元璋死后，留下遗诏：各地藩王不需要来京奔丧，藩王的军队不能擅自离开驻地，各地藩王旗下的正规军全部听从朝廷调遣，其所属衙门和政府军也都在朝廷的掌控之内。而藩王只能指挥自己王府的官署和卫队，没有皇帝的诏令，不能擅自进京。由此也可以知道，朱元璋从始至终都没有立燕王朱棣为皇储的意思，还曾经担心他是日后祸起萧墙的最大隐患。不过很可惜，朱元璋不仅没有采取强硬措施来多加防范，最后反而保护了弱干强枝的政策，使得藩王的权利越来越大，给孙儿朱允炆带来了很大的麻烦。

就这样，朱元璋离世后，将藩王这一严峻问题留给了明惠帝朱允炆。洪武三十一年（1398年）闰五月十六日，朱允炆登基为帝，次年改年号为建文元年，意思是"建国须用文治"。可是，朱允炆登基后，一系列的问题摆在他面前：怎样改革明朝气象，管理好这个偌大王朝。又该实行什么样的策略，以此来割除朱元璋的暴政。

即位之初，朱允炆制定了"永惟宽猛之宜，诞布维新之政"的治国原则，想要终止朱元璋在位时期所实施的高压政治，实施仁政，与民休息。

朱允炆时期所倚重的大臣，基本上都是他做太孙时期的老师——兵部尚书齐泰、太常寺卿黄子澄、侍讲学士方孝孺。这些人在经学、儒学、文章学上颇有造诣，是当世罕见的大儒，这些人的思想给朱允炆造成了很大的影响。从齐泰和黄子澄那里，朱允炆学习了儒家的修齐治平的理论；从方孝孺那里，朱允炆了解到施行新政的必要性和依据。可是，虽然这些人都很有思想，但是他们毕竟只是读书人，没有实践经验，只是纸上谈兵罢了。

朱允炆上台后的政策

朱元璋在位期间废除丞相职务，独揽朝中大权，管辖六部。六部尚书只是区区的一个正二品，官衔很低。更关键的是，六部尚书并没有决策权，他只是执行命令罢了，这在朱允炆心中，是非常不合情理的设置。可是，朱元璋生前留下的《祖训录》中明确规定"后代子孙都不能够设置丞相一职"。这样，就只好在不违背朱元璋的规定下，再寻求新的方式改变。于是，朱允炆做出了两项决定：第一，将朱元璋在位时期所设立的翰林学士升级，让他们可以直接参与国事，从而实现了和六部平起平坐的局面，这样一来，朱允炆的老师黄子澄、方孝孺也可以进入到决策层；其二，把六部尚书升级为正一品，相当于一朝有六个丞相，并且还在尚书和侍郎之间添设侍中一职，从而改变了六部尚书和地方都指挥使司平级的局面，提升了六部在明朝廷的地位。就这样，国家行政大权被牢牢抓在文官手中，只是少了丞相这个头衔而已。齐泰、黄子澄和方孝孺三人的权力空前加强，甚至在某一方面可以代表皇帝。从这之后，朱元璋所定下的祖训，已经被朱允炆颠覆得无影无踪了。

洪武年间，朱元璋制订了一整套全国性法典，也就是《大明律》，并以"诰"的形式补充法典不足之处。在这些律条和判例中，有很多过于苛刻的条款，特别是惩罚条款，极为恶劣。朱允炆登基之后，便立刻下旨禁止以"诰"为判案根据，并且声称在他统治期间都要依照律法办事。在律令改革的同时，朱允炆还广施仁政，对罪证不足的囚犯全部赦免，改用礼法来教化百姓。很快，牢里的囚犯比朱元璋晚期时候少了三分之二，很多流放在外的官员都得以赦免还家，朱元璋时期所留下的错案、冤案也得以平反昭雪，一些被朱元璋所杀害的功臣的子弟也得以入朝为官。

洪武年间，苏松地区的赋税沉重。虽然朱元璋曾经降低过一次税率，但是却依旧没有减轻当地民众的负担。洪武二十六年（1393 年），光是苏州地区便缴纳了281万石粮米，占当时全国税收2940万石的10%，而苏州的耕地面积却只有全国的1/88左右。如此一来，遇到灾荒时期，有些百姓家没有办法如期缴纳赋税，便要变卖土地甚至是出售房屋，以此来躲过惩罚，而使自己沦为游民。时间长了之后，国家的税收就会明显降低，而社会局势也会变得动荡不安。政策的弊端朱允炆了解得很清楚，所以在他上台之后，便下令苏松地区的赋税按照每亩1石的固定标准征收，并解除洪武年间苏州或松江人士不得担任户部尚书的禁令。

朱元璋是和尚出身，所以，他在位期间，和尚得到了很好的待遇。在朝廷的庇护下，僧侣们开始大肆抢夺大量肥田沃土，当上了富甲一方的寺院地主。他们把土地租给农民，征收高额的地租，甚至还强迫农民给自己服劳役，以此来牟取暴利；不仅如此，和尚在朱元璋统治时期可以不用服兵役、交赋税等。这些做法都使得朝中诸多官员不满。根据朝中大臣的要求，建文三年（1401年），朱允炆向全国寺院、道观发布诏书，规定每名僧侣、道士只能拥有5亩的免税土地，剩余的土地必须免费分给没有土地的农民。虽然这条指令并没有得到很好的实施，但是却触及了和尚们的利益，给了和尚沉重的打击，让明朝百姓看到了生的希望。

建文帝在位4年的时间，人们将其统治称之为"四载宽政解严霜"，这就是对朱允炆实施"建文革新"的最佳肯定。没错，所有人都知道，在朱允炆统治期间，社会安定，治安良好，百姓安居乐业，家给人足。听说，那个时候，有人在街上捡到宝钞（明朝纸币），害怕宝钞会被路人踩脏，将其捡起来放到台阶高处，这才转身离去。就是这样的盛世，有谁不喜欢，这样的统治者，又有谁不爱戴呢？

可是，随着一条诏令的颁布，使得这种新生局面戛然而止，使得朱允炆的统治也走向了尽头。削藩令是"建文革新"的核心内容，这一命令的颁布，使得好不容易平静的中原再次迎来了一场生灵涂炭的灾难。

叔侄反目　燕王造反

　　朱允炆登基之后，所处的政治环境并不安全，好多年长的叔叔对他的这个皇位都虎视眈眈。在这些个叔叔眼中，朱允炆就是一个乳臭未干的毛头小孩，根本不必担心。特别是那些在边疆镇守，手握重兵的亲王，更是建文革新过程中的巨大阻力。一旦新政触及到他们的利益，那么他们手中的兵权和影响力，都足以让这个刚刚稳定的朝代再次发生混乱，对帝王的统治带来严重的威胁。所以，要想实现以文治国、施行仁政的基本国策，朱允炆首要做的便是对付这些藩王，要削弱他们手中的权力，铲除威胁，以防后患。在这一点上，他的老师齐泰、黄子澄和朱允炆不谋而合。

　　朱允炆知道，西汉之乱主要是因为"削藩策"实施的过急，没有有效的跟进手段，最终致使七国之乱，晁错也为此丢掉了生命。幸好，汉景帝将削藩的政策坚持下来了，到汉武帝时期，采取"推恩令"和"献金助祭"的办法来削减藩国的实力，进而强化了中央集权。因此，从帝王的角度看，削藩事不宜迟，要立即执行。根据齐泰和黄子澄最开始的计划，朱允炆先是以谋逆、伪造宝钞、故意杀人等罪名，一年中除去了5位地位较低的藩王。他想以从弱到强的顺序来完成削藩任务。很明显，藩王之中，实力最强、势力最大的要数燕王朱棣。朱棣手下的兵将众多，曾经又是朱元璋很青睐的儿子，赐予了他众多的权利，让他在北平驻守。

　　短短一年的时间就废黜了五位亲王，这让其他的亲王大为震惊。特别是燕王朱棣，他知道自己是侄儿朱允炆心中的头号敌手，感觉自己不久也要大祸临头了。

　　过了一段时间后，南京下来朝旨，斥责朱棣的儿子朱高炽擅自杀害吏民的罪行，并且将燕王府的官吏于谅、周铎逮捕归京。朱棣知道情势不妙，为了降低明惠帝的戒心，他便假装发疯，披头散发，在大街上胡言乱语，有时候会上前抢夺别人的酒肉饭菜，有时候还会倒卧在沟渠中，几天都不起来。

张昺、谢贵听说了这一消息后，心有疑惑。于是便决定去燕王府一探虚实。当时正值盛夏，烈日炎炎，而燕王府府内却是设置了火炉，炉火熊熊。家人都大汗淋淋，只有朱棣一个人深山穿着裘袄，独自坐在火炉旁边，还大声喊着天气太冷。

张昺、谢贵看到这种情形，心中也就相信了燕王发疯的事实。但是燕王府的官吏葛诚说："燕王是假装发疯，你们千万不要被他欺骗了。"二人听了之后，心中犹豫不决。明惠帝亲自审讯逮至京师的燕王百户官邓庸，得知燕王谋反的确凿证据，所以便立刻下令张昺、谢贵和北平都指挥张信一起，内外呼合，抓捕朱棣。张信曾经被朱棣所器用，收到这个命令后，一时间竟然不知道该怎么办，于是便向自己的母亲偷偷述说了自己的心事。他的母亲听了之后，力劝儿子一定不能遵守命令，逮捕朱棣。张信权衡利害，遵照母亲的命令，换上便服，乘着妇人车，悄悄地潜入燕王府，将明惠帝的旨意告诉给了朱棣。

朱棣获悉朝旨，跪谢张信救命之恩，日当机立断，先发制人。为了不落人口实，落下造反的罪名，朱棣便以"清君侧"为由带兵攻打京都，打出了"靖难"的旗号，并且信誓旦旦地说朝中被奸臣掌控，他要以太祖皇帝嫡子的名义实施"清君侧"，以此来平定天下。其实，马秀英皇后并没有生育能力，她身边的几个儿子都是从别的妃子那里过继来的，先太子朱标，四皇子朱棣等都是如此。

在这场叔侄斗争中，朱允炆安插在燕王府的朝廷眼线也被朱棣买通，成为双重间谍，对此朱允炆却毫不知情。接着，燕王朱棣以装病、装疯等种种假象迷惑了朝廷，给了朱允炆很多的错觉。后来，明朝廷准备对燕王府的"危险分子"展开抓捕行动的时候，不知怎么的，计划被朱棣所知，给了他一个起兵造反的理由。

"靖难"初期，明惠帝对前线频频受挫的消息并不在意，只是采取了一些很平常的措施。第一便是祭告太庙，削去朱棣属籍，废为庶人，然后命令长兴侯耿炳文为征虏大将军,带领士兵进行讨伐。

耿炳文带兵出师,兵众号称30万,事实上也只集结了13万人马。燕王可是一个足智多谋的人,他深知耿炳文的用兵之术。在中秋的夜晚,他趁着南军不备,趁夜偷袭,消灭了南军的先锋部队,紧接着朱棣又在滹沱河的北岸,将耿炳文的主力部队打败。

失败的消息传到京师后,明惠帝心中很是恼怒,于是便召见齐泰、黄子澄商议对策。黄子澄回道:"胜败是兵家常事,不必过于忧虑。在臣看来,曹国公李景隆,是一个大材,可以加以利用,倒不如让他去前线将耿炳文替换下来吧。"

于是,明惠帝采纳了黄子澄的意见,任命李景隆为大将军,并调集50万兵马,攻打河间,以报南军败绩之仇。

朱棣闻听说明惠帝派人将耿炳文替换了下去,而且此将正是李景隆。朱棣得知后,心中大喜不已说:"以前汉高祖用兵如神,也只能带领10万精兵。而景隆竖子,素来骄傲蛮横,朱允炆竟然给他50万精兵,可不就是自毁灭亡。"

当时,辽东方面的明朝军队领命进攻朱棣掌控下的永平,永平被围,军情告急。朱棣和诸位将士商量:"如果我留在这里,李景隆断然不敢来进攻的。如果我带兵去支援永平,他肯定会趁虚而入,攻打北平。到那个时候,我再率军回师北平,内外夹击,那么李景隆就必败无疑了。"不过将士们都说北平的守卫太少,不能冒险,以免丢了自己的根本之地。而朱棣却说:"城中的各位将士,出战是肯定不行的,但是守城还是绰绰有余的。我这次去不只是要支援永平,还想要引诱李景隆前来,将他一举擒获,一举而两得。"

九月,朱棣率领军队支援永平。临行之前再三叮嘱在北平留守的长子朱高炽说:"如果李景隆进攻,我们只可以守城,而不宜出城迎战。"临走之前,他还撤去了卢沟桥上的守兵,以此来引诱李景隆深入。李景隆不知道这是燕王设下的计谋,他听说朱棣带兵支援永平后,便急急集结部队,朝着北平杀来。大军过卢沟桥的时候，没有看到一个守兵，李景隆心中大喜说："看，他都没有能力守卫这个桥了。"

朱高炽在城中遵守父亲的命令，守城而不迎战，就连北平城里的妇女都调动起来了。李景隆所率领的南军，却号令不严，指挥不当。他的兵马虽然多，但大都是胆小怕死之人，不敢贸然进攻。只有都督瞿能，骁勇善战，和自己的儿子带领一千多名精骑，攻打张掖门。眼看着就要攻破城门了，李景隆却非但不派兵支援，而且还下令缓攻。原来，这李景隆心眼可是很小的，他担心头等功被瞿能父子抢了去，所以才下了此等命令。燕军也有了喘息的机会，他们连夜往城墙上泼水，正值天寒地冻，第二天早上城墙上挂满了冰凌，南军也就失去了攻城的机会。朱棣打败永平的辽东军队后，又攻破了另一重镇大宁，收编了大批部队，便带兵返回北平，和长子朱高炽来了一个里应外合，对南军发起了全面攻击，李景隆哪能抵挡住燕军潮水般的攻击，因为恐惧竟然连夜独自逃到了德州。南军将士见主帅都已经逃跑了，也就无心再战，丢下粮草兵械，纷纷溃降。李景隆败北的消息传到京师后，黄子澄害怕承担责任，于是便将这则消息隐瞒了下来，甚至还告诉明惠帝，李景隆在北平初战告捷，不过因为天气寒冷的原因，暂且退扎在德州，等明年春天再战。明惠帝心中非常高兴，还封赏李景隆为太子太师。李景隆算是因祸得福了，他心中自然对黄子澄充满感激。建文二年（1400）四月，在明惠帝的再三催促下，李景隆只好再次披甲上阵，带领60万精兵和燕王朱棣在白沟河交战。这场恶战，两军只杀得是昏天暗地，最后可想而知，李景隆又大败而归，南军损失十几万，状况惨不忍睹。李景隆只好又逃往德州。朱棣乘胜追击，带兵包围德州。李景隆随后又放弃了德州，逃往济南。朱棣还是紧追不舍。最后迫使李景隆仓促应战，南军十几万还没有布好兵阵，就被燕军冲垮了。

建文四年（1402）五月，燕兵过关斩将，向南节节推进。打败淮河南岸的盛庸军队之后，又横渡淮水，拿下了扬州、高邮、通州（今江苏南通）、泰州等江北重地后，在镇江屯兵，休养了几天，等待时机进攻京城。

明惠帝心知大势已去，只好派人前去和朱棣求和，可是这个时候的朱棣根本不理不睬，直接带兵攻到了金陵城下。这时候，朱棣的弟弟谷王朱穗和李景隆，率兵在京城把守金川门，见朱棣带兵前来，便开门迎降，燕兵立刻冲进了金陵。靖难之役也宣告结束了。

虽说从年龄上来看，朱允炆小，朱棣大；从辈分上说，朱棣是朱允炆的叔叔，朱允炆是侄子，但是从立法上来说，朱允炆是君，朱棣是臣。臣子带兵攻打京都，不管从哪一方面讲都是谋反的大罪。所以，这在朱允炆看来，天子的军队肯定要比这藩王的军队势力强很多，并且名正言也顺，怎么着都不会输得。可是，朱允炆却想错了，这"靖难之役"一战便是战了四年，最后朱棣赢得了明朝天下。

靖难之役失败总结

第一过于轻敌。朱棣起兵谋反后，朱允炆认为朱棣仅仅占领着北平这一块小地方，和自己的百万雄师根本没有什么可比之处，所以这也使得朱允炆在战争开始时过于轻敌了。朱棣起兵造反后，朱允炆因其"太过弱小"，所以并没有派遣精锐部队前去镇压。再者，朱元璋在位时期，将开国功臣杀得所剩无几，最后出征燕王的将领只好重新启用年迈的耿炳文为此次大军的主帅。

第二用人失误。因为朝廷军队已经很多年没有涉及战事，再加上现在是叔侄二人为了争夺这皇位而起的战争，所以官兵们的士气并不高，朝中各营将领也都是生长在和平时代，没有经历过战争，更没有丰富的作战经验；而朱棣的部下则是跟随燕王南征北战多年，有着丰富的战斗经验，兵力强盛，军纪严明，官兵联系紧密，实为虎狼之师。朱允炆想要实施"削藩"政策，但是又不愿意背负杀害自己皇叔的骂名。朱允炆的态度不坚定，直接影响了整个出征大军的心态，所以这场战争的失败也在情理之中了。

朝廷大军在河北连遭惨败，耿炳文更是闭城不战。朱允炆毕竟年轻气盛，沉不住气，最后竟然听了黄子澄的意见，阵前换了将领，让李文忠的儿子李景隆代替耿炳文。李景隆没有实战经验，只是一个纸上谈兵的高手。他依仗着自己位高权重，妄自尊大，让其帐下的将领很是不服。李文忠接管朝廷大军后，战况并没有改善，反而有愈演愈遭的趋势。

第三后方空虚。山东济南守将铁铉、东昌守将盛庸、山西大同守将房昭，曾经凭借有利的地理位置击破了燕王朱棣的多次进攻。几年下来，朱棣在他们那里也没有捞到多少好处，只是控制了北平及其毗连地带。为了扭转时局，朱棣想了很多的损招：列出的"奸臣榜"上，只有文臣，没有武将，以此来瓦解朝中大臣；和很多宦官结交，培养起宫中势力。真是阴险至极！

建文四年（1402年）五月，燕王朱棣接到了一个很重要的情报，那就是为了抵挡燕王部队，朝中主力部队全部集中在平原和山东一带，京师空有其防守。而这也是朱允炆病急乱投医的策略失误。朱棣得知后，自然不会放过这样大好的机会。于是他决定带领大军，抛开重兵把守的济南和黄河沿线，突袭南下，横渡长江，朝着应天城逼近。

朱允炆得此消息后，有些惊慌失措，一时想不出好的应对策略，而平时的那些一帮文臣，也都一个个抓耳挠腮，没有一个有效可行的办法。幸好，其他地区的藩王都陆续抵达应天，朱允炆命令他们带兵把守应天的各个城门。谁知，这些亲王并不是前来保护帝王的，而是为了配合朱棣的大军攻城，来了个里应外合，最终使得京都沦陷。

据说，朱棣攻进皇宫的那晚，整个皇宫成了一片火海，胜利者朱棣派人四处搜索朱允炆的影子，除了找到一具早就已经面目全非的尸体外，再也寻不到和朱允炆有关联的事情。所以也由此认定，这具尸体便是那朱允炆。朱棣看着眼前的尸体，还假惺惺地掉了几滴眼泪，并且还说道："侄儿啊侄儿，我是带兵来辅佐你的，你怎么这么想不开，而落得个如此地步呢？"并且还下令停朝三日，厚葬那具尸体。

朱允炆的最终去处

　　朱元璋去世之前，曾经给朱允炆一个密封的铁匣，并且叮嘱其在遭遇大难时方可将其打开。所以，当燕王朱棣进入应天城的时候，形势危急之下，朱允炆想到了祖父留下的那个铁匣子，里面放着一把剃刀、度牒和一道敕谕："想要保住性命，怀牒为僧，秘密地离去；不然自尽。"朱允炆看到此，便明白了，他让人放火烧了皇宫，并且偷偷潜出宫去，出家当了和尚！

　　当初，朱允炆实施了一系列不利于和尚的措施，最后导致一些僧人都倒向了朱棣的队伍，就连朱允炆曾经的谋士都叛变了。如今，朱允炆却是要靠着这身袈裟来保住性命，还真是有些讽刺。不过，朱元璋留下铁匣子也足以证明朱元璋知道会有这一大难，可是当初为什么没有替自己的孙儿拔掉燕王这根刺呢，这也是一个令人费解的问题。

第三章

奠定明清两代政治生活的帝王——明成祖朱棣

帝王档案

☆姓名：朱棣

☆民族：汉族

☆出生日期：1360年5月2日

☆逝世日期：1424年8月12日

☆配偶：徐皇后（开国功臣徐达的大女儿）

☆子女：3个儿子，5个女儿，其中长子朱高炽为明仁宗。

☆在位：23年

☆继位人：朱高炽

☆庙号：明成祖

☆谥号：启天弘道高明肇运圣武神功纯仁至孝文皇帝。

☆陵墓：北京十三陵之长陵

☆生平简历：

公元1360年5月2日，朱棣出生，是为朱元璋的第四子。

公元1370年，被册封为燕王。

公元1376年，朱棣17岁，朱元璋让他们兄弟去了安徽凤阳老家，去体验祖辈们的生活，体验百姓疾苦和创业的艰难。同年，朱棣迎娶了开国功臣徐达的长女为燕王妃。

公元1380年，朱棣受封于北平。

公元1392年，太子朱标因病去世，其长子朱允炆被立为皇太孙。

公元1398年，朱允炆继位，年号建文，史称明惠帝。

公元1399年，朱棣借朱允炆削藩为由，起兵造反，史称靖难之役。

公元1402年，靖难之役胜利，于7月17日在南京继位，但是却不承认朱允炆的帝位，而是继承朱元璋的帝位，废黜建文年号。

公元1424年，朱棣在北征回朝的途中因病去世，后安葬于长陵，庙号明成祖。

人物简评

他缔造了很多史无前例的神话，但是却也耗费了超于想象的资金民力；他拓展了无比辽阔的疆土，却使得万众将士变成了沙场上的枯骨；他开拓继承了朱元璋的事业，却是用沾满鲜血的手从侄子手中夺来的。他是一位具有雄才大略的君主，也是一位给百姓带来沉重负担的君主。几百年之后，当人们再提起他的名字时，会给他怎样的评价呢？他就是奠定了明清两代政治生活的帝王——明成祖朱棣。

生平故事

燕王朱棣驻守北平

元朝年末，战争四起，群雄争霸。当时，朱元璋也是起义军首领的一员，他以应天府为战争的根据地同时向四周拓展自己的地盘。公元1360年4月17，朱元璋的四儿子朱棣出生了。

公元1356年，朱元璋渡江将集庆（江苏南京）拿下，为了推翻元朝的残暴统治，从群雄当中脱颖而出，自己登基为帝，于是他便将"集庆"改"应天"。现如今，朱元璋的第四个儿子诞生了，按理说该好好庆贺一下。但是这时候，前线传来了陈友谅攻打太平（今安徽当涂县）的告急文书。当时的情况非常紧急。如果太平被陈友谅攻陷，那么应天可就要危险了。收到这个消息的朱元璋，哪还有什么心情去管这个儿子呢，甚至还没有来得及看上一眼，便匆匆披甲上阵，奔赴前线作战了。至于儿子姓名的问题，也只好等他回来再说了，而这一耽搁竟然就是7年。

时光飞逝，转眼这个无名老四已经7岁了。

公元1367年，旧历年的年底，朱元璋想着过了这个年，就在应天登基做皇帝了。古时候，人们都将人丁的兴旺当作是大吉和大孝，而此时朱元璋已经有7个儿子了，他心里自然是万分高兴的。并且这个时候天下的局势已经基本上稳定了，而他也可以静下心来好好的为儿子想想名字了。

同年的12月24日，朱元璋祭拜完太庙，便一一给儿子取了名字，四皇子则取名为朱棣，这样，7岁大的老四终于有一个属于自己的名字了。

朱元璋称帝的时候，朱棣也就8岁的样子。那个时候，天下初定，全国上下满目疮痍。从元朝的乱世到一个还没有来得及发展的明朝，这一切的经历都在朱棣的心中产生了很深的影响。

在朱元璋看来，元朝之所以会常常发生宫廷政变，其主要的原因就在于没有早早的确立王位继承人。所以，朱元璋刚一登基，便立了皇长子朱标为太子。另外，朱元璋深知，元朝末期，各地爆发动乱的时候，元朝却没有有力的藩王护卫前去镇压，这也是元朝灭亡的原因之一。于此，公元1370年，朱元璋便做出了封藩的安排，将自己的23个儿子全部都封为亲王，年龄大一点的则是前往各地驻守。为了遮掩他的私心，他还这样昭告天下："天下的王土太大，需要建立藩王屏障，上卫国家，下护百姓。如今，各位皇子已经长大，也应该各自封王，让其前往诸地镇守了。朕这么做，并非是因为自己的私心，而是遵循了古代先哲王的制度，实则为了国家的长治久安啊。"于是，封诸子为王的事情就这么定了下来。四皇子朱棣被封为燕王，时年11岁。

公元1380年的春天，朱棣21岁，他带领自己的亲兵护卫前往北平驻守，他心中知道，这才是他人生的转折点。

元朝原来的首都是北平，元朝的皇宫也就成了燕王朱棣的府邸。不过，元朝的旧宫是天子的居所，依照明朝规定，藩王的府邸怎能和天子平

起平坐呢。为此，朱元璋还特地告谕诸王，燕王将府邸安置在元朝的旧宫，实则是为了节省新建府邸的开始，属于特殊情况，还希望诸王万不可学习攀比，除燕王外，其他诸王要严格按照规定做事，不可逾越。由此也可以看出，朱元璋对燕王还是极为重视的。

朱棣的二哥和三哥在两年前分别被派往太原和西安驻守，而朱元璋却偏偏将元朝旧都北平留给了燕王朱棣，这一安排似乎还有什么深远的用意。

北平地理位置险要，由此也锻炼了燕王朱棣的意志，提高了他的自身能力。驻守北平不久，朱元璋便命令燕王带兵参加北方的军事活动，并且两次亲率大军北征。在和蒙古人的对抗中，朱棣充分展现了其较强的军事才能，在军中树立了很高的威望，逐步发展为诸位藩王中最有势力的一个。朱元璋的晚年，太子、秦王、晋王都先后死去，朱棣也就成了诸王之首。

朱元璋在为儿子选妃的时候，确实有些偏心。燕王朱棣的妃子是明朝开国功臣徐达的长女。朱元璋听说"贞静喜欢读书"，所以被人们称为"女诸生"，于是便将徐达召进宫来说："你我本来就是布衣之交。古时候，默契的君臣通常都会结为婚姻，这样，你把你的长女嫁给四皇子朱棣如何呢。"徐达俯首谢恩。公元1376年，徐氏被册封为燕王妃，次年便成了亲。这个时候，朱棣18岁，而徐王妃只有16岁。后来，这位贤良淑德的徐王妃帮助朱棣夺得了天下，可谓是一个名副其实的得力内助。

要明白，帝王的婚姻，实际上就是一种政治联姻，是为了巩固朝中统治而存在的。从这一点来说，朱元璋对朱棣就和其他诸王不同，而这些细小的不同之处，也对朱棣以后的发展造成了很重要的影响。

关于迁都的辩论大赛

公元1421年，旧历的4月，朱棣篡夺皇位后，将都城迁到了北平。一天夜里，北京城雷声突然大发，风雨大作。刚刚建成的华盖、奉天、谨身三大宫殿因为受到了雷击而燃起大火，一夜之间化为灰烬。

古时候，鬼神传说往往要重于科学依据，对于一些平常的自然现象都没有一个合理的解释。这样一来，"天人合一"的思想在古时候占有很重要的位置，自然灾害也被人们当成上帝惩戒世人的警示，特别是对当政者来说，他们贵为天子，更看重"上天警告"这么一说。在他们眼中，上天震怒，主要是因为统治者做了错事而引起的。因为这样，朱棣的心中一直惶恐不安，不知道自己到底哪里做错了而惹怒了上天。于是，朱棣立即下诏求言，希望能够有贤明之士为自己解答疑惑。

很快的，礼部的主事萧仪的奏本就被呈到御前。这位六品官员认为三大殿之所以受到了雷击，主要是因为迁都的缘故。将国都从南京迁至北京，不仅做什么事情都不方便，而且还将明朝的龙脉遗忘在江南，这可是大不敬的事情啊，这才引得上天发怒，下火将三大殿烧毁了。

看过奏本之后，朱棣心中大怒，他认为萧仪将雷击以及迁都的事联系在一起，纯粹属于无稽之谈，想要引起朝中不安。于是，朱棣下旨将萧仪逮捕，关入大牢中，没有任何的审讯过程，便以"毁谤君主"的罪名，处以极刑。

这还是刚刚开始，很多大臣并没有因为萧仪的事情而噤若寒蝉。对于朱棣迁都都是有异议的，但大多数都是言官，并且他们基本上都没有参与过"靖难之役"，所以他们更多的就事论事，觉得皇上"这样去金陵，有伤国体"。虽然朱棣对这些言官的意见很是火大，但是却又不能都像萧仪一样，将他们全部杀掉。再者，有反对就会有支持，一些部院大臣倒都是坚定的迁都派。因为朱棣从朱允炆的手中夺得了皇位之后，对于建文朝时期的大臣都进行了一次彻底的清洗。经过20多年的筛选过滤，如今的部院大臣，基本上都是靖难功臣，也是南方土著的仇人，所以在利益上是和朱棣保持一致的。

面对这种情况，朱棣想出了一个好办法：让反对的言官和赞同的部院大臣一起，去午门外跪着进行一场辩论大赛，辩论赛的题目就是"迁都究竟好不好"，然后让双方各抒己见、畅所欲言。

当时正是清明时节，下着小雨，言官和部院大臣都跪在午门外的广场上，各个都淋得像个落汤鸡，不过恶劣的天气并没有影响此次辩论赛的进行，两方根据自己的意见，争得面红耳赤，辩论了一天依然没有分出胜负。于是，朱棣便下旨第二天继续辩论。第二天，雨还在下，朱棣坐在城楼上，看着冒雨跪在地上争辩的大臣。这一幕看起来确实有点滑稽。可是就这样，这场辩论赛还是在有条不紊地进行着。

虽说朱元璋创建大明朝时期，将都城定在了南京，但是他却一直认为南京并不是适合建都的地方，他想要迁都的念头，一直都没有打消过。不过也因为各种原因，迁都的心愿也从来没有实行过，到死都是一块心病。

根据历史记载，北京第一个名称为"蓟"，在春秋战国时是燕国的都城。辽金两朝则是把北京当作陪都，被称作是"燕京"。金国灭掉辽国后，将都城迁至北京，称为"中都"。元朝时期改为"大都"。公元1368年8月，徐达向城中进攻，将"大都"改为"北平府"。公元1403年，明成祖皇帝朱棣将都城从南京迁往北平，自此改北平为北京。从那之后，北京这个名字一直沿用至今。

事实上，朱棣将都城迁往北京，有两个原因。第一，北方蒙古人屡次侵犯边界，将都城设置在北京，可以就近遏制，虽然西安、开封都是不错的地方，但是朱棣在北京住了20多年，多少还是有一些感情的。况且，到了明朝，西北的少数民族比如匈奴和回纥等都已经没有什么势力，东北地区的契丹、鞑靼和女真等部落还都保存着一定的实力，对中原统治带来一定的威胁，为了对付东北的"虏患"，北京自然是最佳的选择。第二，朱棣发动靖难之役，进驻南京城后，大肆屠杀，建文帝的支持者，也大多都是江南土著，朱棣的一些做法早就已经引起了他们的不满，结怨已深，如果再把都城建立在南京，恐怕不利于明朝的统治。所以，自从朱棣拿下南京的那一天，他就已经有了迁都的念头。

可是，迁都并不是一件容易的事情，元朝末期，北京城遭到了巨大的损害，要想重建皇城，也不是一朝一夕的事情。何况朱棣刚一登基便提出要迁都北京，这很可能就让人以为他不敢在南京城中发号施令。其次，虽然北京成了明朝的都城，但是物质继承却还是要仰仗江南地区，凭借当时的运输条件，也不是一件容易的事情。但是，朱棣对南京很不喜欢，早在早在公元1406年，朱棣便开始了准备在北京的建都工作。相传，明朝的北京城以及其皇宫的设计者都是姚广孝。他在元朝大都的基础之上，根据儒家的观点，将北京城改建、扩建成了一座方城，皇城则是位于方城的正中央。

从1406年开始，北京城的建设工作开始动工，而到了1420年，才算是基本完成，工程用了整整14年的时间。公元1421年，朱棣将都城迁往北京，而南京则是成了留都。

刚开始的时候，迁都并不顺利，朝中大臣一直争论不休。为此，朱棣还特意杀了几个人，以此来立威，其中就有那个敢于进言的萧仪。自萧仪死之后，朱棣再也没有因为迁都的事宜而杀过任何一个人。在这次雨中辩论赛中，所有人都知道，朱棣这一次迁都是势在必得，就算是上天再烧毁十座宫殿，朱棣也绝对不会改变迁都的念头的。

诛十族血案

朱棣夺取皇位后，第一任务便是对前皇势力进行大清洗。朱棣除了继承他父亲朱元璋的宏伟大志外，还继承了他父亲残忍暴虐的性格。对于那些不听自己指挥的官员一律选择杀无赦，这样看来，在所有儿子中，朱棣是和朱元璋最为相像的一个！

建文帝朱允炆的主要谋士黄子澄和齐泰的下场自然不需要多说，而在靖难之役中抵抗情绪最为强烈的铁铉也是朱棣恨之入骨的人，他让人割下了铁铉的鼻子、耳朵，剁碎了他的身体。更加令人毛骨悚然的是，朱棣还

把这些忠臣良将的妻女全部发配到教坊司，做了官妓，任人凌辱。但是和第一谋士方孝孺比起来，这些人的遭遇不算是最惨的。朱棣诛杀了方孝孺十族！

方孝孺是浙江的宁海人，于公元1357年出生，他出生的时候适逢元朝末期，正值乱世年代，不过浙江宁海的位置比较偏僻，所以方孝孺的故乡宁海幸免于战火，也让他过了一个还算是安定的童年。方孝孺的父亲是当地的名儒，在父亲的熏陶下，方孝孺从小便接受良好的儒家思想教育。随后，方孝孺在著名理学家宋濂的门下学习了3年，这对他造成了很大的影响。

当初，朱棣带兵南下的时候，谋士姚广孝将他送到郊外，并且跪在地上请求道："方孝孺是个博学多才的人，王上胜利之后，方孝孺肯定不会向您屈服的，所以我恳请王上，千万不要杀了他，如若不然，天下读书人的种子就没有了！"朱棣答应了姚广孝的这个请求。可是，就在朱棣进驻南京城的第一天，他便把方孝孺下狱了。

原来，朱棣登基之后想要拟定即位诏书，这时他就想到了方孝孺，于是便命人将他召回宫中，想要让他草拟即位诏书，可是方孝孺是一个愚忠之人，朱棣将他找来后，他不仅不肯为朱棣草拟诏书，而且还为建文帝朱允炆鸣不平。

方孝孺穿着孝服，跪倒在大殿上痛哭不已。朱棣看到这种情况，便走下殿来，劝他道："先生千万不要苦了自己，朕也只是效仿周公辅佐成王罢了。"

方孝孺问道："那么成王在哪里呢？"

"成王现已经自焚死了。"

方孝孺接着又说："成王死了，那么成王的儿子呢？"

"成王的儿子太年幼，只有有能力的大人才能够治理好国家。"

方孝孺又问道："成王的弟弟呢？"

这个时候的朱棣已经被方孝孺问得很不耐烦了，不过他还是耐着性子说："这个是朕的家事。"与此同时，他让人准备好笔墨纸砚，并且对方孝孺说："昭告天下的即位诏书，还得烦请先生起草才可以。"方孝孺当下拿起毛笔写下了几个大字："燕王篡位。"写完之后，便把毛笔扔到地上，高声地说："你就是把我杀了，我都不会帮你起草诏书的！"

朱棣压下心里的怒火，说道："你想死可没有这么容易，就算你死了，你就不怕朕诛你的九族吗？"方孝孺回敬道："别说是九族，就是株连十族，我也不会起草的。"朱棣怒火四起，最后下令将方孝孺关入大牢，并且要诛杀其十族。

自古以来，帝王最为残酷的惩罚便是诛灭九族了，还从来没有诛灭十族的先例，方孝孺算是史上第一个。更加残忍的是，朱棣让方孝孺亲眼看着他的族人和朋友在他面前一个个地死去，想用这种方法来折磨他。

6月25日，朱棣登基后的第8天，在南京的聚宝门（今江苏南京中华门）外，诛杀方孝孺的十族。早就已经把自己的生死置之度外的方孝孺，并没有什么可畏惧的。可是当他看到自己的弟弟因此事被牵连杀害的时候，内心痛苦极了。方孝孺兄弟三个的感情非常好，哥哥方孝闻在方孝孺担任汉中府时，因病去世。方孝孺听到这个消息，悲痛了很久。而今，弟弟却因为自己而遭此劫难，方孝孺更是痛不欲生。不过，弟弟方孝友的脸上也没有丝毫畏惧的神色，在行刑之前，还对方孝孺安慰了一番。根据历史记载，这一次惨案，诛杀了870多人，行刑时间长达7天。最后，在诛杀方孝孺的时候，方孝孺对朱棣漫骂不止。朱棣让人将方孝孺的嘴巴割至双耳处，然后又拔了他的舌头，接着又以凌迟处死。

当然，除了方孝孺之外，还有很多的受害者，其惨烈程度让人不忍直视。要么不做，既然做就要做绝，这就是明成祖朱棣的风格。身为一代君王，这些残忍手段或许是篡位者稳固朝政的必须手段，可是能够如此残忍，恐怕也就只有朱棣一人了。所以，基于此，后人对于朱棣的争议很多，一方面，他确实有不世之功，造就了明朝初期时的繁荣盛世，不过因朱棣是一个好大喜功、猜忌善妒之人，所以他手上的冤案也是数不胜数。

发展生产　巩固边防

虽然朱棣是篡夺了他侄子的皇位，但是不得不说他确实是一位好皇帝。当他把江山从朱允炆手中拿来之后，他所面临的不仅仅是建文帝时期老臣的强烈反抗，还有周边少数民族的入侵。朱棣登基为帝后，不承认朱允炆在位的建文时期，而是继续继承父亲的洪武年号，完成父亲的未完心愿。

女真族各部的首领也都归附，连元朝时期的一些旧臣也都入京进贡马匹。对此，朱棣下令，在开原设立了马市，在海西和建州两部进行交易。同时，还允许女真族部落在制定的地点进行贸易交易。对于前来参加马市贸易的女真族首领，朱棣还命令当时的官员赏赐猪羊酒席以示鼓励。所以，在整个永乐朝，女真族都按时给明朝进贡，奉职唯谨。明朝每次调遣，他们都会全力的配合，各族人民之间关系融洽，来往和睦。

朱棣和他的父亲朱元璋一样在辽阳建立了辽东都指挥使司之后，又下令设立了奴儿干都指挥使司，在当地先后设置了370卫及20所，让当地部族酋长任职卫所官员，同时可以代代相传。建州卫指挥阿哈出还因为军功卓越被朱棣赐名为李思诚，他的亲人也都个个做了官。

朱棣还命令在元代驿站的基础上扩建和新建驿站，延长或者另外开辟新的线路，方便运输军需物品和公文的需要。那时候，从辽东通往东北各地区的总共六条交通干线，其中开原是六条干线的起点。这些干线东到朝鲜，西到蒙古，东北到满泾站，西北到满洲里以北，形成了四通八达的交通网。

奴儿干都司设置以后，宦官亦失哈等人曾多次受命到达此地安抚当地的少数民族。公元1413年，亦失哈第三次到奴儿干的时候，在都司城的西南，黑龙江河口对岸的山上建立了永宁寺，记述设置奴儿干都司的经过和亦失哈等几次宣谕镇抚其他的情况。永宁寺还记载了我国各族人民共同开发黑龙江和乌苏里江流域的历史业绩。

虽说朱棣对明朝周边民族关系的发展做出了不可磨灭的贡献，但是要说起真正一展朱棣宏伟大略的还要属他五次远征漠北的战绩。

公元1370年，元顺帝逃到漠北之后在应昌（蒙古）死去。几代后，蒙古贵族渐渐地分裂成鞑靼、瓦剌和兀良哈三个部落。在这当中，鞑靼是最有势力的一个。三部之间也经常相互厮杀，有的时候还会侵扰明朝的边境。朱棣依然采用父亲朱元璋"威德兼施"的对蒙政策。一方面和他们尽可能修好关系，封各蒙古部落的酋长为王，并且赏赐给他们无数的金银、布匹和粮食等物品；另一方面则是事实积极的防御策略，从嘉峪关起沿着长城进到辽东到鸭绿江的一线，相继建设了九个边防重镇，也就是所谓的九边。这九个军事要塞都有精兵把守，以此来抵御蒙古的干扰。

公元1409年4月，朱棣命令都督指挥金塔卜歹、给事中郭骥带着很多绢币前往蒙古各个部落进行招抚工作。这其中，瓦剌归降，朱棣将马哈木、太平等人封为王。鞑靼可汗本雅失里，不但不接受招抚，还将使臣郭骥杀死，并且带兵攻打明朝的边境。

听到消息之后，朱棣即刻命淇国公邱福为征虏大将军，带领着精兵十万挥师北上，征讨鞑靼。在出发之前，朱棣叮嘱邱福不可错失良机，也不要轻易进犯，更不要坐以待毙。第一次进攻失败，可以再寻找机会。但是邱福却让人大失所望，因为过于轻敌，在胪朐河（今蒙古共和国境内的克鲁伦河）落了个全军覆没的下场。消息传到京师，朱棣万分恼怒，不但剥夺了邱福的封爵，还让皇太子监国，继续选练兵马，到了第二年春天亲自带兵出征。

公元1410年春天，朱棣带兵北征，他命令户部尚书夏元吉在北京留守，负责接运军饷。自己带领武将文官亲率50万大军挥师北上。五月，人马行到胪朐河的时候，本雅失里不敢出面迎战，而是向北逃到斡难河。朱棣继续挥师追杀，两军在斡难河畔交战。朱棣带领将士冲锋掩杀，将敌方打败了。本雅失里丢掉牲畜等一切随身物品，轻骑逃走了。

朱棣首征告捷之后，于公元1414年、1422年、1423年，先后四次亲征漠北。朱棣发动了几次对蒙古贵族的征战，一方面有力地打击了蒙古贵族的锐气，增强了防御，另一方面消耗了大量的人力物力和财力。第三次的出征，光粮草运输，就用了34万匹驴，1.775万辆车，23.5万多民夫，3.7万石粮食。户部尚书夏元吉以及兵部尚书方宾等延臣，劝谏朱棣罢兵，修养兵民严敕边将守备。只是朱棣却听不进去，将反对北征的大臣全部都下狱，有的遭迫害而死。公元1424年，朱棣发起了第五次亲征阿鲁台的战争。

征讨大军行走在荒漠上，日夜赶程，走了百里都没有看到敌人的影子。后来又多次扑空，将士们死伤众多，无功而返。朱棣知道此次情报有误，心里不禁惆怅起来。他看着这一望无际的沙漠，心中懊悔不已。最后因为粮草将绝，只好带着将士班师回京。大军走到清水源这个地方，朱棣看到路边有几十丈高的石崖，于是就命大学士杨荣和金幼孜在上面刻字纪功。刻石纪功之后，朱棣忽然感觉身体不舒服，几天后，病情加重。公元1424年7月下旬，朱棣带军到达榆木川（今内蒙古乌珠穆沁附近）的时候，已经是奄奄一息了。他心知自己的寿命将尽，于是便召英国公张辅入内，叮嘱后事：将皇位传给皇太子朱高炽，丧礼一律按照朱元璋的遗诏办理。说完之后，便离世了。

天降噩耗，张辅、杨荣和金幼孜泪水涟涟，三人商定，现在皇帝出兵在外，不便出丧，应该保守这个消息，带着皇上的遗体，依然是翠华宝盖，亲兵侍臣拥护前行。并且暗中派太监海寿，连夜赶往京师，将这则消息告诉给皇太子朱高炽。太子高炽听说之后，悲痛万分，将朱棣的尸体迎入仁智殿，加殓纳棺，举丧如仪。安葬于长陵中。

朱棣死时65岁，尊谥"文皇帝"。

生母之谜

数百年来，在朱棣的身上一直有一个谜团尚未解开，那就是朱棣的生母到底是谁。

在中国古代，正室的儿子被称为嫡子，而妾室的儿子则是被称为庶子，正室被称为嫡母，妾室被称为庶母。嫡子和庶子在名分上有很大的区别。在封建制度下，尤其是皇室成员中，皇帝死了，那么皇位就应该有嫡长子继承。假如嫡长子去世得早，那么皇位便由嫡长子的嫡长子来继承，却不会落到庶子的身上。所以，对于朱棣的生母这一问题，不仅仅是关乎到他个人的身世，而且对他的一生也会有很大的影响。

朱棣自称是马皇后所生，也就是嫡长子，这样一来，他登基为帝也就是顺理成章、理所当然的事情了。朱棣自己也亲口说过，他的生母便是皇后马秀英。夺取政权后，朱棣立刻让人编写了一部书，名为《奉天靖难记》，以此来为自己篡夺皇位找寻借口。这本书开篇便说明了朱棣是马皇后的嫡子。

由此，对于朱棣生母一问题，马皇后的说法是最为普遍的。清人朱好阳所编写的《历代陵寝备考》中也有记载。这里就非常清楚了，朱棣是马皇后为朱元璋所生的第四个儿子。只是，这一说法也仅仅源于当时明朝的史书，比如《玉蝶》、《靖难事迹》、《太祖实录》、《太宗实录》等等。《靖难事迹》当中也有类似的记载："马皇位生了五个儿子，长子懿文皇太子，次子秦愍王樉，次晋恭王桐，次明成祖棣，次周定王。"

实际上，经过历代历史学家考证，明成祖的生母并不是马皇后，而是另有其人。有些说朱棣的生母只是一个贵妃，由此也展开了"嫡出说"与"庶出说"的争论。有人说，朱棣篡位让朝野上下心生抵触，诽声四起，甚至有的大臣还当着朱棣的面，谩骂朱棣根本就不是马皇后的儿子，而是一个低贱之人所生，否则怎么可能会对自己的亲侄子下如此毒手。这样一来，又把原本很明朗的母子关系弄得浑浊起来。也有史料称，马皇后根本就不具备生育的能力，她膝下的儿子都是从别处过继来的，包括记载中的太子朱标、成祖朱棣等，都不是马皇后所生。这些说法在民间越来越流传，也惹来诸多非议和揣测，这为朱棣的生母增添了一份神秘色彩。

在《明史·黄子澄传》一书中也记载："子澄曰：周王，燕王之母弟。"从这里也可以看出，燕王朱棣和周王橚才是同父同母的亲兄弟。而《永乐实录》当中对于他们二人的关系也有所记载，可是问题在于，他们的生母到底是谁呢？根据《太祖成穆·孙贵妃传》记载，孙贵妃死后，因膝下无子，所以朱元璋命令周王为其服丧三年，正因为周王是庶子，所以他才能够认庶母为慈母。如果燕王朱棣和周王真是一母所生的话，那么朱棣应该也是庶子了。

公元1389年，朝鲜的使臣权近曾经在北平拜见燕王朱棣。在权氏所编著的《奉使录》书中，很明显的记载着燕王的生母，朱棣生母的忌日为七月十五日，马皇后的忌日则是八月初十，由此也可以看出，朱棣的生母并不是马皇后。

那么到底谁才是朱棣的生母呢？关于这件事情，可真是众说纷纭啊。

有人说朱棣的生母是个朝鲜女子李氏。这个说法也是被很多人认同的。在《南京太常寺志》当中有过记载。《南京太常寺志》当中所提到的太常寺是皇家机构，所以这本书也就属于皇家文本，那么它里面的内容已经有非常高的真实性以及可信度。

所以，在当今历史学家看来，朱棣的生母应该是"碽妃"李氏。那么李氏究竟是什么人呢？

碽妃，是高丽人士，是当时高丽（当今的朝鲜）进贡给朱元璋的女子。相传，朱棣是早产，所以朱元璋便怀疑李氏背着自己和他人私通，让自己戴了绿帽子，一怒之下，便赐李氏"铁群"之刑。"铁群"之刑，就是让人穿上用铁片做成的裙子，然后将人放在火上烘烤，直到将人活活折磨死。

还有人说，朱棣是知道自己的身世的，他登基为帝后，公元1412年，在南京重修了大报恩寺塔，以此来报答生母李氏。当然，朱棣不会以生母的名义祭奠，于是他便使了一个障眼法，用"以报答朱元璋和马皇后的养育之恩"名义来祭奠自己的生母。那个时候，大报恩寺常年大门紧闭，属于皇家的"禁地",目的就是为了保护这个秘密。曾经有人偷偷溜进去,发现大报恩寺里面放置的是碽妃李氏的头像。不过这些记载都是后人所撰写,真实性就无从查起了。有人考证,公元 1365 年,朝鲜曾经向中国送贡女,而根据史学记载,朱棣是生于公元 1360 年,1365 年的时候朱棣已经 5 岁了,那么根据这一考证,李氏也就不可能是朱棣的生母了。

元顺帝妃洪吉喇氏是另一个怀疑人,这一说法,可要追溯到朱元璋还没有做皇帝的时候了。朱元璋于公元 1341 年投靠在郭子兴的帐下,郭子兴去世后,朱元璋代替了他的位置,随后便带领将士南征北战,先后攻下集庆和大都(今北京)。元顺帝知道元朝气数已尽,于是便舍弃大都,撤回蒙古。朱元璋进城之后,去巡视元顺帝的后宫,看到在这群妃子中有一位长相非常俊美的女子,霎时引起了朱元璋的注意,后来不顾他人的反对,朱元璋将其纳为妃子,而这个女人就是元顺帝的第三位妃子格勒德哈屯,她是元顺帝洪吉喇托太师的女儿。

那时,洪吉喇氏已经怀有 7 个月的身孕,云顺帝出逃的时候,不方便带着她上路,于是这让朱元璋白白得了一个貌美如花的妃子和一个儿子。3 个月之后,喇氏生下一个儿子,也就是未来的燕王朱棣。相传,刚开始,朱元璋并不想认这个儿子,因为毕竟不是自己亲生的,但当朱元璋看到相貌不凡的朱棣时,便打心里喜欢。不过,如果昭告天下,说自己的妃子生了别人的孩子也是一件没有颜面的事情。最后,朱元璋只能认下了这个儿子。这个说法在民间传乎其神,不过细看朱棣的面貌,确实和其他几个兄弟不一样,这也就更加应对了百姓们的猜测,在民间,甚至有人称朱棣为蒙古人。

根据史料记载,公元 1368 年,朱元璋攻克的大都,可是朱棣确实于公元 1360 年出生,这中间相差了七八年的时间,所以上述说法也是不可靠的,而朱棣生前对此事却也没有承认过。有些历史学家认为,之所以会出现这种传闻,主要是人们在借口谩骂朱元璋和朱棣杀人不眨眼,非法篡位的事情。

还有就是瓮氏，和洪吉喇氏一样，都是蒙古的女子，也是元顺帝的妃子。《广阳杂记》记载道："明成祖，非马后子也。其母瓮氏，蒙古人。以其为元顺帝之妃，故隐其事。宫中别有庙，藏神主，世世祀之，不关宗伯，有司礼大监为彭恭庵言之。余少，每闻燕之故老为此说，今始信焉。"意思是说，朱棣的生母并非是马皇后，而是蒙古人瓮氏。瓮氏曾经是元顺帝的妃子，所以史书中也就不便多加记载。但是朱棣却知道自己的生母是谁，为了祭奠，他在宫中另建庙，以此来供奉生母的牌位。而《广阳杂记》的作者为清人刘献廷，这一纪录也纯属其个人的观点，记录的来源主要是北京一带的民间传言，其真实性也是有待考证。

上述的种种猜测不仅没有解决朱棣生母的问题，反而更添加了几个谜团，真是离谱至极。

到底谁才是朱棣的生母呢？目前来看，最有可能的便是马皇后和硕妃李氏了。在对比一个马皇后和李妃二人来看，朱棣应该是马皇后所生，因为李妃和其他猜测一样，和朱棣的生辰有着很大差异。不过也有人说，朱棣为燕王的时候，是谁生的并不重要，但是他篡夺皇位后，就不一样了。篡夺皇位原本就是一件大逆不道的事情，如果自己是妃子所生，那么是没有继承皇位的资格的。所以，为了掩人耳目，朱棣便说自己是马皇后所生的，以此来堵人口舌。于是授意史官，故意把自己的生辰搞混，为自己找一个登基的借口。

经过历史学者考证，明朝史料有很多地方都被改动过，尤其是关于朱棣生母为马皇后的记载，被动过很多次手脚。而后来一些撰写明朝历史的清朝人，为了讨好当时的清代朝廷，故意扭曲明朝历史，很多东西被他们改的都面目全非，给后世学者研究带来了很大的困难，也留下了很多的悬念。

历史记载，朱元璋有26个儿子，这26个儿子都是他的亲骨肉吗？这个可不见得。据说，朱元璋经常霸占他人的妻室，不仅将元顺帝的妃子娶进宫，打败陈友谅之后，还将他的妻子阁氏纳为了自己的妃子。据说，阁氏已经怀有身孕，没过多久便生了一个遗腹子，而朱元璋倒也不嫌弃，直接当作自己的儿子来教养，并且还将他封在长沙，就是潭王。

别样的感情生活

在朱棣去世以后，人们将眼光都放在了他所造就的太平盛世，或者是他生前所发动的靖难之役给人们带来的痛苦上，但是却很少有人会询问他的感情生活。或许很多人都不知道，这位历史上争议不断的皇帝，竟然还有一段跨国恋情。

而跨国恋情的女主角便是来自朝鲜的女子权妃。权妃是朝鲜国家工曹典书权永钧的女儿，是名门之后，书香世家的千金。权妃容貌清秀，风姿绰绰，再加上她兰心慧质、知书达理，深得朱棣的喜欢。

从元朝时期开始，朝鲜就不断地向中国朝廷进贡美女，这种习惯一直延续到明朝初期。明朝开国时期，朱元璋就有很多朝鲜妃子。明成祖朱棣登基之后，还不断下令让人去朝鲜挑选秀女，充实后宫，而权妃就是在这样的情况下来到中国宫廷的。

公元1408年，明成祖朱棣派遣内使黄俨等人出使朝鲜，并且赏赐朝鲜国王花银万两、素线罗五十匹、丝五十匹、熟绢一百匹，以此来作为朝鲜进贡给明朝的答谢。并且还要求朝鲜继续为大明挑选美女，贡献给北京。于是朝鲜上下便禁止婚嫁，以此来广选美女，以进贡给明朝廷。那个时候，上至朝鲜贵族大臣，下至朝鲜百姓，都没有愿意让自己的女儿嫁到几千里之外的大明朝，所以，一般情况下，入选来的都是一些不漂亮的女孩子。黄俨之后，非常不满意，于是便下令朝鲜王宫重新挑选。朝鲜的王廷只能再次加大力度，并且告诉各州衙门，稍有姿色的女子，都一并送来，如果用一些不正当的方法躲避挑选，查处后，都按国法处置。

这一手段还真的有效果，最后终于选出了一些长相不错的秀女。黄俨等人在过目之后，从这些秀女中挑选出5名，第一个便是权妃，当时18

岁。于是，5位美人，加上12名侍女和12名厨师一起被送往了大明王朝。离开家乡的时候，被选中秀女的父母、亲人哭声连绵，而秀女们也是频频回顾，泪流满面，因为她们知道，这一去再相见也就难了。

在这些秀女中，朱棣最为疼爱的就是权妃了。朱棣第一次和权妃相见的时候，便被她清丽脱俗的气质所吸引。朱棣询问权妃有什么特长，权妃拿出随身携带的玉箫开始吹奏，箫声悠扬婉转，听得成祖是如痴如醉，于是便将权妃的职位定在众嫔妃之上。那个时候，掌管后宫事宜的徐妃已经过世，于是朱棣便让权妃管理后宫事务。

权妃聪慧过人、美丽优雅。每次明成祖朱棣忙完朝中事务，都会去权妃的宫中坐一坐，权妃为他吹箫解闷，这也让劳累一天的明成祖得到些许的宽慰。自权妃进宫以后，明成祖朱棣便深深爱上了这位温柔、妙不可言的朝鲜女子。那个时候的权妃真是集三千宠爱于一身，极少离开朱棣的身边。

公元1410年的10月，朱棣亲自率领军队出征蒙古，权妃随军服侍。在两军对垒的期间，每日权妃都会在大草原上吹箫奏曲，这让一路奔波劳累的朱棣精神倍增、心旷神怡，最后一鼓作气乘胜追击，将蒙古军一举拿下。可惜，在班师回朝的途中，权妃突然病重，最后竟然不治身亡，终年只有22岁，真是红颜薄命！痛失爱妃的朱棣伤心不已，没过多久竟然忧伤成疾。明成祖将权妃安葬在山东峄县的土地上，并且下令当地政府严加看管权妃的陵墓。权妃去世后，朱棣厚待权妃的家人。有一次，在接见权妃家人的时候，朱棣竟然触人伤情，流下泪来，这个时候的朱棣哪还像一个曾经诛灭别人十族的帝王啊！

权妃的死因非常的可疑，有些谣传是被人毒死的，为此宫中嫔妃还遭到了一场大难，很多嫔妃和宫女都被无辜牵连而丧命。朱棣在处理这一事情的时候，手段残忍至极，不过从片面来说，也可以看出明成祖对于权妃的喜爱。

朱棣真正爱的是徐妃

公元1407年，皇后徐氏因病去世，终年46岁，被明成祖安葬于长陵。《明史》当中记载着，徐氏在病逝以后，明成祖朱棣内心非常的悲痛，他下令在灵谷和天禧二寺大举斋戒，朝野上下，群臣拜祭。朱棣去世以后，和徐皇后合葬在长陵，由此可见他们的恩爱程度。

徐皇后死后，朱棣就没有再另立皇后。其实，朱棣并不是不想立皇后，而是立后的心愿没有实现，这就得提一提中间的一个小插曲了。

徐皇后去世后，朱棣曾经要立徐皇后的妹妹为妻子，或许是为了缅怀徐皇后吧，结果遭到了他的岳母谢氏的反对。

谢氏是朱元璋给徐达做的一枚亲事。徐达原本的夫人姓张，为人也比较彪悍粗鲁，对下人苛刻无比。因为，朱元璋便对徐达说，你的这个老婆很不贤惠，无法帮你成就功名，不如我再帮你另选一个吧。于是朱元璋便把谢氏介绍给了徐达。

谢氏嫁给徐达后，给徐达生了4个儿子4个女儿，大女儿便是朱棣的徐皇后。朱元璋听说姑娘喜欢读书，而且非常贤淑，于是就向徐达提亲，将大女儿嫁给了自己的四儿子朱棣。谢氏的第二、三个女儿也都分别嫁给了其他的皇子，代王和安王。皇后徐氏去世的时候，徐氏最小的妹妹还没有出嫁。于是，徐氏死的那一年，朱棣便对谢氏说："我想让您的小女儿来掌管后宫。"谢夫人回答说："妾女恐怕配不上皇上。"很明显，这只是一个借口而已，既然自己的大女儿都能够做皇后，那么小女儿怎么就不可以了呢？所以，对于谢氏的这一答法，朱棣也心知肚明，她是不想将自己的小女儿嫁给他。

虽然朱棣没有用权利威逼，而是对谢氏说："你的女儿连我都不嫁，我倒是要看看她能够嫁给什么人？"这句话带着一些半威胁的意味。果然，谢夫人拒绝了朱棣之后，她的小女儿再也没敢接受其他人的聘礼，最后遁入空门，当了尼姑。

第四章

沾儿子的光而登基的皇帝——明仁宗朱高炽

帝王档案

☆姓名：朱高炽

☆民族：汉族

☆出生日期：1378年8月16日

☆逝世日期：1425年5月29日

☆配偶：张皇后，结发妻

☆子女：10个儿子，7个女儿

☆在位：10个月

☆继位人：朱瞻基

☆庙号：仁宗

☆谥号：敬天体道纯诚至德弘文钦武章圣达孝昭皇帝

☆陵墓：十三陵之献陵

☆生平简历：

公元1378年8月16日，朱高炽出生，是明成祖朱棣的长子。

公元1395年，被立为燕王世子。

公元1404年，明成祖立朱高炽为太子（主要原因还是因为朱棣喜欢朱高炽的儿子朱瞻基）。

公元1424年8月，明成祖在北征反途中因病去世，朱高炽登基为皇帝，是为明仁宗。

公元1425年5月29日，朱高炽在钦安殿猝死。

人物简评

朱高炽的一生是充满悲剧色彩的，早期时期他跟着朱棣南征北战，体会到了建国的辛苦、安国的不易，他登基之后开始实施仁政，与民休养生息。不过，朱高炽因为性情温和，主张仁政，和朱棣的安国策略相左，由此而不得朱棣的喜欢。就连他手中的皇位，都是因为儿子朱瞻基受朱棣的喜欢，才让他继承大统，真是可悲啊。

生平故事

艰难坎坷　苦尽甘来

朱高炽是明成祖的长子，生性儒雅文静、好读诗书，朱元璋在位时，对这个孙子极为喜爱，并将他立为世子。不过，朱高炽的这一性格，却和一生崇尚武力的朱棣背道而驰，再加上朱高炽肥胖异常，连行走都困难，由此也不得朱棣的喜欢。

靖难之役中，朱棣给了朱高炽一小部分的兵马，并且让他镇守北京。虽然朱高炽行动上多有不便，但是他性格沉稳，遇事临危不惧。这也使得他在靖难之役中，顶住了压力，保住了北京城。

朱棣带着他最喜爱的二儿子朱高炽一路往南奔去，而建文帝则是抓住这个机会，派遣大将李景隆，带领五十万大军围困北京城。那个时候，朱棣在南方眼看胜利在望，如果这个时候班师救援，那么朱棣以前的努力也就算白费了。

在这千钧一发的紧要时刻，朱高炽召集全军上下将士，召开紧急会议。全军将士对这个儒雅文静的世子一向很有好感，听了他对目前形势的分析后更加心生佩服，一个个都要誓死保卫北京城，就连城中的老弱妇孺都拿着自家的农具，加入到抗争队伍中来。就这样，在朱高炽的带领下，一万多人马竟然硬生生地把李景隆的五十万大军抵挡在城外，堪称一个奇迹。

朱棣班师回京后，和二皇子朱高炽兵分两路，将李景隆的大军彻底打散，解了燃眉之急。这一次战役对于以后的靖难之役起了决定性的作用。

这件事情之后，建文帝也知道朱高炽是有一定军事才能的。于是，为了说服朱高炽叛变，还专门派人给他送了一封信，表明想要封他为王的意图，想让他效力于朝廷，这样一来，也就算断了朱棣的一条臂膀。

朱高炽刚收到建文帝的信儿，他的两个兄弟就听到了风声，急忙跑到朱棣的寝宫，添油加醋地说了一番，诬告朱高炽想要叛变，归顺建文帝。朱棣听了之后，心中异常愤怒，刚想要让人把朱高炽带来时，便听说有人呈递了一封信过来，还没有启封的样子。

朱棣打开信后发现，这就是那封建文帝写给朱高炽的信。原来，朱高炽在收到建文帝的信后，心知如若被有心人看到，自己的一生可就完了。于是，他连忙让人将这封还未拆封的信送到朱棣府上，一刻也不敢耽搁。朱高炽的这个做法是非常高明的，不仅粉碎了建文帝企图离间他们父子的阴谋，而且也让两位王子的诡计胎死腹中。

就这样，世子朱高炽算是躲过了一劫。

不过，就算这样，朱高炽在王府中的日子也并不好过。二皇子朱高煦常年跟随朱棣征战在外，有几次救了朱棣的性命，深得朱棣的喜爱。再加上朱高煦的性格和朱棣很是相像，作战勇猛、不畏艰难，在朝中武臣中有着很高的威望。就连朱棣都曾经对他说：世子朱高炽生来身体就不好，如果你能够继续这样表现下去，将来的皇位就由你来继承了。

有了朱棣这句话，朱高煦做事的热情更加高涨了。在此后的靖难之役中，大部分的胜仗都是朱高煦打下的，算是朱棣登上皇位的最大功臣。而这所有的一切，都对世子朱高炽很是不利。

靖难之役后，朱棣成了大明王朝的皇帝，史称明成祖。登基大典结束后，接下来便是面临着太子人选的问题。众所周知，太子关乎一个国家的命运，万不可马虎。当初，朱棣亲口许诺让朱高煦担任太子，现在他却犹豫了。虽然明成祖自己是比较偏向于二皇子朱高煦的，可是皇位继承人长幼有序，不能乱了规矩。再加上，朱高炽的世子之位可是明太祖朱元璋亲自册封的，可是名正言顺的皇位继承人，就从这一点来说，朱高炽的太子之位也不能任意废黜。就这样，思前想后，朱棣决定还是遵从先帝的抉择，立朱高炽为太子。

此外，根据历史材料记载，朱棣立朱高炽为太子还有一个原因，那就是朱高炽的儿子朱瞻基。朱瞻基是朱高炽的长子，自幼聪慧异常，长相又和朱棣极为相似，深得朱棣的宠爱，想要把大明江山的未来托付在他的身上。朱棣知道，要想让朱瞻基登基为帝，那么就必须立他的父亲朱高炽为太子，这样他才能够名正言顺的继承皇位。由此说来，朱高炽能够当上太子，还是沾了他儿子朱瞻基的光。

朱高炽成为太子后，朱棣更是看他不顺眼，觉得他做什么事情都是错的，甚至还经常当着大臣的面训斥他。后来，朱棣起了废太子之心，于是便召见兵部尚书金忠，征询他的意见。金忠听了之后，急忙劝阻，并且列举了很多废长立幼的祸端案例。可是朱棣心中不甘，又召见翰林院的解缙。解缙为太子求情道："太子是个仁厚之人，天下百姓都会臣服于他的，皇上还是不要疑心这件事情了。"解缙见朱棣还有些犹豫，于是又说道："皇上，先不管太子到底能不能担当大任，难道皇上您也不顾及您最喜爱的皇孙了吗？"这句话让朱棣如梦初醒，想到了朱瞻基，他才将废太子的念头压了下去。

朱高炽的太子之位总算是保住了。不过他的两个兄弟朱高煦和朱高燧并不甘心，想要夺取他的太子之位。他们知道朱棣心中并不喜欢朱高炽，于是二人便不停地在朱棣面前诬告朱高炽，说他的坏话，想要用这种方法离间父子俩的感情，让朱棣废黜太子。

对于他们二人的阴谋，朱高炽早就已经察觉到了，只是他为人一向真挚，又念及兄弟之情，并没有将此放在心上。有些人好心提醒朱高炽，问知不知道汉、赵两位王爷有夺嫡之心，而朱高炽却从容的答："我只知道作为儿子要尽可能地孝顺父母。"反倒是朱高煦，一直蠢蠢欲动，想要将朱高炽拉下马来。

朱棣确立太子后，为了防止节外生枝，他将朱高煦分封云南。可是朱高煦心里一直惦记着皇位，不愿意离京，甚至还对他的亲信说："也只有我这般勇猛过人的人，才能够和秦王李世民相提并论。"

有一回，太子朱高炽和汉王朱高煦前往孝陵祭拜，这次一同前往的还有朱高炽的儿子朱瞻基。朱高炽原本体型就比较胖，再加上脚得病，只能让两个太监搀扶着走路，跌跌撞撞的，很不雅观。

朱高煦见此情景，便出言讥讽道："看到没有，前人失足，后人一定要警戒呀。"朱高煦说完，就听到走在最后的 10 岁的朱瞻基回答说："这里还有一位知警的后人呢。"朱高煦一看是朱瞻基，就不敢说什么了。他可是知道，这朱瞻基就是朱棣内定的皇位继承人，得罪他可是没什么好处的。

从孝陵回来后，朱高煦便联络朝中大臣，迫害朱高炽的拥护者，想要寻找机会，除掉朱高炽。再说那朱棣立了朱高炽为太子后，心中一直不高兴，便暗暗观察朱高炽的一举一动，试图找到一个合理废黜太子的理由。经过一段时间的观察，朱高炽的缺点他是没有看到，倒是那二皇子朱高煦的做法越来越引起朱棣的不满。

朱棣催着朱高煦去云南上任，可是朱高煦却以云南太远而不愿意前往，无奈，朱棣又将青州给他做封地，可是他还是不愿意离开。最后，朱棣把朱高煦召进皇宫，说道："二皇子既然有了自己的封地，要赶快回到你自己的封地管理才是，怎么能一直留在宫里呢？以前你说云南太远，朕

已经给你改为青州了，你为何又不愿意前去呢？这些可都不是理由，我奉劝你赶快回封地，不要再在京城逗留了。"朱高煦一听，知道自己没有拒绝的权力，便先假意答应下来。

恰巧，这个时候朱棣要带兵北征，根本无暇顾及朱高煦的事情。趁此机会，朱高煦招纳了三千多士兵，纵容他们四处杀伤抢掠，伤害无辜百姓，甚至还打死了兵马指挥徐野驴。更为过分的是，在私底下，朱高煦的乘舆器物都是和朱棣一模一样，反叛之心昭然若揭。

朱棣北征回来，听说了朱高煦的所作所为，心中怒火直烧，他派人将朱高煦找来，狠狠地训斥了一顿，并且把朱高煦囚禁在西华门内，想把他贬为庶人，逐出宫去。

朱高煦被贬的事情传出去后，朝中上下竟然没有一个人肯为他求情，由此可见，朱高煦平日里的所作所为，确实惹人痛恨。就在这时，朱高炽站出来为他这个弟弟求情，最后保住了朱高煦的王位。

公元1417年，朱棣将乐安州（山东广饶县）封给朱高煦，并且让他立即启程，不得拖延。

经过这场风波后，朱高煦已经失去了争储的资本，不过，朱高煦的另一个弟弟赵王朱高燧也不是个省油的灯，想要夺得太子之位。

公元1418年，朱棣身体微恙，在北京静养，朝中一切政事则交给留守在南京的太子代为管理。朱高燧一党看准时期，四处派人造谣诬陷朱高炽，一时间谣言四起，惹得太子身边的大臣也是人心惶惶，生怕朱棣又像前几次那样，不问青红皂白便怪罪于太子。

恰巧此时，有一位陈千户搜刮民脂民膏，暴敛财物，朱棣将其流放到偏远地区。这件事情被朱高炽知道后，考虑到陈千户曾经立下过战功，于是只命令他交出贪污的财物，也就没再深究。

这件事被朱高燧的手下知道了，便将此事添油加醋地报告了给朱棣，说太子竟然私自放了皇上要流放的人，太子还未登基就敢违背皇帝的命令，那倘若他日登基那还了得。朱棣一听，立刻下令处死陈千户，并且还

67

以辅佐不利为由处死了几个和太子关系不错的官员。

　　不仅如此，为了彻查太子在南京的所作所为，朱棣还特意命令礼部尚书胡佛前往南京查探，秘密调查太子的一举一动，看看是不是有很多过失，而且还要求胡佛一定要据实禀报。胡佛到了南京后，他用心地访查当地百姓，发现百姓们个个都称赞朱高炽仁厚贤明。后来，他还几次潜到朱高炽的身边细细观察了一段时间，发现这太子果真如他人说的一样，是个贤能之人。

　　于是，胡佛把自己所看到的一举一动、一点一滴全部呈报给朱棣。朱棣看了之后，大为满意。从那之后，朱棣才算是打消了对朱高炽的猜忌。

　　公元1423年，朱棣因病时常不能处理朝政，所以朝中上下的政事便交给太子朱高炽打理。朱高炽代政后，开始缩减宫中宦官内侍，这引起了黄俨的极度不满。黄俨是朱高燧一党，前几次朱高炽被诬陷，几乎都是他出的主意。这一次，黄俨更是胆大包天，四处散播谣言，说朱棣想要改立朱高燧为太子。

　　黄俨把自己的这一计划透露给外甥王瑜，并且想要得到他的帮助。王瑜是常山中护卫总旗，性情比较耿直，不喜欢偷鸡摸狗之辈。王瑜听了舅舅的计划，心里很是震惊，多次劝说黄俨，黄俨却执意为之。最后，王瑜只能将这件事情告诉朱棣。

　　朱棣听后，下令将黄俨一党全部逮捕入狱，并且还搜出了假诏书。朱棣将朱高燧宣进宫，将诏书扔在他的面前，并且说道："这是你派人干的吗？你好大的胆子！"朱高燧吓得直发抖，说不出一句话来。朱棣一气之下想要处死朱高燧，后来还是朱高炽为其求情，他才算保住了性命。

　　公元1424年，明成祖在北征的途中因病去世，终年65岁。当时，随从在旁的是阁臣杨荣、英国公张辅二人，他们知道，如果皇帝去世的消息传了出去，很可能会让朱高煦、朱高燧二人卷土重来，趁机作乱。于是，二人商定先秘不发丧，只是偷偷地将明成祖的尸体装进了一个大棺材。对外，二人则宣称，明成祖身体不适，不愿意接见任何人。

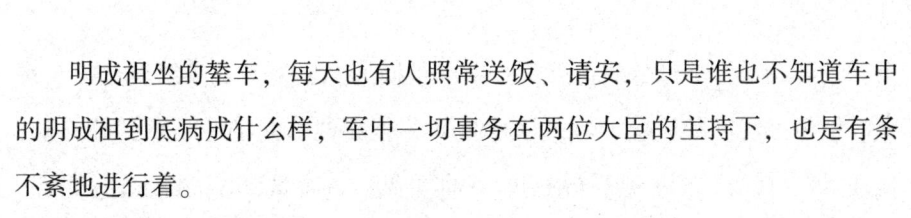

明成祖坐的辇车，每天也有人照常送饭、请安，只是谁也不知道车中的明成祖到底病成什么样，军中一切事务在两位大臣的主持下，也是有条不紊地进行着。

布置完这些后，杨荣二人又派人悄悄赶往京城，将明成祖病逝的消息告诉朱高炽，让他做好万全的准备。朱高炽得知消息后，派遣朱瞻基带领部队前去迎丧。就这样，在两位大臣的周密安排下，期间并没有发生什么动荡，而朱高炽也顺利接掌了皇权，成为下一任皇帝——明仁宗。

短命皇帝　死因成谜

朱高炽好不容易从太子之位一路坐上了那个至高无上的位置，原本想要大展身手，可惜天妒良才，他做了十个多月的皇帝后，竟然离奇去世了。

公元1425年，47岁的朱高炽暴死在钦安殿。这件事情来的特别突然，有些不可思议。要知道，三天前，朱高炽还很勤奋地在处理政事，短短两天后，他竟然莫名其妙地去世了。这让朝中上下人员都无法理解，对于他的死因，也有了各色的传闻。

朱高炽到底是如何死的呢？如果说是因病去世，这话有些不可信。朱高炽47岁，正值壮年，这做了不到一年的皇帝就去世了，怎么着都说不过去。曾经有人为此翻阅了朱高炽的传记，想要从中找出一些蛛丝马迹。令人疑惑的是，不管是哪一本书，对于朱高炽的死因却都只字未提，这未免也太诡异了。

有人说，朱高炽之所以突然死亡，主要是因为他平日里纵欲过多，使得身体素质急速下降，这才引发突然暴毙。

众所周知，朱高炽是一个非常好色的皇帝。大臣李时勉曾经上书朱高炽，劝说他一定要注意自己的身体，不要沉迷于色欲中。沉迷于色欲本身就不是件光彩的事情，如今又被大臣拿到台面上说，做皇帝的也没了面子。朱高炽看了李时勉的奏折，心中很是恼火。后来，朱高炽虽然命人将李时勉狠狠杖责了一顿，但是这件事却一直让他耿耿于怀，直到临终前，他还对左右说："李时勉羞辱我！"由此可见，朱高炽当时气得不轻啊！

据说，朱瞻基处理完先帝的后事后，还专门把李时勉找来，训斥他："你到底对先帝说了什么，让他一直介怀到现在？"李时勉不敢有所隐瞒，便对朱瞻基说："我劝说先帝一定要爱惜自己的身体，远离后宫的嫔妃，注意节制自己的欲望。要经常和皇太子沟通，不要和皇太子产生什么隔阂。"朱瞻基听了李时勉的话，也没有说什么，只是叹了一声气，便让李时勉起来了。从这里也可以看出，对于朱高炽的好色，朱瞻基心里也是清楚的。

有一个经常服侍朱高炽的太监也说，朱高炽是得了"阴症"。一般来说，纵欲过度的人很容易患上这样的病，这也是有一定科学依据的。不过在古时候，医疗条件非常差，无法找到正确的诊治方法，最后使得朱高炽误服了"金石之方"，致使中毒身亡。

纵欲过度是朱高炽死因的第一种说法，而第二种说法则和朱高炽的儿子朱瞻基有关。朱瞻基可是明成祖朱棣内定的皇位继承人，深受朱棣的喜爱。朱高炽性情仁厚，再加上他身体肥胖，活动受限，所以平日里的朱高炽都是文文静静的，并不喜欢活动。

朱瞻基则和他的父亲相反，朱瞻基的性情和朱棣比较相似，喜欢骑马射猎，工于心计，热衷于权术。朱高炽登基后，便依照朱棣的意思，立朱瞻基为太子。不过那个时候，朱高炽已经察觉到了朱瞻基的不安分行为，多次苦心劝说。朱高炽的这一做法，惹得朱瞻基很是心烦，他想要早早的登基为帝，想要尽早一些掌握朝中大权，于是便策划了一出弑父的戏码。

公元1425年，朱高炽把祭祖的任务全权交托给太子朱瞻基，由他带队前往南京和凤阳祭拜先祖。四月十四日，朱瞻基从北京出发赶往南京。朱高炽身边有一位服侍的太监，名为海涛。海涛是朱瞻基的人，二人在出发前便商定好，在五月十三日那天毒死朱高炽。

朱瞻基带领大部队从北京出发后，并没有按照事先安排好的行程前进，而是驻留在了南京。过了没多久，南京便传出明仁宗驾崩的消息。要知道，那个时候的通讯并不如我们现在这般发达，光是传递消息也得来回好多天。再说，南京传出朱高炽驾崩的消息时，北京根本还没有举办丧礼，消息也未传出皇宫。由此也可以知道，定是有人知道朱高炽什么时候会驾崩所以才放出了这则消息，朱高炽的死应该属于一场谋杀。

后来，在返京之前，朱瞻基还说了一句意味深长的话："我之所以带队匆匆回去，并不是大家所猜测的那样。"随后，在返京的路上，碰到了前来宣旨的海涛。六月三日，朱瞻基一行人到达北京，一些好心的大臣还提醒朱瞻基："现在先帝驾崩，很多人都盯着皇帝位，殿下一定要小心啊！"而朱瞻基却是这样回答的："天下间的好事物并不是有智力就可以得到的，况且我的太子之位是先帝所赐，谁敢起二心。"

朱瞻基的一席话说得胸有成竹，就好比早就预料到了一般。由此，一些史学家也猜测，朱瞻基之所以敢说出这样的话，实际原因就是他才是幕后的真正黑手。

第三种说法便是，朱高炽其实是死于心脏病。我们都知道，朱高炽这个人十分肥胖，连走路都需要让人搀扶着，所以他心脏所承受的压力肯定很大，得心脏病的几率也就非常高了。再加上他平日里生活不节制，过度操劳和纵欲过度。这样看来，死于心脏病也不是不可能的了。

关于朱高炽的死因还有第四种说法，那就是被误饮毒酒而亡。根据野史记载：在一次酒宴上，郭贵妃向皇后敬酒，皇后心知酒中必有蹊跷，不知道该接还是不该接。正在犹豫不决的时候，朱高炽却将郭贵妃的酒接了过去，并且还说："贵妃的酒有什么不能喝的呢？皇后不喝朕喝。"说完便一口喝下了毒酒，过了没多久，朱高炽便毒发身亡了。

而在后来的史料中，也记载了一件事情，让人觉得郭贵妃间接毒害朱高炽的几率还是比较高的。郭贵妃是朱高炽生前最为宠爱的妃子，并且还为朱高炽生了三位皇子，这三位皇子也都个个封了王，成为一方之主。按理说，朱高炽死后，郭贵妃是不用殉葬的，可是令人匪夷所思的是，朱高炽死后，朱瞻基却下令让郭贵妃殉葬。这不由得让人们联想到朱高炽的死因，耐人寻味。

推崇儒学　一代仁君

朱高炽虽然只在位短短的十个多月，但是他对大明王朝的贡献还是不容忽视的。朱高炽登基之后，该年号为洪熙，是为明仁宗。

在建文帝、明成祖时期，都有很多被连坐的旧臣以及官员家属，朱高炽执政后，便下了特赦令，赦免了他们的罪行，并且允许他们回到自己的家乡，过平民百姓的生活。另外，朱高炽还亲自审理了很多冤案、错案，让很多人得以沉冤昭雪。例如，建文帝时期的方孝孺案件，明成祖时期的解缙冤案等。朱高炽上台所实施的这一系列措施，都极大缓解了统治阶级内部的矛盾，巩固了大明王朝的统治。

此外，那些有贤能的人，朱高炽也会重用，而那些光拿着朝廷俸禄却无任何作为的人，朱高炽也进行了一番清理。历史上人们所说的"三杨"：杨荣、杨溥、杨士奇三人就是朱高炽提拔任命的辅政大臣，为朝廷做了不小的贡献。

朱高炽处处都以唐太宗为榜样，爱民如子，整顿朝纲，废黜了很多残酷的刑罚，减轻赋税。对于那些受灾地区，朱高炽更是下令无偿赈灾，救济灾民。一时间，上至文武百官，下至黎民百姓，无不为这位新君拍手叫好。

对于那些在战乱中无家可归的流民，朱高炽也给他们妥善的安置，让他们有田可种、有地可耕、有家可回。在朱高炽的统治下，百姓们都过上了安稳平静的生活。明朝的政治局面也逐步稳定下来，慢慢走向强盛。"仁宣之治"指的就是这一时期的盛况，仁代表的就是明仁宗朱高炽。

在精神文化方面，朱高炽崇尚儒学，忠于孝道。朱高炽命人在京城外

修建了一处弘文馆，忙完政事后，朱高炽便在那里和儒学大家探讨儒家典籍，有时候一坐便是一整天，丝毫不觉疲倦。

朱高炽还善于征询大臣的意见，他曾经发给杨士奇等人一颗小印，让他们敢于进谏，然后朱高炽自己会从这些建议中选出最好的一条，采纳使用。如果你的进言不好，朱高炽也不会生气，更不会治罪。这样一来，朝中也多了一批敢于进谏的大臣。所以，在朱高炽时期，朝中政治也变得无比清明。

对于科举制度，朱高炽还进行了一系列的革新。当时，南方人在学习方面比较刻苦，所以中进士的大多是南方人；而北方人本性淳朴善良，这二者都是朝中不可缺少的。为了平衡南北方中进士的比例，朱高炽也定下了一项规定，那就是在进士当中，要录取六十名南方人和四十名北方人，这一种制度一直延续到清朝时期还在沿用，由此可见这项措施的正确性。

不过，令人遗憾的是，朱高炽只做了十个多月的皇帝，他制定的很多措施都还没来得及实施。不过，有人也提出疑问，朱高炽在位短短的几个月，怎么可能有这么大的功绩呢？要知道，明成祖在位时期，常年征战在外，朝中大事几乎都是由还是太子的明仁宗治理。这也给了朱高炽很多时间来想他登基之后的策略和想法。所以，他登基之后，才能够将这些想法顺利的实施。如果再将朱高炽当太子时期的贡献加上，那么可以这么说"一代仁君"的称号，他都当之无愧。

长命皇后　女中尧舜

张氏是河南永城人，也是朱高炽的原配夫人。先是被封为燕王世子妃，后又晋升为太子妃。朱高炽登基后，便册封张氏为皇后，宣宗继位后，张氏就成了太后。

张皇后这个女人能够在后宫那个地方顺风顺水的生活这么多年，她也是有一定手腕的。根据很多史料记载，张皇后这个人识大体，遵守孝道，在皇宫的那些日子，也一直谨言慎行，丝毫不会因为自己是皇后，而抬高自己的身份。

当时，朱棣还是燕王时，张氏作为燕王世子妃，对燕王夫妇尽心尽力、体贴入微，由此也赢得燕王夫妇的好感。有一次，燕王夫妇在府中举办宴会，张氏则亲自下厨操办。燕王朱棣见状，便笑着说："我燕王府娶了这么贤惠的媳妇，以后燕王府的家事可有人管了。"

众所周知，朱棣登基之后，迫于明朝法制的压力，才将朱高炽册立为太子。而在朱高炽做太子期间，也是几经波折，几次都险些被废黜。除了朱棣最宠爱皇孙朱瞻基外，还有一个原因，那就是张氏。张氏懂事孝顺，深得朱棣的心，所以为了张氏和朱瞻基，他才没有将朱高炽废黜。这么说来，朱高炽的皇位还有张氏的一点功劳呢。

朱高炽登基之后，张氏被册立为皇后，只可惜，没过多久，朱高炽便突然暴毙了。朱高炽的儿子朱瞻基登基为帝，是为明宣宗，张氏则被尊为皇太后。

朱瞻基是一个非常孝顺的人，每天早晚，他都要给张氏请安问好，一天都没有间断过，得了什么好玩的物件，他也是第一时间拿到张氏的寝宫，让张氏把玩。如果遇到了朝中大事，朱瞻基也会和张氏商议，而张太后倒也是个有才能的人，总会给朱瞻基一些可取的意见。这也使得在朱瞻基统治期间，明朝国泰民安、百姓安居乐业，一片繁荣盛世的景象。

公元1428年，朱瞻基见张太后常年居住在宫中，心里肯定会烦闷，于是便寻了一个时间，带着后宫嫔妃和张太后一起畅游西苑。在上万寿山的时候，朱瞻基更是亲自上前搀扶着张太后，并且还祝福张太后万寿无疆。

公元1429年，在前往南京祭祖的时候，朱瞻基还专程将张太后带在身边。一路上接受百姓们的跪拜。张太后见此情景，对朱瞻基说道："皇儿一定要明白'水能载舟亦能覆舟'的道理。百姓之所以这样拥戴你，主要是因为在你的治理下，百姓们能够安居乐业，让他们过上平稳的生活。所以皇儿一定要谨记，不管做什么事情，一定要把天下苍生放在首位啊！"

陪伴在一旁的朱瞻基，也连连称是。

一路上，有百姓送酒的，张太后就会亲自慰问，关心他们日常的生活。有时候，张太后会叫上朱瞻基一起品尝百姓送来的酒食，以此来了解民间的风土人情。可以这么说，明朝之所以会有"仁宣之治"，其中张皇后的功劳是不可磨灭的。

当然，张太后和朱瞻基也有意见不合的时候。朱瞻基的皇后是胡氏，并不得朱瞻基的宠爱，反倒是后宫貌美如花的孙贵妃，很得朱瞻基的欢心。朱瞻基为了表示对孙贵妃的疼爱，还特意让人在贵妃前面加上"皇"字，意思也就是皇贵妃，地位仅次于皇后。

胡皇后一直没有子嗣，朱瞻基就想要将胡皇后废黜，改孙贵妃为后。朝中大臣皆说："胡皇后虽然没有子嗣，但是她为中宫的这些日子，并没有犯下什么不可饶恕的过错，不能随便将她废黜。"听了众位大臣的进言，朱瞻基的脸色立刻拉了下来。众位大臣见朱瞻基生气了，于是又赶忙说道："如果能够让胡皇后自己辞去皇后之位，这样一来，倒也能说得过去了。"

朱瞻基接受了大臣的意见，日夜逼着胡皇后主动辞去中宫之位，胡皇后被逼无奈，只能自愿让出皇后的位置。可是张太后并不同意，因为这胡皇后睿智聪明、贤德淑良，是最适合的皇后人选，所以张太后并没有答应皇后的请求。

张太后这一关通不过，朱瞻基也没有任何办法。后来，朱瞻基又千方百计的想要说服张太后，并且在张太后面前许下诺言，自己绝对会厚待被废的胡皇后，给她最好的待遇。张太后见朱瞻基这么坚持，也就勉强同意了废后的要求。

据说，朱瞻基在废立后这件事情上可以说是费尽了心思。胡皇后和孙贵妃都没有产下皇子，为了让孙贵妃的皇后位变得名正言顺一些，朱瞻基便将一个宫人生的儿子过继给孙贵妃，对外则称是孙贵妃所生，随后又立他为太子。就这样，母凭子贵，儿子做了太子，孙贵妃自然也就成了皇

75

后了。

胡皇后一生对后宫兢兢业业，没有犯下什么过错，就这样无辜被废，早已心如死灰。她从皇后位退下来之后，便一心礼佛，称静慈仙师，不再过问宫中任何事。

张太后十分同情这被废的皇后，时常派人照料她的生活，有时也会把胡氏召进自己的寝宫，和自己吃喝同住。就算是在家宴上，张太后也让胡氏坐在孙皇后上座，这让孙皇后很是不高兴，但是因为有张太后的照拂，孙皇后并不能对胡氏怎么样。

公元1435年，朱瞻基驾崩，9岁的英宗继位。一时间，谣言四起，有人说："英宗太年幼，以后把持朝政的可能就是张太后了。"也有人说："新君年幼，无法治理朝政，张太后很可能会把外地的藩王召进宫，协助其共同治理朝事。"

流言蜚语，不知是真是假，朝中大臣也是人心惶惶，各自思考着自己的去处。甚至有些大臣已经想好了辅佐新君的办法，想着能够屡立奇功，也好稳固自己在朝中的位置；而有些大臣则是想要投靠有资历辅佐新君的藩王，想要以此来在朝中谋得一份地位。沉溺在丧子之痛中的张太后，看着朝中局面日渐紊乱，只能压制住悲痛，在乾清宫召见朝中各位大臣。

这天，众位大臣都战战兢兢在乾清宫等待着消息，谁也猜不透张太后到底会下一个怎样的决定。这时，只见有人牵着新帝的手，将他引到皇帝的位置上。而张太后也随之赶到，指着年幼的英宗对着朝中大臣说："这是我们大明朝下一任皇帝，只是年龄太小，不懂朝中政事。所以这就要仰仗朝中各位大臣尽心辅佐，协助皇帝治理好我大明江山。"张太后的话音刚落，朝中大臣一片欢呼。他们担心的事情并没有发生，在张太后的治理下，一切都是那么顺利地进行着。新君登基之后，张太后也变成了太皇太后。

有了上述做法，朝中大臣对张太后也就放下心来。甚至还有人上书，以英宗年龄太小为由，要求太皇太后垂帘听政。张太后听后，拒绝了大臣

的要求，并且说道："先帝为新君挑选了那么多辅政大臣，就是希望各位卿家可以尽心尽力地辅佐新君治理国家。现在新君年幼，更需要各位大臣的辅助，千万不可起懈怠之心。我只是一个妇道人家，哪有垂帘听政的本事？再说，祖宗家法也已经明说，后宫不得干政，我作为太皇太后，怎么能够带头违背祖宗家法呢？"

就这样，除了重大事情外，张太后一般不再理会朝政，而是重用朱高炽时期出现的"三杨"等一大批老臣。三杨是内阁大臣，也就是一朝的宰相，他们从朱棣时期开始便一直效忠于明室，可以说是三朝元老，治国经验丰富。有他们辅佐新君，太皇太后也是非常放心的。

此外，太皇太后深知外戚专权对朝廷带来的危害，所以自她进宫开始，就对自己的娘家人要求非常严格。到了太皇太后这一位置时，张家人的地位早就已经今非昔比了。她的一个哥哥手握重兵，掌管五军右哨军马，而另一个哥哥更加了不得了，掌管着明朝最高的军队指挥机构，权势很大。

英宗登基之后，太皇太后还专门把她这两位哥哥找来，叮嘱他们在朝中一定要谨慎行事，不能干预朝政，更不可仗着自己手中的权力为所欲为。后来，三杨中的杨士奇上书太皇太后，希望能够启用她赋闲在家的另一位哥哥，可是却被太皇太后给拒绝了。就这样，有了张氏在幕后的打点，在英宗初期，明朝还是一片繁荣的景象。

那个时候，英宗对王振十分宠爱。王振可以说是一个表里不一的小人，他知道朝中势力最大的就是"三杨"这三位朝中元老，再加上背后太皇太后撑腰，自己根本不可能撼动他们在朝中的地位。所以在张太后和三杨面前，王振总是一份毕恭毕敬、忠心耿耿的模样，蒙蔽了大家的眼睛。

英宗迷上了击球游戏，经常拉着宫中的小内侍一起玩耍。有一回，英宗在玩击球的时候，王振和三杨元老都在一旁伺候，这王振便装出一副痛心疾首的样子。他对小皇帝说："皇上可是天下百姓的希望，您这样一直沉迷于击球游乐、玩物丧志，以后该如何治理好国家呢？"三杨将这番情

77

景看在眼里，对王振的表现也是十分地满意。

王振表面上恭迎三杨元老，对他们百般讨好。而背地里却经常怂恿英宗一定要重用当下的朝臣，不能把国家大事都放在那几个老臣身上，甚至还劝说英宗可以不必开设"经筵"课，不用学习治国之道，不用读书写字等。三杨对王振的做法一无所知，还被蒙蔽在鼓里，他们一直认为王振就是不可多得的忠臣良才。而在深宫中居住的太皇太后却是察觉到了端倪，对王振的心思也猜透了几分。

有一天，太皇太后将英宗和朝中大臣全部都召进自己的寝宫，英宗立在太皇太后的左边，太皇太后的右边则是三杨老臣和英国公张辅以及胡濙等五位大臣。随后，太皇太后还命令身边的宫女要着戎装，在一旁守卫。

布置完这一切后，太皇太后便让人把王振叫来，命其跪在地上。太皇太后对英宗说："站在你对面的五位大臣，是我们大明王朝的元老，也是先帝精心选出来辅佐你治理国家的。所以，凡是朝中大事，你都应该向他们咨询，和他们一起探讨，听从他们的意见，决不能一意孤行。"接着，又对跪在地上的王振训斥道："太祖时期就已经立下家法，宦官不能干政，违令者斩立决。你这个畜生，竟然不把祖宗家法放在眼里，唆使皇帝疏远老臣，你到底是何居心？既然我已经知道了这件事情，我就决不能轻饶你。"

说完之后，便命令一旁候命的宫女，将王振就地斩首。王振一听，顿时吓得面无血色，整个人哆哆嗦嗦，说不出一句话。年幼的英宗一看皇祖母要斩杀自己最喜欢的太监，也是哭倒在地，希望皇祖母能够饶恕王振。旁边站立的五位大臣那时还被蒙在鼓里，不知道发生了什么事儿，也都一一跪下，为王振求情。

太皇太后看此情景，也只能把怒气咽下去，然后对在场的人说道："皇帝现在还很年幼，不知道宦官祸国的厉害。在场的几位大臣一定要从旁多加指点才是。今天就看在众位爱卿的面上，饶恕这畜生。不过以后胆敢再犯，决不轻饶！"这一次虽然张太后饶恕了王振，但是对他始终放不

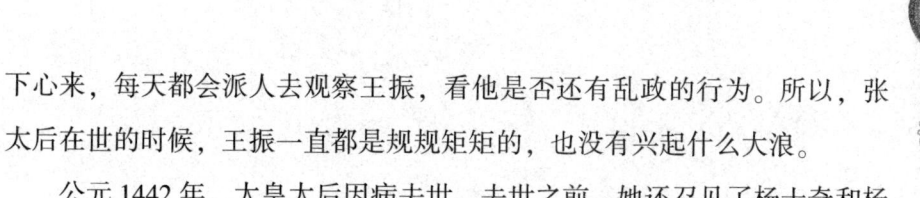

下心来，每天都会派人去观察王振，看他是否还有乱政的行为。所以，张太后在世的时候，王振一直都是规规矩矩的，也没有兴起什么大浪。

公元1442年，太皇太后因病去世。去世之前，她还召见了杨士奇和杨溥，问他们国家大事中还有什么难办的事情。她想要趁自己还有口气的时候，为年幼的英宗再多帮助一些，多为这个国家做一点事情。杨士奇听后，心中感慨万分。回到家，杨士奇便将朝中一些要做还没有做的事情列了出来，让人呈交给太皇太后。

可惜的是，杨士奇的奏折还没有写完，太皇太后便去世了。张太后去世，朝中老臣也是死的死，养老回乡的回乡，被压抑的王振才真正释放出来，开始在朝中肆无忌惮、为所欲为。

对于那些支持自己的大臣，王振便怂恿英宗委以重任。而那些排挤过自己的大臣，则都被他清除出朝廷。一时间，整个大明王朝的政权被王振搞得乌烟瘴气。明太祖时期，宫中悬挂了一个牌子，上面写着"宦官不得干政"，王振把持朝政后，便命人将这块牌子取了下来。

从这个时候开始，明朝开始由盛转衰。

第五章

明朝盛世的开创者——明宣宗朱瞻基

帝王档案

☆姓名：朱瞻基

☆民族：汉族

☆出生日期：1398年2月9日

☆逝世日期：1435年1月3日

☆配偶：恭让章皇后胡氏，即废后胡善祥；孝恭章皇后孙氏，孙贵妃，即后来的孙太后

☆子女：2个儿子，3个女儿

☆在位：10年

☆继位人：朱祁镇

☆庙号：宣宗

☆谥号：宪天崇道英明神圣钦文昭武宽仁纯孝章皇帝

☆陵墓：十三陵之景陵

☆生平简历：

公元1398年2月9日，朱瞻基出生，为明仁宗朱高炽的长子。

公元1411年，朱棣册封朱高炽为皇太子，而朱瞻基则是被册封为皇太孙。

公元1424年，朱瞻基被其父亲朱高炽立为皇太子。

公元1425年6月27日，朱瞻基正式登基为帝。

公元1435年1月3日，朱瞻基意外去世，终年38岁。

人物简评

有时候，他是一个颇有心计的皇子，每一次皇位的变更都有他秘密行动的影子；有时候，他又是一个童心未泯的小孩，被百姓称为"蟋蟀天子"；而更多的时候，他是一个励精图治的皇帝。在他任职期间，实行新政策，增强了国力，促进了明朝的经济发展，并开创了明朝的一代盛世。他不是朱棣，却与朱棣很像。他就是朱棣的孙子明宣宗朱瞻基。但是在他在位期间，为了更好的控制朝廷，他大力提拔宦官。这为以后的后代统治留下了病根。

生平故事

备受喜爱的皇孙

公元1398年，住在北平燕王府的朱棣做了一个美梦：自己的父亲也就是明朝的开国皇帝朱元璋将一件大号玉器给了他，之后还煞有其事地说，把这份玉器传给子孙，那么明朝就会永远繁荣昌盛了。在那个年代，玉器可不是简简单单的东西，它相当于一个玉玺，是皇位的象征。这个梦让朱棣丈二和尚摸不着头脑，父亲是不是让自己把江山传给谁呢。不论怎么说，朱棣感觉这个梦是个好梦。

正当朱棣准备起床的时候，宫里的太监传来一个消息，说是世子妃刚刚生了一个大胖孙子。一听这话，朱棣十分开心，鞋都没来得及穿，就出去看这个孩子。这孩子长得很有当皇帝的样子。再想想刚刚做的那个梦，朱棣很开心，觉得这孩子就是以后的皇帝了。

这个孩子就是后来的明宣宗朱瞻基。朱瞻基从小过的很是享受。因为当时自己的爷爷朱棣非常疼爱自己，而爷爷那时是一国的皇帝，他想要什么朱棣就给他什么。渐渐的，等到朱瞻基稍微长大了一点后，他也开始懂点事了，知道了朱棣对自己的期望。于是，他刻苦的读书，而上天也肯帮他，给了他一个聪明的脑袋，因此在领悟力及理解力方面都比别人强。用我们今天的话来说，就是高智商。

不仅在读书方面朱瞻基有一手，在武术方面他的能力也很超强。如果你以为一个读书这么好的人肯定只会点三脚猫功夫。那么，你就大错特错了。朱瞻基在武术方面也是高人一等，千万不可小觑。正因为这个孙子不同凡响，文武皆通，朱棣才这么疼爱他。

随着朱瞻基一天天长大，身体也变得健壮了。朱棣经常会带着这个孙子去打猎。在第二次向蒙古征战的时候，朱棣特意带上了这个孙子，打算让他在战场上锻炼锻炼。而朱瞻基的父亲则被命令留在南京当监国。监国是什么呢？按照现在的理解，就是先实习一段时间，摸清处理政事的基础。

为了让朱瞻基在日后不至于只是一个鲁莽的武夫，朱棣还挑选了一些有名的谋士来教授他历史，像姚广孝、胡广、金幼孜等这些人都是朱瞻基的老师。朱棣还特别嘱咐他们要注意培养朱瞻基统治天下的道理，而不是仅仅读懂文章。朱棣在朱瞻基身上所付出的努力，大家都看的清清楚楚。

就在朱瞻基备受关注之时，他的父亲却遭遇了前所未有的挑战。

朱瞻基的父亲朱高炽是一个比较稳重的人，不怎么活泼，处事也比较低调，但是言行举止都非常有度，也很喜欢读书，除了对射箭有些兴趣之外，对其他功夫没有丝毫兴趣。正因为天天坐在椅子上读书，不怎么锻炼身体，朱高炽的变成了一个大胖子。他胖到什么程度了呢？据说是连走路都有些不方便了，更别提打仗了，这让善战的朱棣十分不满。

有一天，朱棣让几个儿子带兵接受检阅，其他人都快手快脚的，朱高

炽却是要多慢有多慢。朱棣不高兴了，问他为什么要这么慢。你知道这时候朱高炽怎么回答吗？他觉得自己这么做有自己的道理，因为天冷，士兵们需要吃饱饭才有力气集合。这个回答让朱棣十分担忧。想当年，自己这个江山是怎么打来的呢，不就是遇到了一个有着妇人之心的对手朱允炆嘛！而现在，朱高炽那么轻柔寡断，这以后的江山怎么能放心的交给他啊！只有性格果断刚毅的人才能挑起这个重任啊！想到这里，朱棣对朱高炽十分失望。

这边的朱高炽也知道写在朱棣脸上的那点不满，但是自己这种个性是改变不了的。而现在，朱棣又不是只有自己一个儿子，自己还有两个兄弟，分别是朱高煦和朱高燧。这两人都比朱高炽好多了。他们不仅会读书，还会打仗，按理说，正是朱棣所想要的。

可是，这皇帝的心思你还别猜，猜来猜去怎么也猜不明白。当年朝廷中的大臣建议朱棣立这两人中的一个为太子，朱棣却没有行动。就这样，储君一直都空着。

一直到了公元 1404 年的 4 月，这个储君的位置才有人来坐了。而且，你一定想不到这个人就是大家都不怎么看好的朱高炽。而之前人气很高的朱高煦和朱高燧只是给予封地，在封地上称王，前者是汉王，后者是赵王。朱棣为什么要这样做呢？后世学者猜测因为朱棣想着以后的皇位是要传给朱瞻基的，所以就把江山给了朱瞻基的父亲。公元 1411 年，朱瞻基被顺理成章的任命为皇太孙。这样一来，也为朱高炽的储君之位加强了保障。

朱高煦没有当上太子，自是心生不满，为了夺取储君之位，他曾多次陷朱高炽于不仁不义之地。在多次谋害不成之后，朱高煦开始暗自壮大自己的势力，不仅拒绝到封地上称王，还私藏军刃。东窗事发之后，朱高煦被押入狱中。在朱高煦生命的危急时分，朱高炽考虑到两人的兄弟之情，不顾自己将会受到什么惩罚，为他求情。因此，朱高煦才捡回了一条性命。然而，被权力与欲望冲昏了头脑的朱高煦并没有对朱高炽的求情心存感激，依然处处对太子找茬。

有一天，朱棣交给朱高炽和朱高煦一个任务，就是跟他一起去南京那边为他们的爷爷朱元璋扫墓。朱高炽因为身体肥胖，走起路来十分不便。旁边的太监宫女见状，赶紧去扶着他，但是他太胖了，这个根本无济于事。走着走着还差点倒在地上了。朱高煦不放过任何打击朱高炽的机会，看到走在前面的朱高炽走起路来如此德行，就在那儿嘲笑他。他说，前面的人跌倒了，后面的人要以此为警戒。这一说，让随行的官员都面面相觑。朱高炽又不是傻子，当然听得懂朱高煦这是话里有话。但是为了保住自己的储君地位，他选择了忍耐。

没想到，在这个时候，跟随父亲左右的朱瞻基用饱含着轻蔑与不屑的语气对朱高煦说道："后面的人更要警戒了！"听到此话的朱高煦脸一下子就僵住了，他意识到他已经遇到了他生命中最大的对手朱高炽了。

接掌帝位

虽然朱高炽拼命求情保住了朱高煦的性命，但是他在皇宫里却是待不下去了。暗地里藏着兵器还说自己不想造反，谁会相信呢？朱棣对朱高煦的行为很是气愤，也无法容忍。失去了朱棣信任的朱高煦，只好带着一点银子，在最快的时间内去了远离京城的乐安，想在那儿做一个发大财藩王。

但是，估计你想破了脑袋也想不到，这整件事情并不是偶然的，而是年幼的朱瞻基一手策划的。他知道朱高煦是自己及父亲的对手，于是很早之前就想好这个阴谋了，剩下的只等朱高煦落网了。而结果也如朱瞻基所愿，朱高煦最终彻底失去了朱棣的信任，而且声名狼藉，走得挺狼狈的。这个对手除去了，自己及父亲的威胁也就小了。

公元1424年，明成祖朱棣不幸去世。去世地点不是在紫禁城而是遥远的蒙古，因此，权力交接都是暗地里进行的。不过，朱高炽在京城早就布

置好了一切，没有给朱高煦任何可乘之机。因此，朱高炽顺利接管了大明江山，并将年号设为洪熙，将次年定位为洪熙元年，即公元1425年。

朱高炽是个仁义的皇帝，他上位之后，废除了多项朱棣设立的严厉剥削的政策，把以前的一些政治犯和他们的家人都放出来了。并给一直嫉恨他的二弟朱高煦上涨了工资。不过，这样的举动并没有赢得后者的感激。因为权欲熏天的朱高煦想要的是天下，而不是那一点钱。

朱高炽在皇帝宝座上待了不到一年，就突然驾崩了。对于朱高炽的死因众说纷纭。有人认为是因为他太胖了，心脏病发作的很突然，再加上他过重的身体对心脏的压迫，直接就导致了死亡；有人认为朱高炽一直生活在朱棣的严格教导之下，一旦当上了皇帝，就无法无天，整天留宿后宫，最后自己把自己活活折腾死了；还有人说的更离谱，说是因为朱瞻基性格与朱棣最为相似，因此得不到朱高炽的宠爱，为了避免自己的储位被罢免，朱瞻基不得不先下手，派人暗杀朱高炽。这些死因看似都理由充足，不过却可以排除朱瞻基谋杀其父朱高炽的嫌疑。因为在朱高炽归天之时，朱瞻基还在别的地方，他有不在场的证据。

据说一直有心谋反的朱高煦在听闻朱高炽去世的消息之后，更是大受鼓舞。为了顺利谋求皇位，他首先要对付的就是朱瞻基。为此，他把自己最信得过的杀手叫过来，悄悄地躲在朱瞻基返京的时候一定会经过的路上。不过，他的动作还是慢了，早就心存防备的朱瞻基临时改变了路线，走上另一条朱高煦想都没想到的路，火速赶往京城，顺利地接管了皇位，并改次年为宣德元年，即公元1426年。

新帝初登大位，朱高煦自是不会放过这个绝佳时机。在还没有想好对策之前，朱高煦总是刁难群臣，数落朝政的不足之处，不断地对朱瞻基的统治表达自己的不满。不过，朱瞻基对这个叔叔并没有采取强硬的态度，而是向他示弱，只要朱高煦提出来的要求，朱瞻基都会尽量去满足他。

如果他要马，朱瞻基不仅给他马，还额外给他盔甲。这让朱高炽觉得意外，于是派出自己的心腹来暗地里来探听虚实，朱瞻基不但没有恼怒，还一反常人之态，对其部下进行了重赏，并回信说明谢意。这样一连串示弱的举措之后，朱高煦终于放松了戒备，认为新帝软弱无能，自己夺权成功指日可待。根据朱瞻基安排在朱高煦身边的卧底报道，朱高煦以为皇上是个软柿子，就在当地更加没礼节了。

但是狂妄自大的朱高煦当然不知道深谋远虑的朱瞻基的阴谋。朱瞻基表面上对朱高煦装出柔弱的样子，实际上却在紧张的准备。他革去了一些庸官的职位；调整了各地驻军"当一天和尚撞一天钟"的心态，对驻军重新进行组织训练；派出大量巡抚官到地方去检查老百姓的税收，全面调整行政。由此大大强化了中央对地方的控制力，巩固了国家的稳定运行与发展。

蓄谋已久的汉王朱高煦终于开始行动了，不过他造反走的第一步棋就是一个昏招，那就是与皇帝身边的重臣勾结。当时张辅是当朝的国舅，深蒙圣恩，对新帝忠心耿耿，收到朱高煦的信之后，他马上将送信人绑架起来了，并将这件事上报给朝廷。这时候，朱高煦想造反的事天下人都知道了。第一招就失手的朱高煦恼羞成怒，无奈之下就以清除皇帝身边的坏人为借口，称朱瞻基即位之后，不老老实实的遵守祖上的规矩，而犯下许多不可原谅的错误。这是因为受奸臣怂恿，用人不当，居然提拔被明成祖朱棣关押的大臣夏原吉，违背了明成祖的遗愿。因此，朱高煦高声呼喊一定要将夏原吉这个奸臣给斩杀了才对得起祖宗，并要派兵坚守要害之处，这样那些奸臣就别想逃跑了。

就他这点"清君侧"的小花样，明成祖朱棣曾经在争夺皇位的战役中使用过，不过当时朱棣要除去的臣子是对自己的统治有害的臣子，这些臣子强烈主张削藩，对当时身为燕王的朱棣的切身利益造成了威胁。但是现在，朱高煦提出要"清理"的却是对他没有任何威胁的夏原吉，未免有些强词夺理。一再忍让的朱瞻基终于被激怒了。虽然朱高煦曾经常年陪伴在朱棣身边征战沙场，立下了赫赫战功，但是朱瞻基登基之后，也给予了他"一人之下，万人之上"的地位，而朱高煦却不懂得知足，反而要替朱瞻

基操控生杀大权，这无疑是对一个皇帝权威的挑衅。

公元1426年9月2日，当年朱高煦还自己成立了五军都督府。五军都督府是中央军事指挥机关，只有朝廷才有资格设立。朱高煦自立五军都督府标志着他快要造反了。得到消息的朱瞻基连忙招集众臣商议对策。当时任大学士的杨荣向朱瞻基进言，这场叛乱要想最终平定，需皇上御驾亲征，一方面前方的将领不会有勾结的机会，另一方面，在天威的震慑下，那些人可能会自己投降。朱瞻基认为可行，于是立即集中各路人马，准备征战。朱瞻基任命曾经跟随自己的爷爷朱棣的老将军薛禄再次出马，率领浩浩荡荡的大军，从早到晚地赶路，直接到达了乐安。而自己则御驾亲征，带领主力大军，随后跟进。同时，朱瞻基还命人把守淮安等关键的军事位置，防止叛军深入江南或者从这里攻打京城。

事实证明，朱瞻基的决策是对的。御驾亲征与朝廷大军的火速前进，让朱高炽之前定好的计划完全没法实施了。当时正准备围攻济南的朱高炽，突然收到朝廷大军进攻乐安的消息，担心自己没有拿下济南，还会被敌军包围，两面夹击，所以赶紧胆战心惊地撤离军队，全都退回到了乐安。获得消息的乐安城也早就没有了平日里的热闹，火都烧到眉毛上了，还有谁敢征战啊！

9月21日，薛禄就已经率领大军包围了乐安城。首先，他劝朱高炽投降，但是朱高炽并不干。于是，9月22号，薛禄正式向乐安征战。眼看着黑压压的军队守在城门那里，要想突围出去是不可能的了。为了不至于让自己死路一条，他终于选择了投降。

如何处置投降的汉王也成了一个难题。把朱高煦的家属及随从都押回京城之后，很多大臣们都主张斩杀汉王以绝后患。朱瞻基却没有听从大臣们的劝谏而是坦然地说，老祖宗已经留下了这方面的规矩，就照老规矩办。于是削去了朱高煦的爵位，把他幽禁在一个封闭的小房子里。这个囚室名为"逍遥城"，衣食供奉一如以往，只是重兵把守，往日的自由已不再。

这对于生来就好动，喜欢舞刀弄枪的朱高煦晚年却要在小黑屋里度过，自是心有不甘，心中的怨恨更是越积越多，每日都会诅咒新帝早死。不过据说，朱瞻基对这位叔叔还是很有情分的。在朱高煦被关进"逍遥城"不久，朱瞻基就来到小黑屋看望这位谋反不成的叔叔。进门的时候，朱高煦盘腿坐着，对朱瞻基不理不睬，好像没看到这个人似的。就连朱瞻基问话，他也是装作哑巴。

而当朱瞻基准备转身离去的时候，心怀怨恨的朱高煦紧紧的用脚绊住了朱瞻基。不过朱瞻基可不是那么容易打败的，他早就学过怎么处置这种情况。大展身手之后，很快的，朱瞻基就站稳了。侍卫们恰在此时前来救驾，将准备再次加害朱瞻基的朱高煦擒住。

一忍再忍的朱瞻基终于被彻底激怒了，他命人将囚室外装满水的大铜缸抬了进来，再将朱高煦盖住。原以为这样就能盖住朱高煦了，因为这个缸有300多斤重，一般人是撑不起来的。但是，也许是被气愤冲昏了头脑，朱高煦竟然用后背将缸托起来了。看到这种情形的朱瞻基连忙命令许多士兵压住这个大铜缸，加上点木柴，从外面点火。

火越来越大了，一心造反的朱高煦就这样被活活烧死在了铜缸里。一会儿，当人们过去看的时候，看到的只有烧的黑黑的木炭，完全看不到尸体。为了斩草除根，以免后患，朱瞻基把朱高煦的子女及部下全都处死了。就这样，在这次新帝与造反的朱高煦的较量中，朱瞻基获得了最后的胜利。

同样可能会对朝廷统治造成威胁的赵王朱高燧看到这个情形，也不敢再有什么非分之想了，不得不献上自己的军队，从此成了一个有名无实的藩王，更没有什么实力来反叛朝廷了，这样的举动为他换来了一条命。除此之外，别的藩王也都照他这么做，这样一来，朱瞻基在悄无声息中彻底清除了这些人对朝廷的威胁。

登基之后的策略

朱高炽把都城从北京迁到南京，只是他上位之后进行的一小点改动。在他掌权期间，他把矛头对准了以往朱棣制定下来的一些苛政。但是，在改革的过程中，总有些不识大局的老顽固出来反抗。朱高炽的改革就面临着重重的阻力，不仅是朝中某些顽固大臣的反对，还有另外三座大山。

首先，当时的社会比较腐败，官员腐败的问题是屡禁不止，这导致地方的统治局面并不乐观。其次，很多农民都没了土地。农民没了土地，靠什么吃饭呢？没有饭吃，势必会引起反抗。因此，在朱高炽当政期间，各地农民暴动不断。而在这些暴动中，最让朱高炽不能接受的就是白莲教的暴动。想当年，正是因为白莲教的起义才建立了大明朝。现在，他们居然来反自己了。

再次，大明的军队虽然没有再远征蒙古，但是士兵们依然被困在了半路，即安南战场。怎样结束这个难解的场面呢，朱高炽为此伤透了脑筋。

不过很快朱高炽就找到了解决的办法，他意识到农民之所以没有土地，四处流亡，主要原因是永乐年代沉重的税收让他们无法承受。在这种情况下，要想让农民安安心心地种地，必须得减轻他们的负担，不要不切实际地收这么多税。

很快，朱高炽就想出了如何减轻赋税的方法，他颁下诏书，取消强制征收木材和金银的行为，以公平采购代之；面对灾民，不得收任何赋税，还发放物资赶紧救灾；支持那些流亡的农民回到自己的故乡，怎么支持呢？就是在两年之内免去他们曾经欠国家的租税。另外，他还派出了一个调查小组，前往江浙一带，对当地的税赋情况进行调查，不过天不遂人愿，一心想要治理好国家的朱高炽因为过早的离世，没有看到他们的调查结果。

随后的即位的朱瞻基，并没有忘记父皇想完成但没能完成的举措。

朱瞻基上位之后的第一件事，就是对内阁进行改革。改革后的内阁功能得到了大大的强化。

内阁是什么东西呢？在洪武、永乐时期，内阁只不过是一个咨询公司，不怎么有用处，偶尔帮皇帝想出几个无关紧要的小点子。当时在内阁供职的官员，通常为五品或者五品以下的品级，因此影响力十分有限。朱高炽登基之后，改变了以往的方法，提高内阁的地位。他让担任内阁的官员们兼职做部院的主官。部院就是我们常说的巡抚。经过整顿，内阁的官员一下子从五品升到了一品。不再是在政治方面默默无闻的小人物了，而是有自己的发言权，对国家的政策制定都会产生或大或小的影响。

内阁大学士不仅经常被朱瞻基召见，还有另外一个神秘的身份，他们是"票拟"的主要负责人。

我们都知道，每天全国各地都有不同的奏章递交皇上，而皇上每个奏章都要仔细修改。但是，如果有了票拟，那么皇上就会省事多了，而且工作效率也高一点。票拟就是说那些奏章在交给皇帝之前先由内阁的官员们审阅，并把他们的处理意见写在一张纸上，再一齐交给皇帝审阅批改。

因此，从某种程度上来说，它就是皇帝在下圣旨之前的草稿，对一个国家的发展有着重要的作用。而那些内阁的官员们就像皇帝的秘书，虽然在形式上他们比不上六部，但是在实质上，他们对朝廷的作用远远凌驾在六部之上。

在强化了内阁的决策权之后，朱瞻基有采取了一系列反腐行动。在行动过程中，他还增大了都察院的职能范围。这一过程不同于他的父亲，他率先清洗了作为最上一层的中央监察机关——都察院。公元1428年8月，之前的大贪官刘观被罢官，接任这个职位的是百姓公认的清官顾佐。自此之后，督察员先后有43名贪官被揪出来并被罢免。

这么多贪官被罢免了，那么他们的位置都由谁来接替呢？这时候，再想当官就没那么容易了，需要经过很复杂且严格的考核程序，这样整个都察院差不多都重新洗牌了。改头换面后的都察院的职能也相应的改变了。

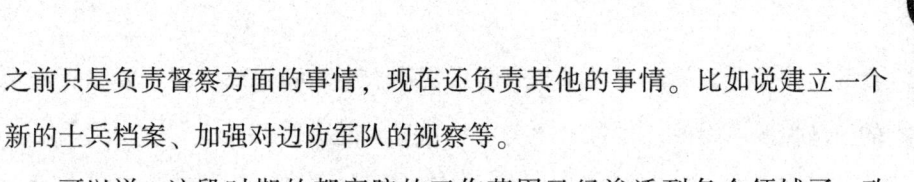

之前只是负责督察方面的事情，现在还负责其他的事情。比如说建立一个新的士兵档案、加强对边防军队的视察等。

可以说，这段时期的都察院的工作范围已经渗透到各个领域了，政治、经济、军事，甚至连国家财政都有它们的影子。这么做大大的加强明朝政府的运行能力，为国家的发展做出了独特的贡献。像重新清点士兵的花名册这项措施，有效的整顿了军队的纪律与作风。其余的措施也都不同程度地在各个领域发挥着自己的作用。

据统计，从公元1424年到公元1434年，整整10年间，督察部门一共查出了600多个不称职的官员，在这600多人中，200多人受到了报应，被皇帝降职了。同时，也查出了往年被这些贪官污吏陷害的人，大力纠正这些冤假错案。由于这些官员都是来自政府部门的各个领域，所以都察院为了皇上能够正确有效地裁判，还向上进奏了250多条建议。

自从朱瞻基对都察院进行修整后，我们确实看到了它的作用。但是，这么修整也有它不好的一面。都察院的各地方政权之间是相互独立的，造成中央政权不集中。而且地方各部门之间存在着"踢皮球"或是"打擦边球"的现象。最终导致整个部门的工作效率极其低下，工作作风也不够正派。

这个问题朱瞻基也注意到了，他知道，这么下去不是个事。于是，针对这些漏洞，他又想出了一些办法来整治。从朱元璋那时候开始，朝廷经常会派出中央一级的督察官前去地方巡视，并对军民进行安抚，不过这些人也只是临时工，完事后就会回京。到了朱瞻基统治的时候，他把这些官员从临时工变为全职工，让这些官员长期驻扎在地方，对当地的政治及军事进行"巡抚"，也就是从这时候起，有了"巡抚"这个官位。这个官位的主要职责简而言之就是统辖地方的政治军事，保证地方的安定。

这时候，除了有"巡抚"这个新的官职外，还有一个官职叫"总督"。那么，这个官职是怎么来的呢？

公元1430年，朱瞻基命令周忱去监督由东南地区运到京城这边来的粮食的运输情况，周忱是谁呢？周忱只是一个工部的侍郎，现在要去管漕粮的征送情况，因此，才有了"总督"这样的说法。

说到这儿，我们可以看出，总督和巡抚都不是小官，他们手上掌有实权，而且还是个临时工，因此一下子就飞上枝头变凤凰了，成了级别比较高的国家干部了。

朱高炽没能看到的调查情况的报告，朱瞻基看了，并从中得知了额外的消息。如公元1393年，苏州这个地区虽然小，但是它的田赋占全国的10%，而与之相比的松江地区，面积虽然广大，但是人口少，其田赋只占全国的4%。到了朱棣统治的时期，这种情况则有了很大的改变。苏州和松江的田赋都增加了10%，在全国田赋中所占的份额也比较重了。正因为如此，才满足了历次战役及迁都的需要。而公元1405年到公元1433年，郑和能够7次下西洋，在很大程度上也是因为苏松两地田赋的增加。

农业这个行业比较特殊，如果气候好的话，收成就会不错。如果出现了什么不正常的天气，很可能就导致农民生活困难。如果统治者在这个时候仍然不放过农民，大力征收赋税，最终会引发不可想象的后果。从公元1422年到公元1428年，松江地区发生灾害，每年农民欠税的数额超出了他们的想象，这么说吧，他们可能一辈子都还不上了。因此，还不上这些农民还不会躲吗？最后，在这片祥和的土地上，却到处都是流民。

这时候，有些官员就给皇帝出主意，建议朝廷减轻农民的税收，同时对征税过程中的腐败堕落行为大力整治。朱瞻基接受了这些建议，马上指派相关的官员管理地方财政，并去监督地方的征税行为。

公元1430年5月，朱瞻基开始了登基之后的第三件大事，他宣布在全国范围内降低税收。之后的几个月，他又命周忱去管理这件事，尤其是苏松两地的赋税征收活动。与此同时，他还任命礼部郎中况钟担任到苏州去做官，做的还不是小官，而是堂堂的知府。对财政十分精通的周忱、况钟刚到苏州、松江就发现，这两个地方的农民因不堪忍受巨大的税收欠款才到处逃亡。

公元 1391 年到公元 1432 年，在这平凡的 40 年间，苏州太仓县那边的纳税户经过调整后只剩下 738 个。但是这个县的税赋份额并没有因为纳税户的减少而有所减轻，从而造成了农民的负担比以前还重了。经过仔细考察之后，周忱提出了自己的看法：制定一个标准的征税单位，并在全国范围内统一；每一个县都要建立一个自己的仓库用来储存粮食；各县设置济农仓，用来在灾年发放救济；允许以"金花银"或棉布折算缴纳税粮；征收用于支付漕运运输成本的附加税。这些建议一方面可以减轻纳税人的负担，另一方面还可以活跃当地的经济。公元 1433 年，朱瞻基批准了周忱的这个建议，这样苏州的税收比之前减少了 25%。而且，朱瞻基还说，在一些经常发生水旱灾害的地方也实行这一政策。

　　税收是一个国家的主要收入，现在税收的收入减少了，要想撑起一个国家，就必须要节约用钱了。因此朱瞻基从各方面考虑应该把钱省在哪里时，他想到了边疆地区。

　　朱瞻基希望朝廷可以收缩在边疆那边的战线，合理分配利用资源。在他看来，只要不再折腾，就能避免出现国库亏空这样的惨剧，这对于一个农业大国来说是十分必要且有利的。

　　要解决边疆问题，就需要先解决安南问题。当时在那里驻守的士兵们，正忍受着他们平时不太适应的气候。不仅如此，这些士兵还被当地的起义者仇恨，因此，时不时会被那些起义者们算计。那里的工作环境十分恶劣，布政使、按察使和都指挥使很难适应，更别提用心从政、报效朝廷了。当地的起义军队规模还不小，多次将明军击败。就是在这个地区，明朝损失了大量的军队，而且，白白投入其中的金钱和粮食也不少。不过这块地区对于明朝来说其实没有多大的意义，但是就这样放任不管又觉得挺可惜。因此，朱瞻基也为这事夜不能寐。

　　公元 1427 年，正当明军不断失利之际，朱瞻基意外的接到了前线将军传来的一封信。信是黎利亲手写的，他在信中说自己已经找到了可以统治安南的国王，希望明军尽快从这里撤退，让安南独立。事实上，在这封信还没到朱瞻基手上的时候，前线的王通已经自作主张，从安南地区撤军了。

朱瞻基想，当时朱棣之所以攻打安南，是因为它对大明王朝有威胁。现在，黎利去统治安南，虽然没有什么实权，但是起码能保证和平。而这正是朱瞻基所需要的，也是大明王朝所需要的。如今，黎利的这封亲笔求和信正合了朱瞻基的心意。几天后，朱瞻基同意了黎利的请求。

结果正如朱瞻基所想的那样，黎利最后推翻了陈氏王朝，建立了自己的黎氏王朝。之后，他还想要朱瞻基封自己为王。但是朱瞻基不同意，最后，两方经过谈判，朱瞻基补给了他一封诏书，诏书上只是说让黎利接管安南的政务。黎利争不过朱瞻基，只好接受了这个结果。不论怎样，黎利接受了这个诏书就说明他已经对明朝称臣了。这一点，正是朱瞻基最后想要的。就这样，安南这个烫手山芋终于在朱瞻基手里解决了！

安南战争的结束标志着大明王朝收起了向外扩张进军的计划，而事实也证明了，封建王朝的小农经济是支撑不起这么浩大的扩张工程的。

朱瞻基上位之后，拒绝折腾并不代表他不折腾。为了让南洋各国知道朝廷的实力，公元1431年，朱瞻基派郑和出去航海炫富。这已经是郑和第七次出海远航了。公元1433年，郑和的船队不仅顺利归来，还带来了很多新奇的宝物。但是郑和却死在他乡了。朱瞻基清楚地明白，再也难以找到像郑和这样的人去下西洋了。而更重要的是，他认为大明王朝现在还是认真做好本土的工作要紧。所以，从那以后，他撤去了远航的船队，削减了海防与海军的力量。

皇帝也爱斗蛐蛐

经过了朱瞻基的大力整顿，朝政已经大大改观，各级部门的办事效率也大大地提高了。各地受灾害的农民得到了及时的帮助，司法部门用刑也不再随随便便的了，大部分贪官也得到了该有的惩罚，朝野上下的政治作

风清明开朗。而朱瞻基感到最高兴的就是，群臣们都纷纷为治理国家想方设法，期望贡献自己的力量。君臣齐心，其乐融融，这样的盛世局面从明朝开创以来还真没出现过。这还是头一次。

经过多年的苦心经营，明王朝的边疆问题也得到了改善。北方各部落之间相互厮杀，明朝军队再也不需要大举出击，只要做好边防，守住关口就行了。而对于南方这边的少数民族，朝廷主要通过羁縻政策来笼络民心。朱瞻基对当地的土司进行册封，同意他们在保持大明统治的基础上有限度的自治。东方的朝鲜和日本也与明王朝保持着相对和谐的关系。而南洋诸国依然对明朝俯首称臣。实践证明，朱瞻基实行的收缩政策不仅没有削弱大明国的经济实力，而且还促进了大明国的稳定与发展。

朱瞻基有一个爱好就是喜欢微服私访，闲暇之余，他会装扮成有钱家的老爷，身边带上两三个保镖，这些保镖也是锦衣卫高手乔装而成的。在他们的掩护下，朱瞻基就骑着马在京城中品尝各色小吃，看到各种新奇的小东西就上去凑热闹。有一次还碰巧走进了杨士奇的家里，把杨士奇吓了一跳。朱瞻基这个人还热衷于旅游，他每到一处旅游景点，都会在兴致高涨之余在景物上奉上自己的诗画。这一点与乾隆比起来有过之而无不及。除此之外，自幼精通骑马射箭的朱瞻基还喜欢到野外打猎，一方面可以在打猎中寻找许多乐趣，另一方面还能锻炼自己的身体。

爱玩是年轻人的天性，也是无可厚非的，但是年轻气盛的朱瞻基却玩过了火。在明朝有一种游戏就是斗蛐蛐，即把两只蛐蛐放在一个小盒子里，让它们自己斗来斗去，谁赢了，谁就有面子，还能挣点银子。这个游戏在当时十分流行，以至于整个大街小巷都在斗蛐蛐。朱瞻基也迷上了斗蛐蛐。沉迷于其中的朱瞻基玩北京的蛐蛐久了也就腻了，于是嫌弃这里的蛐蛐太小，而且种类单一，不好玩，就命太监们到外地去采办。后来又责怪太监们做事太慢了，竟然下令让各地官员也帮着收集蛐蛐。

一下子，朱瞻基就把蛐蛐给"玩大了"。领了圣旨的地方官，不仅尽力收集，还让属下给他们收集。由于朱瞻基给了每人一个任务量。如果任务不能顺利完成的话，那么你的官位也就不保了。为了完成这些任务量，保证收集的蛐蛐能达到那个数，知府的下属县官们无奈只要将任务推给百姓，并对老百姓说完不成任务量就等着加税吧！迫于县官的压力，百姓们不得不放下手中的农活，漫山遍野地去替皇上捉蛐蛐。

可是，世界上哪有那么多的蛐蛐呢？朱瞻基的这个爱好弄得江南的老百姓过得心惊胆战的，有的人甚至还因为这个弄得家庭破碎，但是朱瞻基却不知道。也因此，朱瞻基得到了一个外号，被百姓们在暗地里称为"蟋蟀天子"。

乔装打扮、各地旅游、外出打猎、斗蛐蛐，都是朱瞻基的业余消遣罢了。朱瞻基毕竟是一国之君，知道天下来之不易，不能就这样断送在自己的手上。所以朱瞻基一直处于这样一种状态：当他处于富贵之中，他只是静静的享受它，而不会过分沉溺；对于那些诱人的东西，他不仅能够保持一颗淡定的心还能利用那些诱惑。这些也正是他的高明之处。

这个谎言说不清

公元1428年初的一个夜晚，随着一声婴儿的啼哭之声，整个皇宫都沸腾了。皇长子的诞生让朱瞻基高兴得睡不着觉。四个月之后，朱瞻基就将这个婴儿定为了太子，并为其取名为朱祁镇。

朱祁镇的生母是孙贵妃。孙贵妃一直都受朱瞻基宠爱，后宫无人不知。在朱瞻基的眼中，孙贵妃善解人意，体贴入微，与朱瞻基恩爱有加。朱瞻基曾经向她许诺：一旦孙贵妃生下了一个皇子，就立她为皇后。如今，孩子已经降临人世，这皇上在私下里的承诺是不是该兑现了，后宫之主是不是要换新人了？

一向一言九鼎的朱瞻基在废立皇后的问题发起了愁。毕竟原配胡皇后虽然没有生下孩子，却也没有什么过失，在群臣眼中这位皇后也是十分贤惠的。现在要是因为胡皇后没有生下孩子就废了她，这也太随便了，恐怕

会落下一个失德的名声，难以服众。

想来想去，朱瞻基没有什么好办法，他只好找来了一些老臣到内廷来为他出主意。当朱瞻基提出准备废后的意见之后，老臣们立即反对道："我们服务皇上和皇后就像对待自己的父亲和母亲一样。即使在这个过程中，母亲犯下了什么错误，儿子也只能私下里劝劝，哪能废了自己的母亲呢？"朱瞻基听了愣得说不出话来。就这样，这次的商议结果并没有合他所愿。

而朱瞻基并没有放弃，在之后几天，朱瞻基每天都会召他们进内廷商议，希望可以商量出一个万全之策，在能废后的同时还不让自己被别人骂。不过，每次老臣们都是哑口无言，不知道有什么办法，于是他们只好劝朱瞻基不要这样做。事情陷入了僵局。

有一天上朝完之后，朱瞻基将杨士奇单独留了下来。廷内只剩下这两个人。朱瞻基这时低声对杨士奇说："我曾经答应过孙贵妃，现在太子也已经立了，废除皇后恐怕是在所难免的了。所以，希望你能帮我想个好主意。"

最初杨士奇不停地劝皇帝收回成命，但是终究没有说过朱瞻基，只好问他："皇后与孙贵妃之间有没有什么仇恨。"朱瞻基说："没有。"杨士奇就说："那就趁皇后生病的时候，皇上亲自劝她拱手相让皇后之位，这样也许会好一点。"朱瞻基听了很赞同杨士奇的这个主意。

得到指点的朱瞻基快步奔赴胡皇后住的地方，心虚地劝她放弃后位。听到皇帝这么说。胡皇后基本上没有什么大的反应，而是平静地说："我早就料到会有这么一天，这都是我自己的错。既然事情已经发展至此，我别无他求，只求皇上能在后宫留给我一两个小屋子，配上几个丫鬟，我如今也就希望活得清净一点。"这时候的朱瞻基，因为心虚导致心慌，他知道自己太虚伪了，觉得再说什么也无济于事了，只好叹声气就走了。

一个月之后，胡皇后大病初愈，就上表请求退位，经朱瞻基允许和批准，退居在长安宫，不过，原有形式都保持原样。胡皇后请辞不久，朱瞻基就兑现了自己的诺言，将孙贵妃正式升为皇后。虽然朱瞻基的母亲张太后认为朱瞻基的决定过于草率，但是事情已成定局，自己也无能为力，只好经常陪陪胡皇后，安慰安慰她。宫里举行什么庆典的时候，张太后会把胡皇后的座位安排在孙皇后之上。不过，胡氏性格比较安静，每天只是清净地过日子，对后宫之事也不再过问。

不过，慢慢地朱瞻基就开始认清了孙氏的真面目，孙氏不仅爱使些小聪明，还喜欢自以为是。想起胡皇后曾经的温柔乖巧，朱瞻基难免心生悔意。有一次在杨士奇家里，朱瞻基在老臣面前还提到了这是自己年轻气盛所犯下的失误。为了让自己的愧疚浅一点，朱瞻基尽量去弥补自己曾经犯下的过错。因此，他对待胡氏特别好，甚至比以前还好。朱瞻基该庆幸一下，虽然孙氏心计多，但是对自己的情意却是真的。也因此，她没有像那些有野心的女人那样，最终祸乱后宫。

在即位的第十年，朱瞻基依然专心朝政。不过，一个传言却让这位皇帝的心一下子乱了起来。宫中不知从何时起开始出现这样一个传言：当今的太子并不是孙贵妃的亲生儿子，而是孙氏将一位受宠怀孕的宫女关了起来，同时自己也装作肚子里有孩子，然后买通太医让其在个人情况上造假。当孩子降生之后，孙氏一边装出产后虚弱的样子，一边秘密地命令身边的太监对那个宫女下狠手，给她喝哑药，让她一辈子都说不出这个秘密。之后，还将宫女永远地软禁起来。没过几年，那位宫女就悄无声息地死去了，那个孩子也顺理成章地成为了自己的孩子。

显然，如果这个传言属实，那么孙氏的所作所为无疑是欺君之罪！但是不管怎么说，朱祁镇都是朱瞻基的孩子。为了避免宫廷上下因此而躁动，朱瞻基在经过深思熟虑之后决定还是不再追究此事了。

经过这件事的折磨之后，朱瞻基的身体越来越差。而当时的朱祁镇还只是个9岁的孩子，虽然现在天下正太平，但是把江山就这样交给他，朱瞻基还是不放心。不过看到陪伴在自己身边的老臣以及皇妃还都在，朱瞻基就多了一份自信。在他死之前，他曾经叮嘱过这些人，希望他们能够齐心协力，好好的培养朱祁镇，让他日后也能成为一代圣明的君主，维持天下的稳定与和平。

公元 1434 年 12 月，朱瞻基的身体差的都不能起床了。第二年，也就是公元 1435 年 1 月，这位被后世人称道的皇帝在北京乾清宫驾崩，那一年，他才 38 岁。同年 6 月，朱瞻基的陵墓也安置好了，在景陵一带。死后的谥号是"宪天崇道英明神圣钦文昭武宽仁纯孝章皇帝"，庙号为"宣宗"，历史上又称他为宣德帝。

第六章

史无前例的太上皇——明英宗朱祁镇

帝王档案

☆姓名：朱祁镇

☆民族：汉族

☆出生日期：公元1427年11月29日

☆逝世日期：公元1464年2月23日

☆配偶：孝庄皇后钱氏，贵妃周氏

☆子女：9个儿子，8个女儿

☆在位时间：22年

☆继位人：朱祁钰，朱见深

☆庙号：英宗

☆谥号：法天立道仁明诚敬昭文宪武至德广孝睿皇帝

☆陵墓：十三陵之裕陵

☆生平简历：

公元1427年11月29日，朱祁镇出生，四月后被立为皇太子。

公元1435年正月，皇太子朱祁镇登基。

公元1449年，土木堡之变，兵败被俘。

公元1451年，被释放回京，又被弟弟软禁于南宫。

公元1457年，复辟成功，改元号为天顺。

公元1464年2月23日，英宗驾崩，享年36岁。

人物简评

明英宗朱祁镇，是宣宗皇帝的长子。虽然英宗的一生算不上很光彩，奸邪小人被他宠信过，败仗吃过，俘虏当过，连囚犯也做过，忠臣也被他杀害过，如果说他是一个不错的好皇帝，怕谁都不会相信。但他并不是坏人，生性善良的他几乎对他身边的人都很信任，无论他们是忠还是奸，也不管处于怎样的环境，他都是镇定自若，和善待人。连敌人蒙古军最后都和他成了朋友。他还是一个有情有义的人，对钱氏皇后一往情深感动了很多人。然而就是这样一位大起大落，大喜大悲的人，让他的一生都充满了神奇的色彩。

生平故事

大起大落的天子

与朱元璋在乱世中夺天下、朱允炆被叔父篡位、朱棣迫不及待地争江山、朱高炽的在位不长、朱瞻基的第一个废后相比，明英宗朱祁镇不得不算是一个拥有传奇色彩的皇帝。他被母亲生下来才80来天，就被父皇立为皇太子了，还不会说话也不会走路，尚且还在襁褓中时就成为未来皇位的继承人，也就是所谓的大明天子；当父皇西归而去后，朱祁镇才九岁，正处于学习阶段的朱祁镇就登上龙椅继承了父皇的职位。

一直生长于四面围墙的深宫里，从没跨出过深宫一步，每天只能跟宦官和宫女为伴，还没有社会阅历的经验，也没有政治经验可言，对他来说几乎如白纸一张。因此掌政大权就这样轻易落入到宦官王振的手中，年幼的明英宗还是一个非常需要依靠的孩子，王振利用这个依靠，把明英宗哄得很开心，以致明英宗被他哄得"百依百顺"。就这样，王振仗着皇帝的威信把所有的异己逐个排除，并建立起自己的朋党，把朝政搞得鸡犬不宁、危机四伏。

正统十四年，蒙古瓦剌进军南下，攻破防线，边塞告急。朱祁镇收到此消息后，心急如焚，后来在王振的怂恿下亲自率兵出征。其实，朱祁镇这么做，或许也是想证明自己的实力，树立自己的威信，他奋然抗战。然而事与愿违，朱祁镇在土木堡战争中全军覆没，连自己都被活捉，成了俘虏。

朱祁镇被俘之后，有的人开始害怕了，连天子都被捉去了，朝廷里难免会人心惶惶。为了稳定人心，他的弟弟朱祁钰被众臣立为皇帝，也就是明景帝。如此一来，最不幸的就是朱祁镇了，不但成了俘虏，连自己的皇位也被弟弟占去了，不得不说他是一个失败的天子。万幸的是，英宗后来被瓦剌给释放了，却没有想到他一回京后就立刻被弟弟景宗囚禁起来，这一囚便是漫长的8年。然而，这些不但没有把朱祁镇击垮，反而让他在历经大风大浪后逐渐变得沉着冷静和坚韧不拔，他相信自己总有一天会夺回自己的大权。在景宗病危的时候，他抓准这个难得的机会一朝复辟，夺回大权。再次上台，他就开始大展身手，很多大臣都被杀害，连誓死抵抗瓦剌的大将于谦都没有逃离这次灾难，因此也引来大家不小的争议……

由年幼的太子一帆风顺的过渡到少年的皇帝，由天子瞬间沦落为蛮族的俘虏，由囚犯力争到复辟皇帝，朱祁镇都是在火坑里跳来跳去，幸运的是他最终是跳出了火坑。真是大起大落大喜大悲，不得不说是惊心动魄。从皇子到皇帝，从皇帝到俘虏，从俘虏到囚犯太上皇再到复辟皇帝，朱祁镇的一生注定是波澜起伏，确实是传奇的一生。

俘虏皇帝

出生在今河北省蔚县的王振，出身卑微，从小在地位低贱的生活中受了不少的苦，发誓一定要出人头地。但是，对现在的他来说，并不是只要用嘴巴说说就可以得到的，假如按照通常科举仕途的发展轨道，不知道是猴年还是马月才可以出人头地。对于现在的状况，他是一天也不想待下去了，于是，他挖空心思，绞尽脑汁，终于想到了一条通往成功道路的捷径——把自己变成太监，削尖了脑袋，寻找一切能进入皇宫的机会，然后一步登天，直接靠近国家最高首领者。

要说王振也不知道是走了什么运，恰巧被朱瞻基选中给小太子当陪读。在王振眼里，小皇帝就只是小孩而已，是小孩都需要哄。不久，这个小皇帝就被他哄得团团转，一口一个"先生、先生"，王振听在耳里甜在心里，他借着小皇帝的宠信很快就把大权牢牢掌控在自己的手里，一时间权倾天下，什么都是他说了算，皇帝却变成了一个摆设而已。

当奴才可以摆布一个主子的时候，国家基本上也就没有太多希望了，王振的阅历毕竟有限，许多问题日积月累，内忧外患接踵而至。而这个时候，明朝北部边疆的蒙古部落渐渐强大起来，首领跟他远祖成吉思汗一样拥有着庞大的野心，早就对中原垂涎三尺。只是他的先辈们刚好是时运不济，碰上了朱元璋与朱棣这样强硬的对手，但他此时的机遇比较好，对手只是一个乳臭未干的孩子，于是他趁机亲自率军进攻南下，攻城略地，直取中原。

军情告急，王振哪里见过如此大的阵势，自以为是地把战争当成游戏，让英宗朱祁镇领兵50万亲征，显然，这是多么天真而幼稚的决定。虽然蒙古骑兵的人数并没有多少，但他们常年来北扩疆土、东征朝鲜，向来都是所向披靡，不费吹飞之力就能把朱祁镇率领的部队一网打尽。

而当时的朱祁镇，只是个20多岁的年轻小伙子，这位从来没有作战经验的太平天子，一直很向往他老祖宗们的英武神勇，但却不知道战场到底有多么地险恶，只是知道一点，却并不多。朱祁镇一是为了表现自己也像老祖宗们一样神勇，一是为了在众臣面前证明自己的能力，奋勇出战。然而他却不知道，等待他的是何等残酷的战争，自己的英雄感竟然会被剽悍的蒙古骑兵践踏得无影无踪。

信心满满的朱祁镇就这样带领明军威武雄壮地出发了。才出北京城没

第六章 史无前例的太上皇——明英宗朱祁镇

107

几天，还没到前线战场，军中就开始闹饥荒了，俗话说"祸不单行"啊，加上塞北的天气变冷，士兵们饥寒交迫，苦不堪言，朱祁镇的信心也是直线下降。

朱祁镇在王振的瞎指点下，像木偶一样胡乱地到处逃。结果没有任何悬念：朱祁镇率领的明军注定以失败结束。明朝50万大军活下来的屈指可数，整个土木堡地区甚至整个出征沿线，除了明朝将士的鲜血和骸骨，就是他们所丢弃的盔甲，多年后，如此凄惨景象依然清晰可见。令人意外的是，这场战争会输得如此彻底，连皇帝都被赔了进去，这就是明朝历史上想不出名都不行的"土木堡之变"，这场历史上少见的以少胜多的战争距离明朝开国仅仅81年。明王朝从此由盛转衰。

一往情深的夫妻

都说"女怕嫁错郎，男怕入错行"，其实男人也很害怕娶错老婆。一个皇帝娶什么样的夫人，不仅跟他个人的婚姻幸福有关，还跟整个国家的前途命运发展有关，对此，张太皇太后的感触最深。她不仅见证了自己，也见证了后辈们的经历，因此，张氏在为孙儿选择妻子时，不得不格外谨慎。

张太皇太后相中了来自海州（今辽宁海宁）的少女钱氏，钱氏年方十六，比英宗大一岁，也是朱祁镇的原配夫人。

明王朝有史以来皇帝的第一次婚礼仪式就是钱氏的册后仪式。之前的皇帝们早在登基之前早就已经把终身大事完成了，或者说他们在结婚数年之后才做的皇帝，因此祖辈们册封皇后只不过是登基以后走走过场和仪式而已，而钱氏却是在丈夫已经登基的前提下才结合的，立后自然隆重许多。这场婚姻也算是张氏此生为老朱家做的最后一件大事，因此在张太皇太后的精心、用心、苦心的操持下，把婚礼的过程办的非常隆重。张太后在五个月后便离开了人世。

举行婚礼的这天，锣鼓喧天，鞭炮齐鸣，人山人海，16岁的钱氏凤冠

霞帔，成为母仪天下的皇后，也成为紫禁城的女主人。从此，两个少年彼此依靠，而中国古代宫廷一段缠绵凄凉的爱情就这样拉开序幕。

这段婚姻虽然是长辈之命，也就是包办婚姻，然而这并没有妨碍朱祁镇对钱氏一见钟情，结婚后，小两口相濡以沫，感情出乎意料的好。这最大的功劳无疑是张皇太后。

在官场中来说，钱氏出身显得寒微，尽管钱氏的家族在普通百姓眼中算是不错的了。她的曾祖父钱整，任燕山护卫副千户，是燕王朱棣的老部下，一直对主子忠心耿耿。金吾右卫指挥使是祖父钱通，继承了祖传武职的父亲钱贵，多次跟随成祖、宣宗北征，凭借战功升至都指挥金事。即所谓爱屋及乌，英宗当然会把自己的老丈人孝敬好，打算把老丈人晋封为侯爵。如此体贴的老公，钱皇后知道后非常感激，但是她却把英宗的好意谢绝了，知书达理的她并不愿意家族是靠自己的身份而无功受禄以及有损丈夫"明君"的名誉。英宗刚开始以为钱皇后只是谦逊，因此晋升老丈人的建议被他再三提出。然而出乎意料的是，不管自己如何提议，都被钱氏一律推辞。这时，英宗才真正明白过来，从此再也没有提此事，反而对老婆的贤惠更增加了一份敬重。

英宗虽然很爱钱氏，但后宫三千佳丽，身边总免不了美女如云。这个倒是没什么可担心的，让人不得不急的是，接连不断有其他宫人的产讯，可身为六宫之主的钱皇后在立后六七年，别说是王子，就算是公主她都是没生一个。跟她相比，一个来自北京昌平的妃子周氏表现最突出，虽说周氏是民家之女，在宫内地位也没有她高，但最令她引以为豪的是，她先为18岁的英宗生下一个公主，两年后又生下了庶长子，也就是后来改名为朱见深的朱见浚。

然而英宗却并不着急，深爱皇后的他，坚信皇后一定可以给自己生一个非常优秀的龙种，并把皇位继承给这个孩子。为此，他愿意等。眼看着庶长子朱见浚长到两岁了，但皇后依然没有什么动静，土木堡之战也在这个时候意外发生了，朱祁镇竟变成了俘虏！

钱皇后听到这个消息后，差点晕倒在地。没有孩子没关系，可是如果深爱自己的老公都没有了，却是天大的关系了。再加上哥哥钱钦与弟弟钱钟也在"土木堡之变"中献身了，一时间，钱氏的顶梁柱塌了，左臂右膀也失去了。谁料屋漏偏逢连夜雨，丈夫的弟弟朱祁钰登基，让本就无依无靠的她更加伤心欲绝。在当时的封建社会与皇室背景的禁锢下，一个女人很难凭借自己的力量去战胜面前的悲痛，只好整日以泪洗面，日夜期盼夫君的到来。

每当夜深人静时，无人知道在清冷的宫殿中，还有一个夜不能寐的女人，她不断地磕头祈求上苍，能够保佑自己的丈夫平安归来。年复一年，日复一日，她就这么不知疲倦的地祷告，导致自己的身体和青春被悲痛劳累过度以及恶劣的生活环境所侵蚀，她的一条腿也因此受了重伤，再也无法治好；她的一只眼睛因流泪过多而失明。面对种种巨大的悲痛，她仍然不停地祈祷，假如真的可以换来爱人的平安归还，身体上的这点残疾又算得了什么呢。可是你要知道，这一年，她才23岁，对于一个如此年轻的女人来说，能做到这一点是有多么地不容易。

皇天不负有心人，或许是上苍被钱皇后的祈祷感化了，也或许是蒙古首领不忍心看着这么年轻的她一直苦等下去，她的丈夫终于能回家与她团聚了。然而，当22岁的朱祁镇回到家时，眼前发生了翻天覆地的变化，迎接他的又是一场残酷的现实。明景帝朱祁钰不但不肯让位，还把哥哥看成是一个非常重大的隐患，在他回来的第一时间，便把他囚禁在冷清的南宫。没有想到刚从火坑里跳出来，却又陷入另一个火坑。一来就面对手足相残，这是英宗万万没有想到的，更没料到的是，在南宫中一直苦苦等待自己的妻子，再也不是昔日苦苦思念中那个风姿与美貌并存的妻子了。原以为自己被俘的这些年是过得最苦的，却没有想到妻子会变得比自己更凄惨。然而正是面对这样一个体残病弱的女人，在事业与亲情两方面都备受沉重打击的朱祁镇才越感受到妻子浓浓的爱意，才真正理解所谓的结发情深。从此，小两口在南宫中过上了相依为命的生活。

为了皇位，兄弟间反目成仇。被困在南宫中的朱祁镇整日饥寒交迫，愁闷焦躁，郁郁寡欢，度日如年。钱皇后对于现在的生活跟之前相比，还算是比较知足的，毕竟有所依靠了；她可以不心疼自己，但看到丈夫因现在的处境而日渐憔悴，钱皇后只能看在眼里，急在心里。但她并没有因此而乱了分寸，反而表现得十分镇定，她清楚地知道，丈夫现在最需要的就是她的支持。假如自己先乱了套，那么朱祁镇就会更加消沉下去，从此再也没有重见天日的机会了。因此懂大局识大体的她一方面宽慰丈夫，一方面强撑病弱的身体，带领南宫中的嫔妃宫娥赶制绣品，以此换些基本的生活用品。就这样，夫妻二人相依为命，相互扶持，相互取暖，度过了漫长的8年岁月。

或许是上苍考验这对苦难的夫妻俩，事情终于出现了一丝转机。当传来景帝病情加重、有人要重新换皇帝的消息时，等待已久的英宗看到了希望，他抓住这个良机，成功复辟。公元1457年，英宗重回帝位，自然也是要再次立后。他毫不犹豫地想到了和自己共度患难的妻子钱氏。然而就在这个时候，不幸又一次降临了……

由于钱皇后身体的残疾长期没有治疗好，这个时候的她，不仅是身体上的残疾很严重，最要命的是她的生育能力完全丧失了，以后都无法生小孩了。这对于一个从未生过小孩而又很想要生小孩的女人来说，是多么沉重的打击。看来朱祁镇想要跟自己深爱老婆生一个小孩的梦再也无法实现了。庶长子朱见深的生母周氏当然不会轻易善罢甘休，钱皇后再怎么得宠，可是却没有生个一儿半女。所谓"母凭子贵"，周氏的婆婆孙太后就是如此晋升为皇后的，她当然也希望自己能借此机会更上一层楼，作为皇帝的老婆，谁不想自己能坐上皇后的位置。

于是，周贵妃开始谋划。但是到底怎样才能让自己成为皇后呢？光凭有个儿子可还不够，还需要得到支持。想让皇帝给自己立后显然不可能，因为她也知道皇帝深爱着钱氏。要是皇帝真的想立自己为皇后，自己也就不用多说什么了。既然皇帝不可能给自己想要的，那么就找皇帝的母亲孙太后，把孙太后说服了，想必儿子也会听母亲的。心动不如行动，说做就做。为了得到皇后的位置，再大的代价也是值得的。于是她花重金买通一个叫蒋冕的太监，给孙太后进谏："既然钱皇后没有孩子，以后也生不了孩子了，身体又是残废，不适合当皇后，为了不损大明王朝的面子，可以考虑让年轻貌美的周贵妃，她不仅体貌优美，而且还有一个小王子，让她升为皇后是最合适不过的了。"孙太后听后，觉得也不无道理，倒是点头同意，可英宗听到这个消息，怒不可遏，为了以后不再出现类似的情况，直接贬了蒋冕，周贵妃的计划就这样以失败告终。从此，后宫的位置再也没有谁敢有非分之想。虽然大家都还会这样想，但是，仅仅只是想想而已。毕竟不是谁都能保证下一次被贬的不是自己，于是谁也不愿意冒着生命危险去争取皇后的位置。若是连小命都没有了，还谈什么福分，如何享受皇后的待遇。

　　又过了8年，也就是公元1464年，明英宗患病，病情迅速恶化，生命走到了尽头。油尽灯枯的朱祁镇对于王朝没有什么牵挂的，唯一让他放心不下的便是自己深爱的妻子钱皇后。他担心周贵妃仍不死心，还会借儿子欺负钱皇后，以此废除她的皇后名位，甚至有可能逼钱皇后殉葬。为了以防万一，英宗千叮咛万嘱咐地对皇太子朱见深说："谁也不准动也不准更改皇后的名位，只要钱皇后还在，你就应当一直尽孝心。"尽管如此，可是痴情的英宗仍然有些不放心，怕儿子会抵不住生母周氏的威压，而屈服于他的生母，于是他又反复叮嘱顾命大臣李贤："钱皇后千秋后，与朕同葬。"李贤忍不住流着眼泪默默地退出英宗的寝宫，把这句话也添在了遗诏上。

　　除此之外，英宗还留下了"罢宫妃殉葬"的遗言，据《稗事汇编》记载：明英宗临崩时说："用人殉葬，吾不忍也。此事宜自我止，后世勿复为。"明初以来一直实行的嫔妃殉葬制度也因此废除。很多人说，这跟他担心儿子和周氏一起逼钱氏殉葬有关，是为了保障钱皇后的安全才不得已出此策略，但从客观上来说，不管是有意还是无意英宗都因此成就了一桩德政，也成为他一生中最耀眼的光芒。当这道令世人称道的诏令被留下后，英宗便撒手人寰，离开了这个让人眷恋的世界，结束了他大喜大悲的一生，享年仅36岁。

机关算尽终是空

　　英宗过世不久，他最担心的事情还是发生了。皇太子朱见深继承皇位

后的第一件大事就是尊礼皇太后。按常理来说，首先应该被尊为的皇太后是新皇帝的嫡母钱氏，尔后才是生母周氏。可宪宗的生母周贵妃心里极其不平衡，好不容易又有了可以当皇后的机会，却是要和以前的"敌人"一起并列，心里当然不乐意了，于是摆出皇帝亲生母亲的身份，要求把钱皇后废除并取而代之。

一时间，朝廷上下吵得不可开交。英宗亲口嘱托过顾命大臣李贤，而李贤也是深知钱皇后的贤德，知道她是一个难得的好皇后。于是坚决反对，得到很多大臣的一致认同。群臣威压，议论纷纷，无奈的周贵妃只得拿出手中的杀手锏——向儿子搬救兵，以此镇压群臣，没想到亲生儿子不但没有帮她，反倒规劝母亲接受两宫并尊的事实。这下轮到周贵妃傻眼了，没料到自己引以为傲的儿子，居然帮理不帮亲。

想当初英宗落难，深情的钱皇后悲伤欲绝，而那时的周贵妃却为了争权夺势，一点也不顾及自己的丈夫此时正处于水深火热之中，群臣对此十分不满。最后，宪宗没有辜负父亲英宗的期望，在他的坚持下，在他父亲英宗去世两个月后，钱皇后被尊为"慈懿皇太后"，周贵妃只被尊为"皇太后"。

大臣们经过这次和周太后的交战，都清楚周太后不是个省心的主，不会就此轻易罢休的，终有一天她还会在英宗和钱皇后合葬的事上再起纷争。于是，在为英宗兴建陵墓的时候，为了减少不必要的纷争，李贤等大臣预先提议，要在地宫中同时营建三间墓室。

果不其然，周太后在太后尊号和待遇上吃了亏后并没有善罢甘休。虽然钱太后保持与世无争的态度，但周太后却并不买账，一定要赢回面子心里才会舒服。

没有过多久，遵照英宗的遗嘱，宪宗和吴氏完婚。但是这位貌美如花的皇后并没有得到他的偏爱，反而是一个比他足足大了19岁的宫女万氏被他爱上了。阴险泼悍的万氏，年轻又善良的吴皇后哪是她的对手啊。在万氏的甜言蜜语下，本就对吴氏没有好感的宪宗在结婚仅一个月后便决定废后。对此，钱太后觉得不可理喻，坚决反对。而原本和钱太后意见相同的周太后，看着这个报仇的机会来临，故意跟钱太后作对，故意表示支持。

113

心怀不轨的母亲和死心眼的儿子一唱一和，难掌大局的钱太后最终没能保住丈夫选中的吴皇后，为此，钱太后也很自责。可怜的吴氏只做了一个月零一天有名无实的皇后，年仅15岁，正处于豆蔻少女阶段的她，因此被打入冷宫。

钱太后在废后一事上没有站到宪宗这一边，导致宪宗对她渐生芥蒂。于是钱太后的处境变得越来越艰难，没过多久，思夫成疾又抑郁寡欢的钱太后也追英宗而去，也可以说终于得以解脱。她是解脱了，可是活着的人却因此闹开了。

遵照英宗的遗嘱，唯一能够和他合葬的女人应该只有钱太后。然而钱太后刚过世，周太后就开始坚决反对，要求儿子为钱太后另选陵墓。而这正好证明了，在当初营建英宗陵墓时李贤等臣的先见之明。

宪宗在经过废后一事后，逐渐倾向于母亲，他与周太后想了种种理由坚决要把钱太后分葬别处，然而群臣众口一词，再加上宪宗理亏词穷。一方面他想遵照遗嘱，以免给后世留下不好的评论，但是迫于母亲的压力，他又找不到好的办法推脱。大臣们见皇上为难，便提出一个两全其美的办法：将英宗的右边留给周太后，把钱太后葬在左边。可是周太后却死活不干，朱见深实在没办法了，无论怎么做都是不孝，只好叫苦不迭。而在群臣眼中，朱见深听命于周太后纯属愚孝，这种没有原则的孝，得不到大家的认同，因此大家对此表现得非常不满，誓死要为孤苦无依的钱太后讨回公道，于是便纷纷上书进谏。第二天的阵仗更宏伟，470名大臣联名的疏章都摆在了宪宗的案头，不看不知道，一看吓一跳，那么多全都是为钱太后请命、要求合葬的。

越是如此，周太后的心里越不舒服，觉得大家都太偏袒钱氏了。于是，无论大臣们怎么说，说什么，都坚决不退让。就这样又过了一天，80个大臣一下早朝便集体跪在文华门外放声大哭，整个后宫都被淹没在一片嚎啕声中。倔强的周太后要求儿子下令群臣退去，朱见深一脸苦相，众大臣拒不从命，声称："不让钱太后合葬就绝不退下！"

就这样僵持不下，顶着烈日的群臣们从巳时一直跪到下午申时，即便是哭昏了，晒晕了也在所不辞。誓死决心，众志成城，宪宗终于顶不住了，周太后也开始害怕起来，终于勉强答应了群臣们的要求。

于是，钱太后正式上谥号为"孝庄献穆弘惠显仁恭天钦圣睿皇后"，神位敬奉在太庙，和英宗并列，并和英宗合葬在裕陵。

周太后被这些气得不轻，若是不做点什么，她死也不会瞑目的，于是便苦思夜想终于还是捣了乱。因为当初为英宗建陵时并没有预留皇后合葬的位置，因此必须为合葬的钱太后和未来合葬的周太后重新营建墓穴，再从地下把通向英宗墓室的隧道打通。在建墓穴的时候，周太后暗地里命令绎办此事的太监，故意把钱太后墓穴的那条隧道挖错，不但和英宗墓室的方向错开足足数丈之远，而且还在中途把隧道堵住。而留给周太后的石穴则恰恰相反，有一道宽敞且直通英宗墓室的隧道。此外，在皇宫内供奉历代帝后神位的奉先殿内，周太后也不允许在英宗身边摆放钱太后的牌位画像。

终于，周太后也经不住岁月的蹉跎，也过世了，而此时的皇帝已经是她的孙子明孝宗朱祐樘。周太后和孙子的关系非常好。孝宗为了感激祖母，为周太皇太后举行了非常隆重的葬礼，将其与英宗合葬在裕陵。

祖母被埋葬时，这一裕陵地下的隧道隐情不小心被孝宗发现，于是他打算为钱太后把隧道打通，并把周太后的牌位画像与自己母亲纪太后的牌位画像一起另外祀奉在奉慈殿，而并不是英宗所在的太庙。后来，打通钱太后墓穴隧道的想法，最终因会影响风水而作罢。而争了一辈子的周贵妃最终也没能在身后和丈夫共享子孙香火，这大概是她机关算尽也没有算到会得到如此的结果吧。

如此模范的夫妻生同衾死同穴的爱情理想最终却败在一段权力欲望中，虽然他的这个愿望并没有如愿，可是算计了一辈子的周太后最后究竟得到了什么？她是和丈夫长相厮守了，但是她死后又有什么脸面去见他呢？

明英宗"英明"之举

曾经有人这样来评价明英宗的，假如没有发生"土木堡之变"这件倒

第六章 史无前例的太上皇——明英宗朱祁镇

霉悲催的事情的话，英宗还是可以的。

英宗在早年的表现就非同寻常。当他还是一个小孩子时，几位大臣在旁边议论边事，五天了都没有给小皇帝回复，小皇帝开始咆哮了，怒气冲天地对大臣们说："难道你们认为我是个小孩就比较好欺负吗！"尚且年少的英宗，就有如此宏伟的气魄，这可不能小觑啊。而且，就拿英宗御驾亲征来说，虽然这是他一生中最大的败笔，但至少从某种用意上来说也是有道理的，他继承了祖辈们特别是朱元璋和朱棣御驾亲征、指点沙场的气魄，以己为表率，保卫自己国家边界的安全。只是不幸的是，没有什么真实作战经验的他在突围失败后被敌军俘虏，但他并没有慌乱，反而下令随从明军都下马端坐，自己勇敢上前的询问瓦剌军的大首领是谁，还接连报了好几个明朝封的蒙古王的名号。即便是他被俘虏了，也没有青衣行酒，更没有沮丧悲观，瓦剌都被他的人格魅力所倾倒，不但没有侮辱他，更没有像对待其他俘虏那样对待他。这期间，瓦剌一个将领原本说要把朱祁镇杀掉的，谁知一个瓦剌大臣立刻赏了这个将领一个大嘴巴子。连蒙古瓦剌部首领也先也要一直把他当活宝看待，去哪儿都会把他带着。后来朱祁镇被瓦剌送回去时，瓦剌的首领们还非常舍不得地哭着说："我们什么时候可以再见到您啊！"

即使是身处这样的场合下，朱祁镇仍然以他的沉着镇静从容自如，把一国之君的尊严、高贵和人格感染力发挥得淋漓尽致。

复辟成功之后，朱祁镇一直勤勤恳恳，对政事非常用功，所有奏章都必须经过自己亲自过目，这在明朝中属于非常罕见的勤政皇帝。他每天起床后的第一件事就是拜天祭祖，然后上朝，再批阅奏章，对于比较容易解决的事情，当即给予批复，而对于那些有争议的事情，则是送到先生处参决再议。那些帮他复辟成功的曹吉祥、石亨功臣，先后都被他除掉，以免他们的势力过分扩大而影响到自己手中的权力。最值得人称赞的是，他昭示"释建庶人之系，罢官妃殉葬"，堪称为明朝数一数二的大善政。

"土木堡事件"客观上说，是明朝开始走向衰落的原因之一，但是朱祁镇在成功复辟后那八年间的优秀表现都是有目共睹的，为此后明中期的稳定打下了坚实的基础。特别值得一提的是，在历经了长达80年没有宰相

的政治局面后,在他在位时努力把首辅的制度逐步稳定了下来。因为那时候在位时的他,年纪还太小,而太皇太后与皇太后只能遵照太祖立下的遗训,都不可以参与朝政,因此,他都是由大臣来辅佐与引导朝政的。而当朱祁镇复位之后,长期任用贤相李贤,使大学士成为名副其实的首辅。

朱祁镇没有朱元璋和朱棣那么残暴,他在政治上公私分明,一直都比较清明,没有乱杀一个无罪之人,更没有派遣过内官外出扰民。特别为人歌颂的是,他的原配夫人,也就是正宫皇后钱氏在他被俘以后,因为日夜为他祈祷哭泣,以至于哭瞎了一只眼睛,而他也从始至终都没有因为钱氏的残疾而废掉她,反而处处为她着想,甚至是自己离开人世时,仍惦记她会遭遇不测,这些都是他的父亲朱瞻基无法相比的。

众所周知朱祁镇夫妻情深意切。即便是他在临死时仍不忘在遗诏里嘱咐,等自己深爱的老婆钱氏百年归西之后,一定要和他合葬在一块。

世无完人,每个人都会有优点和缺点,尽管朱祁镇也有过很大的过失,但是总的来说,功大于过,完全可以担当一个英明的"英"字。

明英宗的不"英"之处

世上没有完美的人,朱祁镇虽然被奉为英宗,但他终究还是凡人,还是有一些不"英"之举的地方,让后人一提起他,都是不得不承认历史事实的。

没有发表意见并不代表他没有不好的地方,而是大家不愿意对这些过失说得太多,毕竟是他也是一国之主,太过贬低他,也是对本国的侮辱,更何况他也并不是一无是处。然而,作为一国天子,他有两个严重的过错,也是让他留下不太好的名声的原因。一个是:他轻信奸臣宦官王振,最终导致土木堡之战以失败告终。一个是:于谦被他错杀。

据相关史料,成年以后的明英宗,仍然像一个长不大的小孩,太监王振对他说什么就是什么,特别听话,以至于他老爸都有些嫉妒这个太监了。这是怎么回事呢?有的历史学家说这都是他老爸的错,正所谓子不教、父之过，英宗的老爸宣宗朱瞻基没有重视对他的教育，也没有找一个好老师教他，而是给他找了一个太监当陪读。通常来说，一个人从小就会对自己最亲近最熟悉的人特别有好感，并且依赖性非常强，再加上王振老奸巨猾，知道怎么讨好皇上，因此，英宗的童年时最崇拜的人，并不是其他人，而是认不了几个字且品行不正的太监王振！即使是英宗在当了十几年的皇帝以后，仍一直亲切地称王振为"先生"。

英宗的第二件过错就是把大忠臣于谦杀掉了。谁都清楚于谦是对他忠心耿耿，"粉身碎骨浑不怕，要留清白在人间"，这种写照最适合他不过了。然而要想做个好官很难，要想做个好人更难。于谦本身的性格比较刚强，自然容易得罪人，特别是对那些奸佞之臣。他们难免会把于谦这样的人视为眼中钉，肉中刺，要拔也是迟早的事，不然全身都会不舒服。

景泰八年正月，石亨和曹吉祥、徐有贞迎接朱祁镇恢复帝位，便马不停蹄地开始他们的阴谋。于谦与另一个大臣王文被奸臣诬陷先后入狱。忍受不了这种诬陷的王文，心如急焚，有种百口莫辩的感觉，于谦却笑着安慰说："这就是石亨他们故意下的套子，争辩又有何用？"英宗当时对于此事是有些纠结的："于谦实在是劳苦功高。"徐有贞则在旁边添油加醋："于谦不死，复辟这件事就成了出师无名。"也有人不断地在趁机煽风点火，皇帝便失去了主意。于谦就在这样的情况下，在闹市中被处死并弃尸街头，家都被抄了，家人也都被发配边疆充军。

于谦家被抄时，家里并没有什么钱财，最宝贵的就是皇上赐给的蟒袍和剑器。在他死的那天，原本晴空万里的天空突然变得阴云密布，知晓内情的人都明白他是冤枉的，事实证明他确实就是冤枉的。开始时皇太后并不知道于谦的死，在听说之后，接连叹息哀悼了许多天，英宗为此也开始后悔。

于谦死后，石亨的党羽陈汝言所做的坏事一一败露，贪赃累计上百万。

这时的英宗彻底明白于谦有多冤，于是厉声呵斥："于谦死时并没有多余的钱财，陈汝言怎么会有这么多？"自知理亏的石亨只是低头不答。没过多久，又有边境的敌人来犯，但这回并没有于谦这样的良臣在此出谋

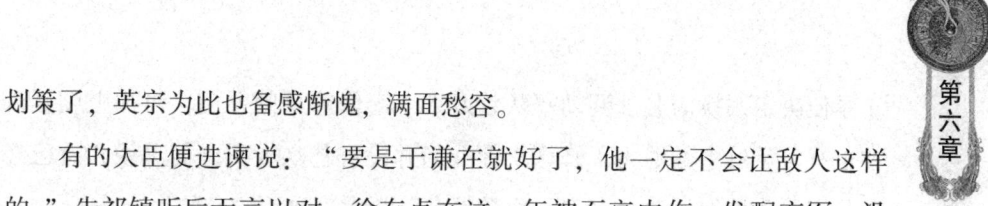

划策了，英宗为此也备感惭愧，满面愁容。

有的大臣便进谏说："要是于谦在就好了，他一定不会让敌人这样的。"朱祁镇听后无言以对。徐有贞在这一年被石亨中伤，发配充军。没过几年，石亨也被抓入狱，惨死在狱中，于谦的冤情到此得以洗刷。

改名事件

一般来说，改人名的很常见，改门名的可就不多见了。英宗就做了一件让人开眼界的改门名事件。

正统初年，皇城五个门的名字全都被明英宗改了，原来的"丽正门"被改为"正阳门"，"文明门"被改为"崇文门"，"顺承门"被改为"宣武门"，"平则门"被改为"阜成门"，"齐化门"被改为"朝阳门"。后来被改过的这些名字，对我们来说，显然是再熟悉不过的了，由此可以看出，自从那次改名之后，延续至今的名字再也没有被改过。

门名也不是胡乱改的，不是你想怎么改就这么改。在封建帝王时期，对于城门的命名都是非常讲究的，所代表的涵义也各不相同。这跟当时的历史背景有非常大的关系，具有比较特别的意义。

英宗继承王位时，正值仁宣之治，官吏称职，政治清平，纲纪修明，仓庾充实，百姓也都安居乐业。可当时的朱祁镇毕竟还只是一个孩子，一个孩子能知道多少事情呢。就如一个刚学会走路的小孩，你就想让他跑；让一个刚学会写字的孩子，去批阅奏折、整理朝政，这些是不是有些太牵强了。于是狡猾的宦官王振乘机秉权专政，肆意危害朝廷。对于这样的事，自然会有人干涉，否则整个江山不就这样毁在别人手里了吗？既然皇帝年纪还小，若是身边多几个重臣名宰来辅助他，这件是不就结了吗，皇太后因此便旨令先朝朝中重臣以及名宰在入朝时给皇帝当左臂右膀，辅佐皇帝执政，以承前启后，继往开来，协助小皇帝过渡，从而加固朱氏皇家大业。

朝廷大臣们商量，在这个时候，为了表示少年皇帝拥有超强的能力，于是便决定改换门名。调动军队数万人一起修建京师九门，再加上朝廷现在也有着足够多的财力，修建京师九门并没有什么大碍。简单说，这已经不是表面上单纯的改改名字，而是具有非常深刻政治含义的。

在古代来说，"日者众阳之宗"，"人君之象"，因以"正阳"指帝王，因此帝王所在的京城的门就是正阳门，是九五之尊、神圣不可侵犯的。左"崇文"、右"宣武"则表明国家必须文治武安，百姓生活才会安康；而"朝阳"的"朝"，代表专指大臣觐见君王的意思，"朝阳"则代表群臣朝拜皇帝的意思，虽然皇帝还比较年幼，但君臣的位置是不能颠倒的，不能不分主次，本末倒置，由此表明帝王的威严隐藏其间；而至于"阜成"，则取自于"六卿分职，各率其属，以倡九牧，阜成兆民"的典故，也就是说朝廷各官都需要以身作则，以此带动亿万军民具备优秀的品德，此名就相当于一面警示牌，时刻提醒着众人，给人一番谆谆教诲的感觉。

不管怎么说，改名的目的都是显而易见的，就是为了把自己的统治维护好，让大明王朝长治久安，特别是在皇帝尚且年幼的时候。

第七章

意外得来皇位的皇帝——明代宗朱祁钰

帝王档案

☆姓名：朱祁钰

☆民族：汉族

☆出生日期：公元1428年

☆逝世日期：公元1457年

☆配偶：被废汪皇后，结发妻；杭皇后；唐皇贵妃，有史可查的第一位皇贵妃。

☆子女：1个儿子，2个女儿

☆在位时间：8年

☆继位人：无

☆庙号：明代宗

☆谥号：恭仁康定景皇帝

☆陵墓：北京市郊的金山口，明朝诸藩王的墓地。

☆生平简历：

公元1428年，朱祁钰出生，是明宣宗朱瞻基的二儿子，为明英宗朱祁镇的弟弟。

公元1435年，朱瞻基去世后，朱祁镇继位，封朱祁钰为郕王，并为他们母子修建了王府，供他们母子居住。

公元1449年，明英宗被俘，太子朱见浚太过年幼，于是便立朱祁钰为国君，是为明代宗。

公元1457年，明代宗朱祁钰去世。

人物简评

他是一个特殊的皇帝，是哥哥被俘之后而登上的皇帝位。因太子很小，而他则成了临时皇帝，也就是代理皇帝。后来，哥哥英宗回来后，将其软禁，并且再次登上皇位。而他则是历史上的明代宗朱祁钰。

生平故事

宫墙外的皇子

宣德元年（1426年）八月，山东乐安州的汉王府像往常一样彰显着贵气，但是这里的主人却被押进了囚车。而一直在汉王身边伺候的侍女吴氏，不仅保住了性命，还坐上了皇上准备安排的马车。这到底是怎么回事？

一切都要从宣宗皇帝的叔叔汉王朱高煦打算竖旗谋反开始说起。一直野心勃勃的朱高煦刚竖起谋反的大旗没多久，就被新帝给镇压了。宫女吴氏，面貌姣好，身材娇小，一直在汉王的身边小心伺候着，却没有得到这位粗野大汉的恩宠。朱高煦谋反被镇压之后，吴氏就成了朝廷大军的战利品，跟着几名汉王府侍女一起，被宫里的太监陈符献给了年轻气盛的宣宗皇帝。吴氏温柔婉约的神态马上就引起了皇上的好感，被留在了御前。

宣宗得胜归朝，与吴氏相处了一段时日之后，宣宗皇帝突然发现，自己已经被这位善解人意的吴氏深深吸引了。然而，大臣们都认为让一个俘虏入宫为妃，有损皇家声誉，纷纷上书劝阻。最后，经过商议之后，君臣达成了一个协议：皇上颁旨，吴氏免罪，但不得进入皇宫，住在陈符家。其实，陈符家就住在皇城根上，与皇宫只有一墙之隔，是一个十分宽敞的宅院，住起来比皇宫还要舒服、自由。此后，宣宗皇帝经常会以微服私访的名义，光顾陈符的大宅子。不明所以的外人都以为陈符得宠，对他另眼相看。而几位深知其中缘由的大臣为了保全皇家的声誉，也只好心照不宣。

吴氏俨然成为了皇上的外室，不仅得到了陈符的悉心照料，还赢得了皇上的欢心，更少了深宫中的勾心斗角，日子过得十分幸福。

两年之后，一阵清脆的婴儿啼哭声打破了陈符宅院往常的宁静。吴氏为宣宗皇帝生下了一个皇子。得知喜讯的宣宗皇帝，兴冲冲地跑来，将自己的亲生儿子抱在怀里，喜不自胜。为皇上生下皇子的吴氏不久就得到了贤妃的封号，但依然未得进宫。抚养爱子，成为了她每日的主要生活。

宣德十年（1435年）正月初三日，宣宗皇帝突然疾病。在他的再三恳求之下，皇太后终于同意吴氏带皇子进宫探望。这是吴氏与皇子第一次进宫。皇上将这位名叫朱祁钰的皇子叫到身边，再次恳求太后接受这个皇子。

毕竟是皇家的子嗣，流落在外有违祖宗家法，无奈之下太后只好接受了皇上的恳求。

不久之后，宣宗皇帝就驾崩了，皇储朱祁镇正式入主奉天殿。太后也履行了诺言，将朱祁钰封为郕王，赐给了他属于自己的府邸，吴贤妃也被接进了王府，过上了平静的生活。与朱祁镇的生母比起来，吴贤妃确实幸福多了。

受封为郕王的朱祁钰并没有从哥哥手中夺取天下的野心，他与自己的母亲一样，是个习惯于满足现状的人。在他看来，天下都是哥哥朱祁镇的，自己只要做个太平王爷，与母亲共享天伦之乐就够了。没想到，塞外土木堡的风云突变，改变了一切。

受命于危难之际

朱祁镇一直在皇宫之内生活，对紫禁城外的一切充满了好奇。一直生活在太平时期的朱祁镇并没有从自己的父皇那里明白什么是御驾亲征，在他的意念中，御驾亲征与巡游狩猎或许是可以画等号的。结果，当瓦剌骑兵对自己的统治造成威胁的时候，这位年轻的皇帝不顾群臣的劝谏，率领着临时拼凑的五十万大军准备与瓦剌骑兵展开一场殊死较量。战争毕竟是残酷的，不能作为一个年轻皇帝的练习工具，很快瓦剌骑兵就将明朝大军全歼于土木堡。朱祁镇被掳，生死不明。太后与皇后送出的赎金，并没有把皇上换回来。更关键的是，随军的一百多个大臣无一生还，朝廷一下子就失去了重心，京城之内更是人心惶惶，谣言四起。

朱祁镇率军御驾亲征之前，把自己年仅两岁的宝贝儿子朱见深，以及偌大的京城交给了郕王悉心看护。如今出征的队伍一去不返，除了尚未记事的孩子，还有一班惊魂未定的年轻官员与哭成泪人的后妃宫女需要一个人让他们冷静下来。

正统十四年（1449）八月，为了安抚人心，太后下诏，立英宗的儿子朱见深为皇太子。不过，在这个万分危急的时刻，怎么可能让一个两岁的孩童做皇帝呢？因此，太后又根据朝中大臣的建议，命令朱祁钰监国，总理国政。

为了让京城中各种谣言和传闻平息下来，为了稳定已经躁动的人心，朱祁钰迅速提拔了一批年轻官员，让原本瘫痪的国家机器再次运转起来。在人才紧缺之际，朱祁钰迎来了一位难得的人才。他就是兵部左侍郎于谦。于谦是谁？

据说于谦在十二岁那年，一个和尚在看到他的相貌之后，惊呼："此乃拯救苍生于大难之宰相也！"也就是在这一年，他写下了那首著名的明志诗《石灰吟》，树立了"要留清白在人间"的做人原则。或许从十二岁开始，就展开了他注定传奇的一生。

永乐十九年（1421年），当时24岁的于谦金榜题名，以进士的身份成功进入官场。宣德元年（1426年），朱瞻基御驾亲征，平定了朱高煦的叛乱，于谦随军同行，也立下了赫赫战功，因此被授予了御史职位，进入都察院，也因此得到了与皇帝商议朝政的机会。

于谦在上疏的时候，声音洪亮，口齿清晰，思路敏捷，语言流畅，一气呵成，深得朱瞻基的欢心。当时都察院都御史顾佐对属下都十分严厉，唯独对于谦十分客气，认为于谦的才干超过了自己。朱高炽投降被俘之后，宣宗皇帝命于谦当面说出朱高炽的罪行，他义正词严，思路清晰，朱高炽被数落得抬不起头，趴在地上不停地发抖，自称罪该万死。

此后，于谦被派到地方上经受历练，曾经巡按江西，巡抚山西、河南，为冤案平反，开仓赈灾，加固河堤，种树打井，将所到之地治理得井井有条。在他的治理之下，榆树夹道，路人不渴，盗案少发，社会稳定。因为治理有方，于谦的官也越做越大，一直升到了兵部左侍郎。

朱祁镇掌权时期，太监王振把持朝纲，结党营私，百官争相行贿献媚。唯独于谦每次进京奏事，从不带任何礼品。有人劝他："您不送金银财宝，何不带点土产去？"于谦甩了甩袖子，微笑地说："只有清风。"他在《入京》一诗中写道："绢帕麻菇与线香，本资民用反为殃。清风两袖朝天去，免得闾阎话短长。"这首诗远近传诵，造就了"两袖清风"这个成语。当然，掌权的太监王振听了心里很不高兴。于谦因此被罢了官。直至正统十三年（1448年），才被重新召回北京，再次担任兵部左侍郎。

于谦虽然没有上过战场，但他却看出了朱祁镇御驾亲征的弊端，于是就连同兵部尚书邝埜一道极力劝谏，但是年轻气盛，被王振蛊惑的朱祁镇哪里听得进去。邝埜跟随朱祁镇一起北上，指挥远征大军，于谦则被留下来主持兵部工作，也因此逃过一难。

临危受命的朱祁钰在人才紧缺之际，发现了于谦这颗明珠。在奉天殿上，朱祁钰将大臣们紧急召集了过来商讨战守之策。翰林院侍讲徐珵认

为，星象有变，对大明十分不利，应该避敌锋芒，迁都南京。没想到于谦却强烈反对，甚至厉声喊出了"主张南迁者当斩"的口号。

于谦认为，京师乃是天下的根本，动摇京师无疑是给国家大计雪上加霜，随后又举出了宋朝南渡的例子来证明了自己的观点。朱祁钰认同了于谦的看法，毕竟有宋朝的先例在前：回想当年，宋高宗作为唯一没有被金国俘虏的皇子也是临危受命，赵构在当时的南京归德府（河南商丘）称帝，与古都东京汴梁府（河南开封）并不远。然而，在金兵的追击下，慌忙南渡，最后定都临安。虽然当时只想将临安作为行在，但结果却让临安成为了南宋的都城，维持了百余年。南宋的皇帝们，从赵构开始，也偏安一隅，习惯了苏杭的安逸享受，失去了恢复故土的动力。强大的宋朝不得不向一个小小的金国称臣，最后被元朝所灭。

两三个世纪前的历史教训，至今依然历历在目。如果大明重蹈覆辙，朱祁钰无疑将会成为千古罪人，于是他当即决定：死守京城。

既然要死守京城，如何抵挡瓦剌虎狼之师就成为了摆在朱祁钰面前的另一个难题。朝廷的精锐之师全都陷于土木堡，京城的将士加起来也不足十万，在加上军心浮动，要抵挡瓦剌虎狼之师无疑是一件十分困难的事情。朱祁钰不得不将于谦找来商议对策。这位兵部的书生并没有被当前的局势吓到，反而有条不紊地陈述起了自己的意见，他认为土木堡一战虽然损失惨重，但是明朝境内还有百万兵力，内地各卫所的驻军也没有因为战败而受到冲击。想要抵挡住瓦剌的虎狼之师可以调南北两京、河南的备操军，山东与南京沿海的备倭军，江北以及北京所属各府的运粮军，命这些士兵马上开赴京师，只要军队一到，妥善部署，战守皆有依靠，人心也可稳定。

听了于谦的建议，朱祁钰认为不失为一个上上之策，于是就将这件事全部委派给了于谦亲自办理。作为兵部硕果仅存的高官，于谦很快就被升为了兵部尚书，开始负责调度京城防务以及城防资源之事。

想要稳定民心，还需要将乱臣贼子铲除干净。曾经祸乱朝纲的太监王振成为了首先要消灭的对象。不过，王振跟随朱祁镇左右，据说已经在战乱之时被朱祁镇的护卫樊忠用重锤打死。闻此消息的群臣纷纷上奏，要求将王振诛灭九族。王振的党羽、锦衣卫指挥马顺当堂站出来斥责那些递上奏章的大臣。看着已经被王振搞得乌烟瘴气的朝廷，以给事中王竑为首的群臣气不过，与马顺打成了一团，马顺与其他几个王振的党羽顷刻间就被群殴致死。当时没有见过大场面的朱祁钰被吓得想要逃跑。就在此时，于谦推开了众人，走上台阶，伸手扶住朱祁钰，示意其不可离开位子，从而避免了一场血案的发生。因为朱祁钰一旦甩袖离去，锦衣卫的人就可能会上前来对这些大臣进行报复。于谦为了稳定众心，镇定地对台阶下的大臣说："方才，郕王告诉我，马顺等人死有余辜，今天之事，不追究百官。"这才让纷乱的朝堂安静了下来。

于谦凭借着自己的聪明才智，不仅帮助朱祁钰稳定了众臣之心，还帮助朱祁钰治理国家，为恢复经济、稳定政治做出了杰出的贡献。

据说一天退朝之后，老臣王直握着于谦的手感叹道："国家正依仗着你呢，今天就算有一百个王直又有何用！"可见于谦在朝野上下的威望如日中天。

所谓国不可一日无君，而且瓦剌骑兵总是以朱祁镇为人质，向大明武力讹诈，要土地要财宝，仿佛朱祁镇就是一个聚宝盆，可以让他们获得取之不尽的财富与土地。孙太后一直坚持要让朱见深即位，因为这样她至少可以当个太皇太后。但是，危难关头，两岁孩童怎么能担起重任呢。在群臣的推举之下，朱祁钰顺理成章地成为了明朝的新皇帝。正统十四年（1449年）九月，朱祁钰举行了登基大典，坐上了金銮殿，并改次年为景泰元年，遥尊哥哥朱祁镇为太上皇。这一举动，让瓦剌人手中的这张牌，顿时失去了功效。

当然，孙太后是极力反对立朱祁钰为皇帝的。朱祁钰登基为帝，让她的太后衣钵顿时黯然。但是因为形势所迫，她也不得不承认事实。为了平息孙太后的满腹牢骚，朱祁钰在登基之时，不得不答应她让朱见深继续当皇储。

同仇敌忾　捍卫北京

受命于危难之际,如何拯救大明于最严重的危机之中成为了朱祁钰登基之后的首要任务。

登基大典结束之后,朱祁钰就命人将于谦召进宫中商议朝政。

朱祁钰向于谦询问了制敌之策以及保卫京城之法。于谦认为,敌寇以太上皇为质,一时得意,从而小瞧了明朝,定会乘胜南下,长驱直入。他奏请皇上下令让各边境的守臣竭力防守,阻止敌军前进的步伐,为京城完成部署争取时间。因为京营官兵的军械短缺,需要立即招募民兵,由工部加紧制造器械盔甲。同时他还建议让都督孙镗、张辄、张仪、卫颖、雷通等人分别领兵据守九门,将军队全部驻扎在城门之外。都御史杨善、给事中王竑则协助军队将城外近郊的居民迁进城内。通州粮仓还有不少存粮,官军可以自行支取,最好全部取走,丝毫不留给敌军。同时提拔石亨、杨洪、柳博等人担任将帅。并向皇上保证一定会打赢这场战争。于谦的制敌之策给不知所措的朱祁钰吃了定心丸。随后,朱祁钰批准了于谦提出的全部建议,并让于谦全权负责保卫京师之事。

王振虽然已死,但是根据于谦与群臣的建议,朱祁钰决定将王振之侄王山斩首,并将王振与其党羽诛九族,无论老幼,一律斩首,马顺的尸体也被拖到了街上游街示众。王振的家产全部充公,查出金银就有60多库。铲除了贪官贼子,老百姓们也兴奋异常,纷纷燃放鞭炮,饮酒庆祝,像过年一样。

按照于谦的建议施行了不到两个月,京城的驻军就一改往日萎靡不振的模样,不仅迅速聚集了22万精兵,还将攻战武器补充到位。于谦的调度有条不紊地进行着,他从南京储备的军用物资中拿出了三分之二调往了北京,通过安置土木堡逃兵、征调漕运官军和邻省驻军、出榜招募义勇等方式，将全国上下的人力、物力资源全都集中在了都城。京城上下到处洋溢着整军备战的气氛，连百姓都摩拳擦掌，跃跃欲试。在于谦的调配之下，大明王朝出现了难得一见的军民精诚团结的场面。

十月，京郊传来警报：瓦剌丞相挟持太上皇朱祁镇攻破了紫荆关，直逼北京。朱祁钰立即将众将领召集了过来商议战守之事。石亨建议，将城外驻守的大军撤回城内，坚壁清野，固守城池，令敌军久攻不下，自行退兵。朱祁钰认为这样做是向敌人示弱，其结果只会让敌人更加轻视明军。经过商议，最后决定，22万大军列阵城外九门：武进伯朱瑛在彰仪门，镇远侯顾兴祖在阜成门，都督刘聚在西直门，都督陶瑾在安定门，广宁伯刘安在东直门，都指挥李端在正阳门，都指挥汤芦在宣武门，都督刘得新在崇文门，而于谦将兵部事宜交给了侍郎吴宁督办，自己则与石亨率领副总兵范广、武兴在德胜门外列阵。九门全部紧闭。一切准备妥当之后，于谦向全军宣布了两条军纪：将领临阵不顾部队先行撤退者，斩将领；军士不顾将领先行退却者，后队斩前队。于谦深信，只有置之死地，才能后生，全军必须服从命令，决一死战。

也先认为只要俘虏了朱祁镇，消灭明朝军队的精锐，拿下北京也就是早晚的事情。可是令他们没有想到的是，在北京城外，明朝大军旌旗蔽日，严阵以待，气势上早就已经压住了叛军。叛降瓦剌的太监喜宁，在进攻北京的路上，他们还想着用朱祁镇来诱骗明朝大臣出城迎接，也好趁机勒索黄金和丝织品。可是等到他们打到北京城下的时候才知道，北京已经有了新皇帝，那就是朱祁镇的弟弟朱祁钰，而他们手中的朱祁镇皇帝也就成了一个无用的傀儡，霎时间，喜宁很是气馁。这个时候，喜还想着用谈判伎俩来引诱于谦、王直、胡濙等朝廷重臣出城谈判，但是却被朱祁钰一口回绝了。

德胜门外，瓦剌骑兵前来探听虚实。没想到，明朝的先头部队竟然如此不堪一击，没战几个回合便溃不成军。瓦剌首领看到这种情况，心中沾沾自喜，于是大旗一挥，主力军队冲了上来。他们杀得正高兴时，突然从

他们的侧后方的空房子里吐出无数的火舌和箭簇。瓦剌军中了埋伏，伤亡惨重，也先的弟弟孛罗、平章卯那孩被当场击毙。瓦剌人或许做梦都没想到，这一支部队才是明朝的精锐部队，是明朝军队的王牌——神机营。接着，瓦剌军在安定门、彰仪门、西直门也受到了重创。瓦剌骑兵想要从城北的土城（元大都北墙）进入城北，在这里居住的老百姓都纷纷爬上了房顶，手里拿着砖头、木棍投掷敌人，呐喊声震天。明朝援军赶来后，将敌军打败。

这场战斗持续了五天五夜，最后瓦剌军伤亡惨重。孤军深入的也先发现，跟明朝谈判根本就行不通，打仗又接连战败，那么攻占北京的目标也是不可能的了。后又听说各地勤王大军连夜赶路，带领军队向京城奔来，也先害怕自己腹背受敌，酿成惨剧，于是又赶忙带着朱祁镇经良乡向西仓皇逃走。于谦调动各路大军，一直追到了居庸关。

北京保卫战最后以明朝大军的胜利而告终。明朝建国以来最为严重的一次危机就这么过去了。而在这次战斗中，于谦可以说功不可没，所以平定战乱后，朱祁钰加封他为太子少保、总督军务。于谦本先不愿接受，后在朱祁钰的强烈要求下，才接受了册封。

在于谦的指挥下，保定、涿州、真定、易州等北京周围各地区都纷纷加强防务，就连山西的军务也都得到了很好的整顿。同时，对于那些匆忙逃窜的瓦剌军，于谦还命令沿线的百姓和士兵大胆袭击敌人，那些从敌军手中抢回被掳人口、牲畜以及击毙敌军的人，一律都给予厚厚的赏赐。也先这一次攻打北京的计划，可是悲惨至极。从那之后，瓦剌一蹶不振。两个月以来，北京的人们终于可以放下心来，京城上下都处于一片祥和快乐的氛围中。明朝皇宫里到处张灯结彩，大摆筵宴，庆祝这历史性的胜利。

土木堡一战，让朱祁钰意识到了整顿装备的重要性。在于谦的主持下，京城的防务制度被改组优化，精选出15万士兵，分为10个营，各自都有自己的都督统领。10个营的士兵统一训练，统一会操，将领和士兵之间都是相互熟识的，号令熟悉，临战之前也不会更换将领，这便是"团营制度"。如此一来就大大增强了京营的战斗力。于谦还派兵收复了独石、马营、龙门等八处边关要隘，分别派兵把守。另外，宣府、居庸关的防御力量也得到了加强。转年，也先还要带兵攻打明朝南部，只可惜屡战屡败，根本得不到任何便宜，最后只能作罢。

北京保卫战的胜利，不仅让于谦的声望大大提升，在百官和百姓的口碑里，作为这次战争最高决策者的朱祁钰，也有了很高的威望。大家似乎都忘记了朱祁镇还在关外，忍受着当异域囚徒的耻辱。从那之后，朱祁钰也就不再是原本人们定义的代理皇帝了，也都将他看成了明朝的正统皇帝。在所有人眼中，都认清了一个事实，那就是在所有的文献中都不会再写"正统十五年"，而是写"景泰元年"。

朱祁镇还朝

也先在北京城吃了很大的亏，使得军队元气大伤，但是他还是不接受教训，一心想要卷土重来。虽然说手中的朱祁镇已经起不了太大的作用了，但是他毕竟是明朝的前任皇帝，多多少少还是有些用处的。于是，瓦剌多次派人前来议和。在于谦看来，他们派人前来议和，实际上是缓兵策略，后面他们肯定会部署军队的；就算我们真的议和了，他们也不会让见朱祁镇。意思也就是说，不能相信也先的议和之说。何况，也先和清朝廷有着不共戴天之仇，不管怎么说都不能和他们讲和的。如果议和了，那么他们就会永无止境的向明朝索要物品，这样一来肯定会给明朝带来沉重的负担。所以，从现在形势上来看，是千万不能讲和的。如果朝中有主张议和的将士，那么这就是恐惧畏缩的表现，很可能会扰乱军心，根据明朝律法，应该将其斩首示众。主和的边将受到于谦的严厉谴责，边关再无言和之人，大家同仇敌忾，坚决抵抗到底。

景泰元年（1450年）八月，也就是土木堡之战的一年多时间里，也先慢慢地发现，和大明朝为敌，根本就是得不偿失。正常的边贸被阻断，这

对于本就缺少物资的瓦剌来说很是不利，朝中上下已经有了异声，为了稳定局面，也先只好再次派遣使者向明朝求见，并且还将朱祁镇放回，以表示诚意。

事实上，自从朱祁钰坐上了这个意外得来的皇帝位置后，他是真心不希望他的哥哥朱祁镇再回来。虽然他登基之后，为了形势方便，已经对外宣布朱祁镇为太上皇，但是如果他真的回来了，不甘心只做太上皇的话，那么皇位还是要回到朱祁镇手中的，而朱祁钰也就落得个竹篮打水一场空的地步。再者，就算朱祁钰愿意将皇位让出来，可是毕竟他已经做了这么长时间的皇帝，二人之间的隔阂恐怕是再也无法解开了，搞不好朱祁镇为了稳固势力，还会对朱祁钰下手。这样，与其让自己陷入危险的境地，倒不如将朱祁镇留在外面，不让其回来。但是，朝中大臣对于朱祁镇回朝一事都十分看重，都商议着要派遣使臣前去迎接，而朱祁钰在这种情况下也只能顺从，以免落得个自私自利、不顾手足亲情的骂名。

不过，看着大臣们在那里讨论得不亦乐乎，朱祁钰不乐意地说了一句："朕原本是不愿意做这皇帝的，可是最后是你们将我推上来的，现在皇兄回来了，那朕要做什么呀？"于谦听到后，便宽慰朱祁钰说："皇上的帝位已经固定了，不会再有什么变故的。只是从常理上说，太上皇不宜在塞外久居，还是应该迎回宫中来。如果他真的有什么阴谋的话，我不会坐视不管。"朱祁钰相信于谦有的是办法，于是便决定听他的建议，派遣使臣将朱祁镇迎回宫中。

迎接朱祁镇回宫的仪仗并没有太过于豪华，而是仅仅用了"一轿二马在居庸关迎接，到安定门再换法驾"。一个太上皇，就这样悄无声息地从塞外抬进了皇城。

东安门外，朱祁钰和朱祁镇两人见面后，抱头痛哭。朱祁镇哭的尤为伤心，或许真是塞外的日子太苦了，而朱祁钰也是泪眼汪汪，看着朱祁镇憔悴的面孔，他对他的遭遇也无比同情的，又或者这二人只是在朝中大臣面前做了一场戏罢了。

可是同情终归是同情，皇城还是朱祁钰的，而朱祁镇只能居住在南宫。很多大臣都想前去拜见，都被朱祁钰从中阻拦了，而南宫里的朱祁镇就形同囚徒一般，没有了人身自由。

而朱祁钰也是寝食难安的，毕竟太上皇的名号是他强行加上的，朱祁镇并没有明确的态度。再说，东宫太子也不是朱祁钰的后代，而是朱祁镇的儿子朱见深。归根结底，天下早晚还是归还给朱祁镇的后人，朱祁钰心中也不好受。这样说来，朱祁钰还是一个代理皇帝，他在位所做的一切都是为别人铺平道路的。孙太后确实是一个老手，当初让朱祁钰登基的唯一条件，便是要让朱见深做皇帝！

朱祁镇回朝后，也就意味着明朝和瓦剌正式讲和，瓦剌又请求朝贡。瓦剌可是一个贪得无厌的部落，正统初期，贡使不到百人，就在土木堡之变的前一年，贡使竟然增加到了三千人。他们牵来几千匹马，索要的赏赐数不胜数。现在，他又派遣三千人入朝，这很明显，他们在战场上没有捞到好处，想要从这里要回来。于谦建议，应该在居庸关大量屯兵，以备不时之需；在京城陈兵过万，设宴款待，达到威慑的作用。同时，还请求敕令大同、宣府、永平、山海、辽东各路总兵官增修城墙准备防御。这些建议，朱祁钰都一一采纳。

瓦剌进贡，经常是带着以前从明朝掳去的人口，于谦通过重金酬谢使者的方式，先后赎回了几百人。不过，对于于谦所提出的效仿永乐朝那样对瓦剌进行攻击，以除后患的方法，朱祁钰并没有同意。因为京城中有太上皇朱祁镇坐镇，朱祁钰哪儿也不敢去。

北京保卫战之后，于谦主持兵部进行了几项改革：鉴于永乐朝在京城安置的很多蒙古降众，在土木堡之变后，这其中有许多人都已经成了也先的内应，所以于谦在用兵西南时将蒙古降兵中的精锐部队挑选出来，并且出资资助他们前往作战，随后还把他们的妻儿全部迁往西南。这样，征伐西南各路大军的战斗力便大大加强了，而且就连北边的隐患也已经彻底化解了。

北京保卫战前后，福建、浙江发生了邓茂七、叶宗留起义，他们带领部下士兵，自立为王。湖广、贵州、广西、广东的少数民族中有时也会出现叛乱。可是，这些时候都不是麻烦，因为有大将于谦在，朱祁钰放心了不少。兵部在于谦的调度下，显得井然有序。在战事紧急的时候，才思敏捷的于谦甚至可以直接口述奏请和下命令，各种数据如数家珍，倒背如流，让人不得不叹服。于谦声明，即使传到万里的前线只是一张纸条，将士们也必须严格遵守和执行，在这种制度下，这些起义和叛乱很快就被平定。

朱祁钰对于于谦的意见几乎是言听计从。只要于谦的进谏，他都会悔改。在任用朝廷官员之前，朱祁钰也肯定会征询于谦的意见。于谦是一个性情中人，性格淳朴敦厚，实事求是，从来不做隐瞒欺诈之事，也从来不会回避嫌疑怨恨，这也给他带来了很多不满。尤其是被他训斥过的官员，对他真是恨到了极点。北京保卫战刚刚结束，都御史罗通就弹劾于谦在功劳簿上登记不实，还有御史说于谦过于专权，身为兵部尚书，却会干预六部事务，实在是有些过于表现了。对于这些弹劾的奏折，朱祁钰每月都会收到很多，但是都给压了下来。因为他心里明白，他之所能够坐稳这个皇位，主要依旧是离不开谦的辅佐，朱祁钰必须排除众议来保护他。

朱祁钰见于谦的住房很破，于是便赏赐给他一座西华门的府邸。而于谦则推辞说："国家正值多事之秋，我怎么能够自己独居这么好的房子呢？"可是于谦越是推辞，朱祁钰就越是不准。于是他干脆将朱祁钰所赏赐的玺书、袍服、银锭之类的物品，全部封好，写上说明，放在赏赐的这座房子里，然后每年过去看上几次也就算了。

在于谦的辅佐下，大明王朝慢慢趋于稳定，有再现盛世的迹象。那时，在景泰朝时期最具艺术生命的便是铜胎掐丝珐琅，它原本是一种兴起于元朝的瓷铜结合的独特工艺品，故名"景泰蓝"。这或许是朱祁钰留给帝国后世最为特色的美好回忆吧。

太子之争

天下归心，皇位稳固。可是朱祁镇依旧是朱祁钰的心头大患，再加上，太子是朱祁镇的儿子朱见深，这让朱祁钰内心十分别扭。

朱祁钰想要废黜朱见深，另立自己的儿子朱见济为太子，但是汪皇后却不同意。朱祁钰又偷偷暗示了朝中大臣很多次，但是却没有一个人回应。只有宫中的几个太监明白了朱祁钰的意思。其中有一个名为兴安的太监给朱祁钰出了一个主意，让他设法将朝中大臣的嘴巴堵上，这件事情应该也就好办了。

第二天，大学士陈循、高谷，都御史杨善、王文以及几个侍郎，都同时受到了朱祁钰的赏银。他们深知无功不受禄的说法，这突然的赏赐让他们内心很是惶恐，不知道到底发生了什么事儿。幸好有兴安等几个太监在其中周旋，点破玄机。王文、陈循等人想了一会儿后，便都赞同另立太子的注意，但是却没有人敢站出来带头支持。就在局面僵持不下之际，朱祁钰忽然收到了一封不寻常的奏疏。

这份奏疏很详细缜密地说出了另立太子的合理性和可行性。写奏疏的人曾经为了谋得知府的头衔，杀死了他兄长全家。而他写这封奏折的目的，也是想要碰碰运气，说不定朱祁钰高兴之下，可以免去他的死罪。不管他动机如何，这份奏折确实是打破了易储问题的沉寂。朱祁钰赶忙让人将这封奏折让朝中大臣传阅，并且赦免了写奏折的人，还给他加官进爵，好一顿赏赐。

事情已经到了这个地步，朝中大臣，尤其是那些已经收下朱祁钰贿赂的大臣们，一个个都在奏折上面签了字。于谦原本想要借自己是一介武夫，不参与政事的，可是现下一看，几乎所有人都在上面签了字，为了避免节外生枝，自己也只能跟着大臣一起，签字同意了。

就这样，在朱祁钰继位的第三年，废黜了太子朱见深，立朱见济为太子。

朱祁钰算是如愿以偿了，让自己的儿子做了皇储。但是，汪皇后却高兴不起来。虽然说朱见济是杭妃所生，平生和杭妃也没有什么过节。她只是无法忍受祖宗的规矩被更改罢了，所以才极力阻止朱祁钰另立太子。她一再告诫朱祁钰："你怎能够登上这个皇位，已经是极为幸运的了，这个皇位原本就应该是朱见深的，这一点所有人都知道，你怎能如此轻率地说换就换呢？"

朱祁钰听了这话，心中很是恼怒。于是汪氏主动辞去了皇后的职位，迁往别宫居住。而杭妃则成为下一任皇后。这也倒也不错，太子的生母掌管后宫，一切都是那么的顺其自然。朱祁钰很是兴奋，不仅批准了巨额拨款，满足太监兴安大建寺庙的要求，而且还忘记了自己的本分，整日躲在后宫中，和宫女们玩耍嬉戏。

古语说，乐极生悲，朱祁钰废了好大的力气才将朱见济立为太子，可是谁想他并不争气，做了不到两年的太子，便因病去世了，这之前朱祁钰所做的一切努力都算是白费了。

朱祁钰就这么一个儿子，死了也就代表着朱祁钰的如意算盘彻底落空。见此状况，那些拥护朱见深的大臣们一开始上奏折，让朱祁钰恢复朱见深皇储的身份，甚至有些官员还提议要恢复被废汪皇后的职位。朱祁钰被彻底激怒了，他将上书的人全部关进了监狱。

在朱祁钰看来，他还很年轻，儿子总会有的，就算没有儿子，他就是把皇位传给其他人也不能传给朱见深。原因很简单，朱见深的太子之位是被朱祁钰废黜的，而他上位之后，肯定会对朱祁钰不利。更让朱祁钰感到不安的是，孙太后几次去南宫看望朱祁镇，朱祁钰由此担心自己的哥哥东山再起，于是他下令将南宫所有的树木全部砍倒，这也让朱祁镇彻底死了心。

景泰七年（1456年），杭皇后去世。朱祁钰悲痛之下再也无心理会朝政，整天沉迷于女色之中，可是，这样的享乐是短暂的。第二年冬天，朱祁钰突然重病在床，更为可怕的是，这一年多的时间里，后宫竟然没有添一个子嗣。

当年的中秋佳节，朱祁钰躺在床上，看着大臣们起草的"请择元良"的立储奏疏，很是生气。

正月十七日清晨，朱祁钰正准备打起精神去上朝，确定立储大事，忽然听到奉天殿钟鼓齐鸣。朱祁钰大吃一惊，忙问身边的宫人："外面是于谦吗？"在朱祁钰的心目中，只有于谦是本朝的擎天柱。有他在，就算朱祁钰不理朝政，国家也会安享太平。

可是，令他没有想到的是，就在他卧病的时候，石亨、徐有贞等大臣将朱祁镇从南宫里面接了出来，被抬上了奉天殿，重新登基为皇帝。朝中百官也是糊里糊涂地接受了前任皇帝的复辟。太上皇变成了皇上，而如今的朱祁钰被他们罢免了。

如果当时朱祁钰当机立断，确立储君之事，让朝中百官满意的话，他们或许就不会再重新将朱祁镇抬出来，推上皇位了。当皇帝，对朱祁钰来说，不知是幸运还是不幸呢？

八年前，朱祁钰从朱祁镇的手中拿到了江山，而八年之后，朱祁钰的江山又被朱祁镇重新夺回，到此，朱祁钰的皇帝路算是到了尽头了。

第八章

难得的好皇帝——明孝宗朱祐樘

帝王档案

☆姓名：朱祐樘

☆民族：汉族

☆出生日期：1470年7月3日

☆逝世日期：1505年5月7日

☆配偶：1人，孝康敬皇后张氏

☆子女：2个儿子，1个女儿

☆在位：18年（1488年~1505年）

☆继位人：朱厚照

☆庙号：孝宗

☆谥号：建天明道纯诚中正圣文神武至仁大德敬皇帝

☆陵墓：十三陵之泰陵

☆生平简历：

公元1470年7月3日，出生于冷宫

公元1475年，被立为皇太子

公元1487年9月，登基当上皇帝，年号弘治

公元1489年，开封的黄河决口，命令户部左侍郎白昂带领二十五万人前去治理。

公元1500年，制定《问刑条例》。

公元1502年，编成《大明会典》。

公元1505年，因偶染风寒，吃错了药，不停流鼻血而死，享年34岁。

人物简评

明孝宗朱祐樘是一个难得的好皇帝，在他当皇帝的时候，既不像其他那些明朝的昏君当政时那样有太监和权臣们或者后宫的人扰乱纲纪，也很少有不好的政令，朝廷上下清明正气。

晚明学者朱国桢曾经这样评价说："三代以下，称贤主者，汉文帝、宋仁宗与我明之孝宗皇帝。"这也就是说，他觉得孝宗朱祐樘是一位不可多得的贤明君主，是在夏、商、周这三个朝代之后，可以和汉文帝、宋仁宗相提并论的一个人。这样的评价可谓相当高了。

《明史》上对朱祐樘的评价同样很高，概括起来就是八个字，即"恭俭有制、勤政爱民"。

那些后世的史家们对他的评价也是相当好，认为他恭俭有制、清宁朝序、勤政爱民、力挽危局，是中兴的明主。他所创造的业绩则不下于明太祖和明成祖。这是从当皇帝的方面来说，从个人的修养和品行方面来说，他比明太祖和明成祖还要好。

总的来说，在天下人面前，他是一个合格的君主，对身边的人来说，他是一个德才兼备的好人。

生平故事

九死一生

明孝宗朱祐樘是历史上有名的一代贤君。表面上看起来，他风光无限，然而认真研究，就会发现他的一生真是坎坷异常，有时甚至比普通人过得还要艰难。虽然很多人都羡慕皇宫里的生活，然而生在皇宫当中，却并不是一件好事，因为在那种勾心斗角的地方生存，实在不容易。要当一个好皇帝，必须要克制自己的种种欲望，修身养性，这更是普通人难以做到的。

尽管朱祐樘后来当上了皇帝，但是他的母亲却并不是什么显贵的人，地位十分卑下，仅仅只是皇宫中一个毫不起眼的女官。朱祐樘的母亲纪氏是一个广西贺县的瑶族民女，之所以来到京城，还是因为成化元年的一次叛乱，她和很多青年男女被当成俘虏带到皇宫里来。

到了皇宫以后，因为纪氏人长得漂亮，又聪明，所以就得到了一份打理皇宫中藏书的工作。在一个落叶缤纷的秋季，宪宗闲来无事，就溜达至书房，发现纪氏非常漂亮，并且口齿伶俐，就临幸了她。就这一次，纪氏便怀孕了。

皇宫中有一个非常受宠的万贵妃，因为她自己的身体不行，怀不了孩子，所以也不允许别的女人给皇帝生孩子。她经常加害那些和宪宗有过关系的妃嫔及宫女。

从纪氏一怀上孩子，万贵妃就开始注意上她了，派了一个宫女去把这个孩子打下来。但是那个宫女却因为可怜纪氏，没有按照万贵妃的指示做，而是骗万贵妃说纪氏是病痞，根本就没有怀上孩子。因此万贵妃就没有继续深究，只是将她贬居到冷宫——安乐堂。

过了一段时间，纪氏就生下了一个皇子，也就是朱祐樘。纪氏虽然很想将他抚养长大，但是却知道在万贵妃一手遮天的后宫之中，想要保住这个孩子，难如登天。于是纪氏便紧咬着牙下了决心，让一个叫张敏的门监把朱祐樘溺死。

但是张敏这个人生性十分善良，知道现在皇上连一个儿子也没有，所以就没有把朱祐樘杀死，而是偷偷将他养了起来。

有一个受到万贵妃的迫害而被废掉的吴皇后，住在和安乐堂相邻的西

宫，她知道了这件事以后，也过来帮着抚养朱祐樘。

万贵妃还是放心不下，多次派人到这里来搜查，但是却什么也没找到。于是朱祐樘吃着各处的救济食物，有惊无险地活到了6岁。

公元1475年，有一次，宪宗把张敏叫过来为自己梳头，突然对着镜子感叹说："朕马上就要老了，却连个儿子也没有！"

张敏见机会难得，赶紧跪在地上磕头，然后说："皇上不必忧心，您已经有一个儿子了！"宪宗听了这话十分震惊，赶紧询问原因。张敏便将朱祐樘的事和盘托出，细细讲给皇上听。宪宗听完之后惊喜万分，马上命人去接朱祐樘过来。

由于整天都过着担惊受怕的幽禁生活，朱祐樘的身体十分瘦弱，甚至还没剪掉胎发。去见宪宗时，他的胎发从脖子后面一直拖到了地面上。见了宪宗，朱祐樘按照母亲告诉他的，一下子投入宪宗的怀抱，不停叫"父皇"。

宪宗看着这个瘦弱到不成样子的儿子，不禁流下了热泪。他又是悲伤又是高兴，不停地说："这孩子长得真像我，这果然是我的孩子！"他马上把大臣们召集起来，将这件事向天下公布了。

第二天，宪宗就下旨将朱祐樘立为皇太子，并将纪氏封成淑妃。然而不幸的是，后宫终究还是万贵妃的天下，纪妃虽然被封为淑妃，还是不能与万贵妃一较高低的，时间不长，她便突然暴毙。那个叫张敏的门监，也莫名其妙地自杀了。

这些事非常明显是万贵妃做的手脚。有人认为纪妃是万贵妃下毒害死的，有人认为她是被万贵妃派去的人勒死的，因为宪宗并未调查此事，因此最后便不了了之。

小小年纪就痛失生母，朱祐樘心中的悲痛可想而知。他整天神情严肃，就像是一个饱经沧桑的大人，这种情况一直保持了很久。

宪宗的母亲周太后害怕万贵妃将纪氏和张敏杀死后，仍不肯善罢甘休，很可能也会找机会把朱祐樘除去。为了保住朱祐樘的小命，周太后把他接到自己住的仁寿宫里来，亲自抚养他。于是，朱祐樘得以在危机四伏的皇宫里安全地活下来。

尽管有了太后的照料，朱祐樘还是时时处在危险当中。

有一回，万贵妃不知为何，要请太子到她那边去吃饭。这明显就是黄鼠狼给鸡拜年——没安好心。在临行前，周太后对朱祐樘说："万贵妃请你吃饭，不能不去，不过到了那里以后，你什么都不能吃，一定要记住。"

朱祐樘谨记祖母的话，在万贵妃那里什么都没吃。别人劝他吃，他就说自己已经吃得很饱了，吃不下了。这时有人给他递了一碗汤，请他品尝。年纪小小的朱祐樘语出惊人："我怀疑这里面有毒！"

听了这样的话，万贵妃又惊又怒，大叫起来："这个孩子还这么小就已经对我有这么深的成见了，他若长大了还了得，肯定会加害我的！"经历了这件事之后，万贵妃不再控制宪宗的后宫生活了。

以前宪宗没有子嗣，正是由于万贵妃限制了他和那些妃嫔们见面的机会，而且如果有谁怀了龙种，万贵妃就会毫不留情地加以迫害。现在万贵妃突然转了性，妃嫔们终于可以怀上孩子了，并能非常顺利地把孩子生下来。于是宪宗的皇子们越来越多，再不是只有朱祐樘一个儿子了。

万贵妃的目的非常明确，就是想让皇帝把朱祐樘的太子之位废掉，立别的人为太子，这样她以后就不至于在朱祐樘当上皇帝以后受到迫害了。由于宪宗一直都对万贵妃说的话非常顺从，所以他渐渐也产生了另立太子的想法。

朱祐樘好不容易从冷宫中存活下来，现在又要面临着一场大难了。

上天的眷顾

公元1485年，宪宗突然想去看一看他的那些金银珠宝还剩下多少。于是他叫来了一个太监——梁芳，这个梁芳就是宪宗任命的管理小金库的那个人。本来这件事没有什么稀奇的，就是看一下自己的钱而已，但是却差点让他的儿子朱祐樘做不成皇帝。

给宪宗管理金库的这个太监，以前是负责给阴险毒辣的万贵妃采购东西的。后来不知为什么被宪宗给看中了，于是就开始替宪宗研究春药。这件事真是有点好笑，因为太监根本就没有那个功能，让他去做这方面的工作，实在有点不恰当。不过因为梁芳非常卖力地研究，还真研制出了一些有效的药，所以越来越被宪宗看重。

由于宪宗最近正在忙着炼制丹药，所以已经很长时间没有来看自己的那些珠宝了，他有点不放心。果然，当他把金库的门打开的时候，不禁大吃一惊，里面什么都没有，居然是空的。

这真是不可思议，在十几年以前，金库堆得满满都是金银珠宝，现在却成了一个空壳子。宪宗顿时火冒三丈，指着梁芳大骂一番。

梁芳说谎话连草稿都不用打，张口就来："那些钱都被我用来建设宫殿和庙宇了，这都是为了替您祈福啊。"立马就能找到这么好的借口，不得不佩服梁芳的高明。

这样的回答直接把宪宗的嘴给堵住了，过了好一会儿他才说："我不管你那么多了，以后肯定会有人和你算账的！"可能是宪宗看到钱全都没了，气得说起了胡话吧，反正这句话让人听得完全摸不着头脑。

宪宗说完就一个人走了，留下梁芳在那里心惊胆战的，不知道到底会有什么严重的事情在等着自己。

梁芳想了半天，终于算是找到了点眉目。既然说有人会和他算账，这个人就不是宪宗，那会是谁呢，应该是下一任皇帝吧？梁芳越想越觉得在理：宪宗既然不打算整治他，那就是要留着让他儿子来处理，他儿子便是那个捡来的孩子朱祐樘！

想来想去，梁芳觉得自己不应该坐以待毙，要赶紧行动起来，先发制人。因此他就赶紧去找自己的老主子万贵妃。

万贵妃虽然阴险毒辣，但是却已经很久都没有做过什么坏事了，不过她一直都和朱祐樘有非常大的仇恨，这些年的沉静只是让仇恨积累得更多了。有一点她非常明白，她将朱祐樘的生母杀害了，如果真让朱祐樘当了皇帝，她的日子一定不好过。

万贵妃见梁芳来找自己，心中的仇恨强烈燃烧起来，非要整垮朱祐樘不可。虽然这时候万贵妃已经55岁了，但是姜还是老的辣，她又一次准备出山了。这个时候，朱祐樘才只有15岁。

万贵妃用来对付朱祐樘的方法一点也不新鲜，还是她经常使用的老招，吹枕边风。虽然她现在已经不再年轻，但吹起枕边风来，作用还是和以前差不多。

没过多久，宪宗就被忽悠懵了，打算把朱祐樘废掉，不让他当太子了。真是闭门家中坐祸从天上来，朱祐樘什么都没干，就突然面临着一场灾难。看起来，他好像一直都非常倒霉。

然而老天爷却在帮助朱祐樘。恰在此时，一场地震在泰山发生了。从古至今，不知道有多少次地震发生过，所以本来这并不算是什么了不起的大事。然而再看一下发生地震的地方，可就不那么简单了。

地震的地方不是别处，而是泰山！虽然现在泰山并没有什么特别的，但是在古代的时候，那里可是皇帝们封禅的地方。一般人根本没有资格登上泰山，只有皇帝们才可以到那上面一览众山小。

泰山发生地震以后，宪宗感觉似乎哪里不对头，于是请人来算了一卦。算卦的说，这是由于现在的东宫之位不稳固，因此老天爷生气了。东宫说的便是太子，也就是朱祐樘。

宪宗这下明白了，既然老天爷认为太子不能废，那还是不要将他废掉为好。宪宗因为不愿意得罪老天爷，所以只能让万贵妃失望了。

这件事情说明，朱祐樘一点也不倒霉，而且运气还非常的好，自从他来到这个世上，就一直受到祖母的保护，虽然经历相当坎坷，但是每次都可以将危机化解。

母亲的身世之谜

　　朱祐樘终于当上了皇帝，那些趋炎附势的大臣们赶紧呈上一堆奏折，希望他对万贵妃的罪行继续追究。

　　这时候万贵妃已经死了，对一个死去的人，这些大臣们完全没有了顾忌。有人提议将万贵妃的谥号除去；有人认为皇上的母亲是被万贵妃害死的；有人说必须把以前给万贵妃看病的那个太医还有万贵妃的家人抓起来，对这些人进行严格的审问，把纪氏死去的事情调查个水落石出。

　　大臣们这样上折子，目的就是为了讨好皇上，因为顺了皇上的心思，也许就可以加官进爵了。朱祐樘当然知道是谁杀死了自己的母亲，他对这件事相当清楚，但却一直没有机会报仇。

　　不单单是杀害朱祐樘生母这件事，万贵妃活着的时候也做过不少别的坏事。她的恶劣行为早已引起了很多人的不满，只是人们敢怒不敢言，隐忍未发而已。现在惩治她的机会终于来了，正所谓恶有恶报，她的报应也该到了。

　　从常理来判断，大臣们的要求都非常正常。然而朱祐樘的做法却让所有人都想不到，他把这些奏折全都发了回去，还说这件事到现在应该停下来了。

　　朱祐樘在那么小的时候就失去了生母，因此对他来说，万贵妃这个人和他有着血海深仇。然而为何当他完全有了报仇能力时，却没有报仇，而是原谅了仇人呢？

　　朱祐樘是一个非常孝顺的人，虽然那些大臣们极力劝谏，但他一想到万贵妃已经死了，便觉得现在继续惩罚她的话，就是对父亲的大不敬。所以最后他做出了决定，不再对万贵妃做的那些事进行追究。但是那些跟着万贵妃为非作歹的人们却不能放过，朱祐樘还是对他们严惩不贷。

　　万贵妃遇到一个如此宽宏大量的皇帝，真是相当的幸运。她不至于死后再被摧残，如果在地下有知，可能也会偷偷地笑出来吧。

仍旧是因为尊敬自己的父亲，朱祐樘没有将经常照顾自己的被废的吴皇后的名位恢复。当然，他并没有忘了吴氏的恩情，尽管那时候吴皇后照顾他动机也不是那么单纯，不过他却认为那不重要。他是一个有恩必报的人，至于动机如何，他不关心。因此，他像对待母亲一样对待吴氏，让她的生活过得非常好。

以前，宪宗的第二位皇后王氏对纪氏也不像别人那么坏。这让知道感恩的孝宗铭记于心，于是对王氏非常好，也是像对待自己的生母一样。作为一个在周围全是善良的帮助中长大的人，朱祐樘的心中没有太多的仇恨。他那样宽宏大量，不记仇恨，只是报恩，所以连老天爷似乎都在帮着他。

虽然当上了皇帝，成了天下的主宰，但是朱祐樘却还不知道母亲的身世，于是他就让很多的人去探寻生母的家族消息。

广西大大小小的官员全都主动替皇帝调查这件事，自布政使至县令，连以前到广西那边打过仗的韩雍带领的那批将士们，也都加入到调查皇帝母亲身世的队伍当中。这次调查的规模如此大，明显有一种不达目的誓不罢休的架势。

然而，虽然发动了这么多的人，还是没有什么像样的结果出来。十年过去了，这些人差点没把广西给翻个底朝天，最后却连一点线索也没有。

过去了那么多年，而且纪氏自己也从来没有对身世做过任何解释，所以根本无从查起。也许是平民暴动的时候，她的家人都在被朝廷镇压时死去了，或者为了避祸去了很远的地方。调查者掌握的资料太少，和纪氏相关的人以及踪迹全都不知道，甚至她到底姓不姓纪，还存在疑问。因此，这件工作就像是大海捞针，非常艰难。

这么多年过去了，再找下去看来也不会有什么结果，虽然对于这个事实有点不甘心，但朱祐樘在万般无奈之下，还是不得不选择了放弃，于是大规模的寻找终于停止。但是别的那些"母亲"们都已经安顿好，对于自己的生母，他总得做点什么才行。

朱祐樘觉得母亲在地下有知，应该让她感受到自己对她的爱和怀念。便在广西桂林这个山清水秀的地方给母亲建了一个祠堂，并且给了母亲一个谥号，叫做"孝穆慈慧恭恪庄僖崇天承圣纯皇后"。他还把母亲的灵柩迁移到了茂陵，别祀奉慈殿。这么一来，总算是尽了自己的一份孝心。

"睹汉家老母之门，增宋室仁宗之恸"，当时有一位叫尹直的大学士，见朱祐樘对母亲的身世调查如此用心，大为感动，还特意创作出一篇催人泪下的文章。他把孝宗当作榜样，希望全天下的人们都像孝宗学习，孝敬老人，不忘自己的根本。孝宗只要一读他的这个文章，就会忍不住流下热泪。

最钟情的皇帝

朱祐樘这个皇帝当得最奇怪的地方就是，其他的皇帝都是三宫六院，后宫佳丽众多，但他这辈子却只有一个妻子，连个嫔妃也没有，这说出来让人不敢相信！

在古代，就算是普通人家，也是有妻有妾的，然而他这个九五至尊的皇帝却只娶一个老婆。能够钟情到这种地步，已经不仅仅是让人吃惊了，还让人肃然起敬。

后宫里只有一个女人，这是让人无法想象的。实际上其他的皇帝们有那么多的女人，也并不能说明他们就风流成性。因为在那个时期，人们都认为孩子多是一种福气，而对于皇室的人来说，孩子多一点就变得更为重要了，那直接关系到国家继承人的问题。如果皇上没有龙种，那将来由谁来当皇帝呢？

因为生孩子非常重要，所以皇帝的女人多一些是特别正常的。试想一下，假如皇帝只娶一个皇后，不要任何妃嫔，恰好这个皇后有病，不能生育，或者皇后只生了公主，没生出皇子来，以后由谁来继承皇位呢？因此，皇帝的后宫必须充实。

人们都明白这个道理，因此大臣们经常上折子，明确要求朱祐樘多娶几个老婆。然而朱祐樘却坚持自己的原则，一点也不为所动。他从始至终只娶了一个皇后，没有任何其他女人，这种行为让人们难以理解，但是却也有他自己的理由。

或者，他的这种行为，和他那痛苦的经历以及他母亲的不幸生活都有非常密切的关系。

朱祐樘这个唯一的妻子是张皇后，她的父亲是大明朝最高学府太学院的学士张峦，她的母亲是金氏。关于张皇后的出生非常有意思，还有件神奇的事情发生。

张皇后的母亲金氏曾经说过，她曾经在生下女儿之前的一天晚上，突然梦到一个月亮进到自己的肚子里去了。正是因为这个说法，张皇后在没有出生之前，就已经是非常有名的人物了。由于她的名气非常大，而且是个十分美丽的姑娘，因此公元1487年，她没有一点悬念地当上了太子妃。

在历史上的那些太子妃们，在这个位置待的时间可能都不是特别长。倒霉一点的，很有可能刚当上太子妃，就不知道因为什么原因跟着太子一起被废掉了。不过张氏却非常有福气，由于万贵妃死后时间不长，明宪宗便驾崩了，因此她便从太子妃一下子变成皇后了。

明孝宗和张皇后这两个人简直可以算得上是患难之交。因为后宫当中只有这么一个妻子，所以他们比别的皇帝皇后要显得恩爱多了。他们经常一起吟诗绘画，听音乐看舞蹈，畅谈世上之事，游历名山大川。他们总是相守在一起，而且会在各种毫不起眼的动作里体现出彼此之间浓浓的爱。他们就像是一对神仙眷侣，在皇帝的婚姻史上，这种情况是从来没有过的。

俗话说："执子之手，与子偕老。"能够一起恩恩爱爱地相守到老，是无比幸福的事情。然而，遗憾的是，尽管这两个人彼此都深爱着对方，却没有共同走到最后的缘分。

朱祐樘死得比较早。一开始他的病不是很严重，只不过感染了一点风寒而已。但是那几个不负责任的太医没有细看就开始抓药，于是开错了方子。朱祐樘吃错了药，病情不但没有减轻，反而变得更严重了。他开始不停地流鼻血，最后年纪轻轻就驾崩了。

张皇后一个人在世上孤零零地生活，如果这还能说是天意使然，让人可以释怀。但在朱祐樘去世以后，张皇后过得并不幸福，这便让人感到非常惋惜了。

公元1505年，朱祐樘死了，于是他仅有的一个儿子朱厚照当了皇帝，即明武宗。由于受到了刘瑾的诱导，朱厚照整天不务正业，在皇宫与民间都做了不少影响不好的事。

面对这种情况，当上太后的张皇后根本就想不出一个好的办法来约束这个败家的儿子。也许是张皇后太爱这个儿子了，以至于都将他宠得不成样子。由于管教无方，这个朱厚照一点也不听她的话。

时间不长，朱厚照就在豹房里驾崩了，于是他特别荒淫无度的一辈子便完结了。因为朱厚照连个儿子也没有，所以他的皇位就到了别的皇室人的手上，孝宗一脉就这样没有了。

这样一来，我们就知道一夫一妻对于皇帝来说，不见得是什么好事。虽然他们显得比别人恩爱多了，但是由于孩子比较少，最终绝后，导致大权落到别人的手上。

当然，这种观点只不过是从政治的角度看，如果从人生的角度来看，也就没什么好与不好的区别了。

贤明的君王

尽管朱祐樘从小就生活在天下间最奢华的地方——皇宫，但是他的生活却不是特别快乐，一直都是十分艰苦。也许正是因为他在小时候的这种与众不同的经历，才使他当上皇帝以后的行为那样的独特，成了一代

151

明君。

朱祐樘刚当上皇帝的时候，面临的现状并不是很好，甚至可以用非常糟糕来形容。宪宗给他留下的完全是一个烂摊子，朝政异常混乱，整个天下的情况也是民不聊生。不过这种情况对于朱祐樘来说已经没什么新鲜感了，因为早在他当皇太子的时候就已对这些非常了解。

刚一当上皇帝，朱祐樘就开始向着那些弊政下手了，他马上改革当时的制度，毫不留情地整顿着朝纲。他的父亲明宪宗当皇帝的时候，有不少奸佞小人趁机混进宫廷。比如万贵妃的弟弟万喜、太监梁芳、侍郎李孜省，这些都是只为一己私利的小人，他们勾结在一起，把朝廷搞得乌烟瘴气。

这些人和依靠万贵妃的力量当上阁臣的同样是小人的万安勾结在一起，对忠臣进行打击和压制。他们不断地培植自己的亲信，总是欺压老百姓，是当时朝廷里危害最大的一群祸害。

宪宗那时候是由外戚万安领导内阁的。内阁的人们什么正事也不干，整天就知道拍马屁。他们做事时都听万贵妃的意思，还被太监梁芳操控，一点实际的才能也没有。因此那时候有一种说法，叫做"纸糊三阁老，泥塑六尚书"。

到了朱祐樘掌权的时候，这样的事情可不能继续下去了。在他看来，这种情况简直就是荒唐至极。

刚当了六天的皇帝，朱祐樘就开始动手了。他把太监梁芳打入大牢，接着又把李孜省流放到十分边远的地方去了，然后又将万安的官职直接贬到最底层，将他从朝堂上赶了出去。还有以前那些给这几个人溜须拍马，靠着贿赂他们而当上官的人们，也一并被赶出了朝廷。

天下人见朱祐樘如此圣明的做法，全都发自内心地高兴。在还没有罢黜万安的时候，人们对明孝宗朱祐樘一点也不了解，除了知道他的母亲是一个没有身份地位的低下婢子，他在冷宫当中出生，并且一直受到万贵妃的嫉恨之外，其他关于他的事情一概不知。

朱祐樘因为宪宗的承认才幸运地当上太子，不过由于万贵妃从不死心，所以他一直面临着被废掉的危险。正因如此，当多灾多难的朱祐樘在17岁的时候登上皇帝宝座，除了有一部分正直不阿的大臣们真心拥护他，更多的人们应该是抱着同情的心态。因为他这些年过得实在是非常不容易，能活到现在甚至都是一个奇迹。

然而很快人们就对这位少年天子从心里佩服起来，他将奸佞的人逐出朝堂，启用正直贤能的大臣，整顿了朝纲。这种开明的政策，给当时乱糟糟的朝廷带来一股清流，给日渐腐败的明王朝带来了中兴的曙光。

在父亲宪宗当皇帝之时，由于信奉佛教与道教，把朝政荒废了，导致整个朝廷乱成一团。因此，朱祐樘很快就颁布了一个非常重要的命令，把以前宪宗封的那些国子、国师、真人、法王等封号全都除去，将祸国殃民的妖僧杀掉，不许朝廷中的人再信奉佛道。

除了将奸佞小人驱除之外，朱祐樘还让很多有才德的人当官，让朝廷重新活跃起来。他还特别重视官员的选拔和任命，在这方面颁布了特别严格的审核程序。

由于朱祐樘主张任人唯贤，大大激励了那些有才能的人士，所以在他当政的时候，明朝出了很多有名的大臣。刚正不阿、才能出众的那些大臣们比比皆是。而且很多都是重臣，例如李东阳、刘健、怀恩、谢迁、马文升、王恕这些人全都被朱祐樘重用。

为了鼓励人们做正义的事、做忠臣，朱祐樘给在英宗时期被冤死的忠臣于谦盖了旌功祠，并为他平反昭雪。

由于孝宗对人才视如珍宝，对人才都非常敬重，像那种体罚大臣的事情，从来没有在这一时期发生过。对那些非常有才能，而且为国尽忠的大臣们，像谢迁、刘健，朱祐樘则更加尊重，连名字都不直接叫，而是尊称他们为"先生"。

一般情况下，想要严格要求别人，首先得对自己要求严格才行，不然谁都不会服气。朱祐樘刚当上皇帝时，便严格约束自己的行为，并且能长期坚持。

他将以前有但是后来废除的午朝又恢复起来，每天都会临朝商议国家大事。有一回在晚上时仁寿宫着火了，朱祐樘整晚都没睡好觉。到了第二天，他觉得自己的脑袋昏昏沉沉的，便不愿意再上早朝了。然而他又不愿意这样将自己定的规矩打破，因此便命身边的太监到朝堂上告诉大臣们一下，这样才感到有点安心了。

自从到了明朝的中期，皇帝大部分都是荒淫无度之辈，待在后宫流连忘返是再正常不过的事。他们对于国家大事漠不关心，甚至连大臣们上的奏折都懒得看，而是让司礼监的太监替自己批阅。正因为皇帝的昏庸无能，才导致了明朝中后期的时候太监们把持朝政，掌管着天下大权。

朱祐樘当上皇帝之后，对朝政特别用心，那些递到跟前的奏折，他经常都会亲自批改，这样就将以前太监专权的情况改善了很多。

朱祐樘除了重视选拔官员之外，还对太监进行选拔，他让忠诚有才干的太监做司礼监。例如怀恩就是一个特别忠心，不畏权势的太监，他是朱祐樘手下一个难得的人才。

将各个岗位的臣子们都任命得差不多了以后，朱祐樘还把以前的那些不好的政治制度和规定，进行了非常大的改动。他不仅将赋税减轻，还停止了扰民的徭役，对那些有自然灾害，比如旱灾和水患等发生的地区，总是很快拨款赈灾。不仅如此，他又在天下大部分地区进行水利设施的建设，对农业的发展也特别注重。这些举措，让国家的经济更加繁荣了。

朱祐樘在内政上面做的最突出的事情就是对水利设施的修建。他一直努力促进农业的发展，恢复以前经济的繁荣。在公元1489年，开封那里的黄河开了一个大口子，朱祐樘让户部左侍郎白昂率领25万人去治理黄河。

到了公元1492年，苏松那里的河道又堵住了，导致洪水泛滥。朱祐樘便派出工部侍郎徐贯到那里去治水，一直治理了3年才结束。于是，苏松那里的水患终于解除了，又变回了那个富饶的鱼米之乡。

朱祐樘勤于朝政，关心老百姓的疾苦，对水利建设又那么重视，因此

在他当皇帝的这段时间，以前的朝政混乱、百姓苦不堪言的情况得到了很大改善。这段时间，各阶层的矛盾逐渐减少，百姓的生活水平提高了，和外国没有什么战事，内部也没有叛乱，国家逐渐走向繁荣。

因为小时候的日子过得非常艰辛，所以朱祐樘的身体不是很好，是一个体弱多病的人。不过身体方面的不足，并没有妨碍他对于国家大事的管理。他是一个非常勤政的皇帝，因为恢复了以前的午朝制度，他不止每天早上要上朝，中午也要上朝。这就让那些大臣们可以更好地发挥自己的才能，帮助朱祐樘让这个国家变得更好。

不仅如此，他还再一次开设了经筵侍讲，以便能询问那些大臣们治理国家的方法。这还不够，朱祐樘又设置了文华殿议政的方式，这种方式的作用就是在除了早朝和午朝的其他时间，可以在文华殿和大臣们继续讨论国事，谈论治国的好方法。这样看来，朱祐樘几乎整天都在忙于国事，一点也没有休息的想法。

由于他把一门心思都扑在治理国家上面，终于有了可喜的成绩。在他当皇帝的这段时间，明朝的政治十分清明，贤能的大臣得到提拔任用，而各种奸佞之人受到抑制。朱祐樘勤政务实，在全国提倡节约的品质，不烦民扰民，让百姓得以休养生息，在整个明朝的历史上出现了一个难得的经济发展、人民幸福的和谐时期。

此时忠臣贤臣不停涌现，朱祐樘对大臣们爱护有加也是人们有目共睹的，所以历史上将这段时期叫做"弘治中兴"。

后世的人们对朱祐樘的功绩非常得肯定，称他为"中兴之世令主"，和太祖、成祖、仁宗、宣宗齐名。这些事实都强有力地证明了一件事，明孝宗朱祐樘确实是不可多得的一代贤君。

误入歧途

任何人都有可能有不在状态的时候，因为人毕竟不是神仙，难免会误入歧途。虽然朱祐樘当上皇帝之后的政绩非常突出，但是他在晚年却犯了一些错误，不过对于他在位期间的作为来说，这并不算是太大的差错。

公元1495年之后，朱祐樘的思想堕落起来，不再勤于政务了，开始贪图享受。他渐渐的和那些一心为国的大臣们疏远起来，甚至到了后来连朝也不再上了。特别是在弘治后期，朱祐樘突然又喜欢上了佛教和道教，和他以前排斥这方面的情况完全相反。

因为朱祐樘小时候没过什么好日子，因此身体向来都不好，他想用佛教和道教的方法，让自己恢复健康，这可能是他沉迷佛道的原因。

于是，有些狡诈的小人便趁着这个难得的机会到宫里面兴风作浪，对江山社稷再一次带来危害。其中危害最大的就是一个叫李广的太监。

有一回，北方鞑靼部落的首领小王子领兵骚扰明朝的边境。以前的兵部尚书王越，早在很久以前就被朱祐樘撤了职，而且现在的年纪已经有七十多岁，根本不能带兵打仗。但是他却让人找到李广，用重金求他在皇帝面前给自己说好话。后来朱祐樘居然听了李广的话，重新启用了王越，并让他管理三边的军务。

但是不知道怎么回事，王越带着部队去打仗，竟然打赢了。他一路打到了小王子的大帐，取得了胜利，被朱祐樘封成少保。同时，李广由于举荐有功，也得到了很多赏赐。从此李广更被朱祐樘器重了，他给朱祐樘提的意见一般都会被采纳。

后来，李广又慢慢将朱祐樘引上了迷信神仙和佛教的道路。还给朱祐樘讲一些虚无缥缈的炼丹制药之事，并且找来一些和尚道士之类的人，专门给朱祐樘研究各种符箓祷祀等事。

因为听从了李广建议，朱祐樘在万寿山上盖了一座毓秀亭，以供玩乐。然而让人意想不到的是，这个亭子刚刚盖成，小公主就忽然去世了，然后太皇太后所在的清宁宫失火。

司天监官员马上告诉朱祐樘，由于盖毓秀亭，触犯岁忌，因此上天惩罚，就出现了各种灾祸。太皇太后也特别生气，对朱祐樘说："你平时就

知道李广，整天听李广的鬼话，这下出事了吧。只要李广活着，以后的祸事一定还少不了！"

由于平日里干了不少见不得人的事情，李广听太皇太后这么说，吓得魂飞魄散，感觉自己可能已经没有活路，就没等别人盘问，突然服毒自尽。

朱祐樘一直觉得李广是个了不起的人物，谁知他突然莫名其妙地死了，感到非常可惜。于是又想，这个李广的道行高深，说不定并不是死了，而是修炼到一定的程度成仙去了呢。

朱祐樘越想越觉得有这种可能，并觉得李广家里也许藏着什么宝贝，因此就命人到他家里去找。很快，找宝贝的人就在李广家里发现了书簿。朱祐樘非常高兴，马上拿过来查看。但是看来看去，也没找到和佛道有关的记载，只看到不少记账的明细。

朱祐樘看了看账目，觉得非常惊奇，上面写着哪一天哪个官员送给他多少白米、多少黄米，加起来的数量竟然有千万石。朱祐樘感到特别惊奇，就向身边的人询问："李广家有多少人，怎么能吃得了如此多米？朕听李广说他家里地方不大，这么多米他装在什么地方？"

这时，有人告诉朱祐樘，这里的黄米和白米并不是吃的，黄米就是黄金、白米就是白银的意思，这个账本上面的记录实际上就是李广的受贿数目。朱祐樘听了这个解释，感到十分生气，说："在这些大臣里面，居然会有这样不知廉耻人存在吗，真是令人发指！"于是他马上让刑部的人根据这个账本上面记录的名字，将那些给李广行贿的人抓起来调查清楚。

通过这次的李广事件，朱祐樘终于发现了自己的错误，于是重新把心思放到国家大事上面来，继续他的富国兴邦之路。他依旧任用正直为国的人才，听从大臣们那些好的治国之策。

朱祐樘经常和谢迁、李东阳、刘健这几个人讨论朝政的情况。这三个人都特别正直，将朝廷当时的利弊情况分析给朱祐樘听。有时候他们想要陈述重大意见，朱祐樘就会把身边的人支开，与他们单独进行私密谈话。

尽管他们说了什么底下的人们并不知道，但是却可以听到朱祐樘对他们的那些建议不时发出赞叹的声音。那时候的一首歌谣可以看出他们举足轻重的地位，歌谣说："李公谋，刘公断，谢公尤侃侃。"

　　公元 1505 年，一个叫李梦阳的人突然上折子述说了一些当时的弊政。这道折子非常长，唠唠叨叨写了好几万字。折子上对张皇后的兄弟张鹤龄进行了非常严厉的指斥，说他领着一大帮地痞流氓，对老百姓造成了巨大的危害。

　　张皇后的母亲金夫人知道儿子被参了，整天到朱祐樘那里诉苦，又哭又闹，非把这个李梦阳问罪不可。朱祐樘没有办法，只能按照丈母娘的意思办。

　　此时不少官员都上折子请求免除李梦阳的罪。金夫人得知大臣们的举动后，又跑到朱祐樘那里折腾，希望朱祐樘给李梦阳重重惩罚。

　　朱祐樘感到非常恼火，他拍案而起，对金夫人的这种无理取闹的行为表示不满。然后刑部的人到他面前请示，接下来应该怎样处置李梦阳，并希望他能网开一面，免除李梦阳的重罪，只是杖责就行了。朱祐樘马上做出决定，他下旨让李梦阳官复原职，没有进行重罚，只是免去了三个月俸禄而已。

　　李梦阳的这次被抓后又官复原职的事件之后，朝廷打击皇戚勋爵的运动也出现了一个新的高潮。东厂与锦衣卫的各种侦缉经常到处打探，一旦发现不对的地方，就立即治罪，十分严厉。

　　以前做事嚣张跋扈，不知道收敛的权贵们，见朱祐樘的行为如此果断，都不由害怕起来，逐渐开始约束自己的行为。在大势所趋之下，京城里那些和权贵们有关系的商店悄悄关了门，而那些遣散了的家奴和仆人们，只好各自以另外的手段谋生。于是，整个京城变得更加平静和安定了。

不称职的父亲

虽然朱祐樘在治理国家这方面的表现非常突出，也能够严格要求自己，但是有一点他却非常的不行，就是对自己孩子的管教。可以这么说，他根本就不会教育孩子，从他对儿子的教导就可以看出，他在这方面简直就是一窍不通。

也许因为幼年时从来没被父亲宠爱过，朱祐樘不知道怎样当一个合格的父亲。不过就算他小时候得到过父亲的关爱，他那个昏庸的父亲也应该不能给他带来什么好影响。现在他自己有了儿子，他不知道该如何教育。

他是一个很好的君主，甚至和太祖、成祖他们齐名，是著名的一代贤君。可是因为他在教子方面的这个缺陷，他好不容易创造的良好基业，都白白葬送了。他的儿子一登基，就把他辛苦了一辈子创造的繁荣全都毁了，到最后还是什么都没有留下。

先是有一个不务正业的昏庸父亲，接着又有一个只知道吃喝玩乐的儿子，明孝宗朱祐樘俨然就是一块夹心饼干。尽管他在位的时候国家比较繁荣，政治也十分清明，然而在整个明朝当中却并不十分显眼，差不多快要被人们给忘记了。

在公元1505年，朱祐樘终于到了和这个世界说再见的时候了。他那个时候才只有36岁，年纪轻轻就过完了他的一生，撒手归西。在即将去世前，朱祐樘看着那些跪在面前泣不成声的人们，将自己几乎完美实现了抱负的一生回想了一遍，感觉唯一让自己担心的就是儿子。

朱祐樘对大臣们嘱咐道："太子其实挺不错的，不过因为年纪小，只知道玩，所以拜托各位贤臣多劝导他，让他把心思放在读书上，以后当个好皇帝。"大臣们当然不敢拒绝，发誓说一定要尽心辅佐，不让朱祐樘失望。

朱祐樘很欣慰，因为他知道自己手下的这些都是贤明的大臣，他笑着合上双眼，与世长辞。

在朱祐樘这短暂的一生当中，几乎没有过过什么好日子，从小时候起就一直在艰苦当中度过。他受到了很多恶毒之人的迫害，然而却是那样的宽厚。他没有在手握大权之后大肆报复，而是选择了宽容，这正是常人没有的王者气度。

他没有太多享受过当皇帝的那种至高无上的荣耀，只是默默尽到皇帝的责任。他的一生虽然短暂，却有了不起的政绩，称得上是一代贤君。

第九章

被宫女拿下的皇帝——明世宗朱厚熜

帝王档案

☆姓名：朱厚熜

☆民族：汉族

☆出生日期：公元1507年

☆逝世日期：公元1566年

☆配偶：4位皇后：陈皇后、张皇后、方皇后、杜皇后；3个皇贵妃：阎贵妃、王贵妃、沈贵妃；3位贵妃：马贵妃、文贵妃、周贵妃；还有41位妃子，31位嫔妾

☆子女：8个儿子，5个女儿

☆在位时间：45年

☆继位人：朱载垕（明穆宗）

☆庙号：世宗

☆谥号：钦天履道英毅神圣宣文广武洪仁大孝肃皇帝

☆陵墓：十三陵之永陵

☆生平简历：

公元1507年，朱厚熜出生，是为明朝的第十一位皇帝，明宪宗的庶孙，明孝宗的侄子，明武宗的堂弟，兴献王朱祐杬的嫡子。

公元1542年12月21日深夜，宫女们决定趁嘉靖帝熟睡的时候，用绳子将他勒死。谁知在慌乱中，宫女将麻绳打成死结，最后嘉靖帝吓昏过去，并没有毙命。后世史学家称之为"壬寅宫变"。

公元1550年，鞑靼部俺答汗率军长驱直入北京郊区，烧杀抢掠数日，史称"庚戌之变"。

公元1566年12月14日，朱厚熜在乾清宫猝死，终年60岁。

人物简评

朱厚熜的人生很具传奇色彩，从吃着"红苕"进京即位，进而引发的谁当他"父亲"的斗争，这件事一时轰动朝野。当然，这些事都以他的胜利而告终。只是，谁为其父的斗争虽然取得了胜利，但却夺去了他为政的志向。因此，他走向了修道炼丹、求长生不老的道路。甚至，在这条道路上，让他改变了原有的天真、善良的心性，为了长生不老，他成了令人痛恨的淫魔，不理朝政的昏君，这一切的一切，究竟是谁之过呢？不妨从他的生平故事中寻求答案。也许，人们能从中得到想要的答案。

生平故事

少年藩王　登基为帝

公元1521年3月14日，明武宗朱厚照驾崩。

朱厚照算得上是明朝最能折腾、最不循规蹈矩的一位帝王。这位荒唐的天子的后宫有三千佳丽，却没有留下一个子嗣。再加上孝宗的子嗣也比较单薄，只有武宗一脉。武宗去世之后，皇位的继承人只能从藩王中进行选择。皇太后张氏与内阁首辅杨廷进行商议，他们担心提督团营的江彬会趁机犯上作乱，于是决定封锁消息，秘不发丧。

其实，秘不发丧在古代帝王家是一件极其平常的事情，主要是为了暂时维持大局的稳定。明武宗去世之后，辅臣与张太后命人秘密召见江彬，将其逮捕之后处决，铲除这一隐患后，就派人前往湖北湖北安陆迎接天子朱厚熜，而决定让朱厚熜继承帝位的人是张太后与杨廷。

明宪宗总共有十四个儿子，前面两个都在很小的时候夭折了，第三个儿子是孝宗朱祐樘，第四个儿子是兴王朱祐杬，就是朱厚熜的父亲。兴王死后，朱厚熜以世子的身份参与处理国事。公元1521年，朱厚熜被袭封为兴王，那时的他只有15岁。不管从任何一方说，朱厚熜都是最适合继承皇位的人。依照张太后的意思，15岁的朱厚熜也是比较容易控制的。经过一番思索之后，还是决定将皇位传给朱厚熜，而且写入武宗遗诏：

朕绍承祖宗丕业，十有七年。有孤先帝付托，唯在继统得人，宗社生民有赖。皇考孝宗皇帝亲弟兴献王长子厚熜，聪明仁孝，德器夙成，伦序当立。遵奉祖训"兄终弟及"之文，告于宗庙，请于慈寿皇太后，与内外文武群臣合谋同辞。即日遣官迎取来京，嗣皇帝位。

遗诏一经发出，就等于确立了朱厚熜皇位继承人的身份，从此之后，明朝便进入了嘉靖时期。

在武宗去世的第二天，迎接朱厚熜进宫的队伍已经在路上，赶往湖北安陆。

迎接新天子的队伍是经过精挑细选的，主要成员有驸马都尉崔元、大学士梁储、礼部尚书毛澄、寿宁侯张鹤龄、司礼太监韦彬、谷大用等，其中，有身份显赫的贵族，有执政人员，还是有权有势的宦官。更为特别的是，大行皇帝的母亲、当朝太后张氏竟然让自己的亲弟弟去接新天子，这样做的原因主要是为了彰显张太后册立新天子的决心，也为了让张鹤龄荣获拥立之誉。万万没有想到，这位天子并非人人可以摆布的对象，最后竟然在盛怒之下将张鹤龄杀死了。

迎驾的队伍一路风尘仆仆，用了十一天的时间，赶到了安陆州。那个时候，朱厚熜刚刚继承了父亲的藩王之位，听说朝廷派了一大批人马来，不知所为何事，忙慌慌地出城迎接。将京城一行人迎到自己的王府后，才得知，原来是张太后派人接他去京城，继承皇帝位的。一时间，王府中沸腾起来。

不过，朱厚熜毕竟是一个藩王皇帝，从根本上来说，并不是名正言顺的皇位继承人。再加上，那个时候的朱厚熜只有15岁，虽然有两年的监国经验，但是朝廷毕竟是个险恶之地，以后如何自处，这可得需要多费些心思了。

听闻自己即将升任皇帝的朱厚熜，却表现出了与年龄不符的镇定。他没有像府中其他人那样高兴得不能自已，而是和往常一样，每日除了侍奉母亲外，就是和安陆州的大臣们商议跟随返朝的人员名单，所有的事情在朱厚熜的主持下都显得那么井然有序。

长史袁宗皋是选出的第一个跟随入朝的人。袁宗皋可以说是安陆州的老臣了，自从公元1490年，他考入进士后，便一直效忠在朱厚熜的父亲朱祐杬帐下，深受朱祐杬的器重。袁宗皋性情忠厚，为人老实，做事情也是本本分分、兢兢业业、尽职尽责。

对于安陆州内一些违法犯事之徒，袁宗皋都会依法办理，绝不徇私。在他的治理下，安陆州府的各项事宜都被管理的井井有条，很受人的称赞。所以，朱厚熜将他选入朝，这也是一个很明智的抉择，让他的才能有了更大的用武之地。

除了袁宗皋外，一起入朝的还有张佐、麦福、鲍忠等贴身太监，由他们掌管大内各衙门。朱厚熜深知宦官专权的危害，所以对宦官要求也是极为严格的。张佐等人在任职期间，也是规规矩矩、安守本分，所以才得到朱厚熜的提拔，跟随一起入宫。

商议好随行的人员后，朱厚熜又带领这些人前去朱祐杬的坟前祭拜，并决定第二日跟随京师官员入朝。

到了第二天早上，朱厚熜和其母亲告别。不管怎么说，朱厚熜毕竟只是一个15岁的少年，想到离别，不由得悲从中来、泪流满面。他的母亲蒋妃帮朱厚熜擦掉了眼泪，对他说道："孩子，现在你的肩上责任重大，入朝之后一定要谨言慎行、思虑周全啊！"朱厚熜听后，连连点头，说道："母亲放心，我一定谨遵您的教诲。"

和母亲告别之后，朱厚熜便带着一行人向京师出发了。

在迎驾的这段时日里，京师虽然没有天子坐阵，但是在张太后和朝中内阁大臣的把持下，朝廷政局还算是稳定，并没有出现大的差错。随后，礼部侍郎杨应魁也已经拟定好了新帝登基的礼仪程序：

新帝来京之后，要从东安门进入，居住在文华殿。到了第二天，新帝要接受百官的劝谏，拟定继位诏书，选择良臣吉日，继承皇位。

这个程序是依据皇太子登基的礼仪所置办的。因为朱厚熜毕竟只是藩王之子，这样安排是最合理不过了。只是，他们却完全低估了朱厚熜，并没有想过他的感受。在张太后和内阁大臣看来，朱厚熜只不过是一个15岁的毛头小子，哪懂得什么国家大事，他只要老老实实的跟着程序走，登基之后，凡事都听张太后和内阁大臣的意见，这些也就足够了。

4月20日，迎接朱厚熜的队伍已经走到了京师西南部的良乡，礼部大臣都会在那里迎接大家，并且把拟定好的礼仪程序递给朱厚熜审阅。朱厚熜把这礼仪规矩仔仔细细地通读了一遍，然后对跟随在一旁的袁宗皋说："他们是以让我继承皇帝位的名义把我召进京城的，可是现在却以太子的礼仪来欢迎我，这样怎么合适呢？"

袁宗皋回答到："皇上真是聪明，说得一点也没错。"随后，袁宗皋将负责礼仪程序的官员找来，让他重新修订礼仪规章。

4月21日，朱厚熜一行人已经来到了京郊，在行殿休息。大学士杨廷带着朝中众臣出城迎接。见了袁宗皋之后，杨廷他们才知道，这位新皇帝对制定的礼仪非常不满意，不愿意继续行进。

杨廷急得如热锅上的蚂蚁，他对袁宗皋解释道："现在他还没有登基为帝，只是以藩王的身份进京而已，所以从东安门进入皇城，是理所当然的事情啊！等进宫之后，才择日登基，那时他才是皇帝啊。"袁宗皋反驳道："谁说他是藩王呢，在安陆州的时候，就已经下了诏书，让他继承皇帝的位置。如果我们主上已经到达京城，何来的藩王之礼啊？"

对于袁宗皋这个人，杨廷早就有所耳闻。杨廷比袁宗皋小7岁，不过杨廷中进士要比袁宗皋早了12年。杨廷是翰林出身，长相俊美，又任职内阁大臣之首，对于朝中政务非常熟悉，在朝中也很有威望。而袁宗皋中了进士之后，便一直在藩王朱祐杬帐下侍奉，几乎就没有出过安陆州，杨廷哪会把他放在眼里呢？

杨廷一直坚持让朱厚熜根据制定的礼仪行事，丝毫没有妥协的意思。这一下可是惹恼了袁宗皋，他上前一步，指着杨廷等人说道："你们少啰嗦，赶快打开大明正门，迎接新帝入朝。"

杨廷听袁宗皋这么说，一行人都怔住了，再看看旁边的朱厚熜，也是一脸坚持的意思。一时间，不知如何是好。朱厚熜对杨廷等人说："真是多谢各位大臣的苦心了。都说国家的礼仪法制不能废，既然出了差错，只能更改过来。这样吧，你们可以再返回礼部，重新商议，我们在这里等着就是了。"

杨廷在朝这么多年，哪里见过这样的阵仗，朝中大臣和藩王幕僚竟然争执得不可开交。杨廷左思右想决定先把局面稳定下来再说。他一边派人快马加鞭地向张太后禀报，一边不动声色地和朱厚熜、袁宗皋等人聊着家长里短，聊武宗驾崩之后朝中的局势发展和处理对策，杨廷的这一转变，让朱厚熜和袁宗皋等人感到非常的奇怪。

礼部人员快马加鞭把这个消息禀报给宫里的张太后，张太后和左右商议了一下，决定让朱厚熜在行殿接受百官的劝谏，然后再从大明正门进入，登基为帝，继承大明皇位。收到懿旨后，杨廷便着手准备劝谏仪式。

杨廷带着朝中百官按照惯例三次劝说朱厚熜执掌朝中大权，而朱厚熜也依例婉拒三次，直到最后一次，他才算是答应，然后百官要三呼万岁，迎立新君。随后，朱厚熜在百官的簇拥下，从大明正门进入皇宫，拜见张太后，然后又前往宗庙，祭拜社稷，随后他便返回皇宫，和各位大臣商议次日登基的事宜。

回到宫里，朱厚熜匆匆吃完晚饭，心情就开始烦闷起来。他看着这陌生的皇宫，心里突然有些不知所措。他召来袁宗皋商议政事，而让随驾的太监守在门外，不许任何人进入。天色已经发白了，二人还没有聊完，寝殿内灯火通明，朱厚熜手里拿着明日早上宣读的继位诏书，眉头紧皱，不知道要说些什么。而袁宗皋也在一旁侍奉，将长长的诏书反复读了好几遍，也没有说一句话。

继位诏书是杨廷草拟的。杨廷在朝中为官多年，对于朝中的形势也是心知肚明。在武宗时期，奸人当道，扰乱朝纲，他时刻在武宗面前劝解，希望武宗可以远离那些小人，可惜武宗并没有将其放在心上。

如今，武宗去世，新君迎立，这可是一个大好时机。于是杨廷在继位诏书上，写下了好几起徇私舞弊的案例，比如太监典军、皇店之设等几大项。为了防止秘密泄露，而被人调包，所以他把诏书一式两份，一份呈递给新君审阅，而另一份藏在了自己家里，以备不时之需。

天渐渐亮了，杨廷等人都耐心地等候着。到了五更十分，新君派太监前来，命其删去诏书中关于太监的几条例子。这下杨廷可不干了，他据理力争，说修改新诏书乃是不祥之兆，不能修改，而且还表示，新君登基之后，自己也会辞官，归隐山林，不再过问朝中政事。

杨廷身边的蒋冕、毛纪等人也都反对修改诏书，并且列举了很多宦官专权的危害性，言词激烈，态度强硬。杨廷随后还问传话的文书："新帝刚刚来朝，到底是谁在他耳边煽风点火，想要修改诏书的？"文书见朝中大臣态度坚定，又只好把诏书拿回去，给朱厚熜批阅。天已经亮了，朝中各位大臣也陆陆续续地赶到大殿中，参加新君的登基大典。可是，新诏书的批示到现在还没有批下来，这让杨廷等人很是着急。

杨廷等人匆匆来到华盖殿探知消息，可是在殿里找了好几圈，都没有找到朱厚熜的影子。最后无奈，只能又去了奉天殿，让他把文书赶快找来。过了没多久，文书便气喘吁吁地赶来，对杨廷等人说："吉时马上就到了，三位还是赶紧去主持登基大典吧。今天诏书没有批下来，明天再念也是来得及的。"

杨廷是个性情耿直的人，他气愤地说："自古以来，哪个皇帝登基不会颁布诏书，修改年号的，就算是出身草莽也懂得这个道理。如今新皇登基，却没有诏书，没有诏书也就意味着没有年号，没有年号就代表着我大明朝的根基不稳，进而使得人心惶惶。如果中途再出现什么变故，这个责任谁又能担当得起呢？"文书见状，又急急忙忙把这件事情告诉给朱厚熜。

此事，朱厚熜还在看着诏书苦恼不已。诏书中所写的弊端，他早就有所耳闻。对于宦官专权一事，朱厚熜也是非常痛恨的。不过，他也想到，宦官专权已经成了明朝的诟病，宦官和大臣相互勾结，势力也是盘根错节。如果处理不好，恐怕会动摇大明江山啊！不过，杨廷诏书中所列举的条款又是个个属实，如果不尽快处理，对自己以后的统治也是非常不利的。

最后，朱厚熜决定，还是依照杨廷的意思，将这些奸党除去。随后，朱厚熜又将目光落在了杨廷为他所选的年号上：绍治，继承弘治？这也就意味着自己从此就是皇家人了，他可不愿意，于是朱笔一挥，将自己的年号改为"嘉靖"，有向往美好的意思。

就这样，在朱厚熜的登基大典上，宣读了继位诏书，并且革除了武宗在朝十六年的政治弊端，朝中文武百官竞相欢呼，由此，明朝进入了世宗时代。

纷纷扰扰　过继风波

众所周知，张太后之所以将朱厚熜选为武宗的继承人，主要是因为他年龄小，比较容易控制。哪知，朱厚熜登基之后才发现，他根本就是一个难缠的主儿，一点都不好控制，这也让张太后的如意算盘落了空。

朱厚熜登基一个月后，杨廷等人又上书朱厚熜，让他称孝宗为父皇，至于朱厚熜的亲生父亲朱祐杬，则改称皇叔，母亲则改称皇叔母。随后，杨廷也考虑到，朱祐杬只有朱厚熜这一个儿子，如果让朱厚熜认孝宗为父的话，那么朱祐杬可就后继无人了。于是，杨廷等人又提出将益王的二儿子过继给朱祐杬，让其继承朱祐杬的王位。这也可以使朱祐杬的香火继续延续。

可是，朱厚熜对于此番安排很是不满。就这样，你争我抢地来回说了半年，都没有得出一个确切的结果。而在这个时候，新科进士张璁站出来为朱厚熜说话了。他说："如果兴献王现在还活着的话，那么现在登上王位的肯定就是他了，按照你们现在的逻辑，兴献王是不是也要改成孝宗为父皇了。由兄长转变为父皇，这是什逻辑，这不是让天下人耻笑么？再者，严格来说，朱厚熜所继承的王位是从他的祖父宪宗那里得来的，更不用有改认一说了。"张璁的这一说法让朱厚熜很是高兴。

不过，在朝中大臣看来，张璁的这一说法无疑是大逆不道、阿谀奉承之言，是对皇家的大不尊重，于是都纷纷上书，要求朱厚熜严惩张璁。

朱厚熜可是一个聪明睿智的人，好不容易有人替自己说话了，怎么可能会处决他呢？相反，他还把张璁留在朝中，目的就是培养自己的势力，抵制那些顽固不化的老臣们。

后来，朱厚熜母亲来京一事，将这一矛盾又进一步激化了。那个时候，礼部官员认为应该以王妃之礼欢迎蒋妃进宫，而朱厚熜却不愿意，他坚持用皇太后的礼仪迎接蒋妃入宫。这样，两派人员又僵持起来，没人肯退让半步。

其实，从旁观者的角度来说，自从朱厚熜登基后，就和杨廷等朝中老臣处于一种博弈状态中，试探着彼此的底线。刚开始，朱厚熜毕竟刚刚登基，在朝中的根基并不稳定，在这场博弈中，有时也难免处于劣势，他甚至会抛开自己皇帝的身份，对这些大臣苦苦哀求："还请你们接受我的命令，我不需要你们有多认真，只需要你们接受命令，然后勉强实施下来就可以了。"后来，唯一支持自己的张璁也被朝中其他大臣借故调到了外地，只剩下朱厚熜依然势单力薄地和这些老顽固抵抗。

最后，朱厚熜的脾气已经被这些老顽固完全磨灭了，只要不让他管自己的父亲叫皇叔，那么他什么都肯答应，什么都好说了。

公元1522年，朱厚熜登基一年后，在朝中的势力也渐渐稳定下来，那时候的他才开始敢反驳那些老臣的意见。他传令："以后要称自己的父亲兴献王为兴献皇帝，称其母亲蒋妃为兴国皇太后。"他的这一传谕遭到了杨廷、毛澄等人的强烈反对。

于是，朱厚熜便让一个太监偷偷去拜见毛澄，并且还长跪在毛澄的庭院内。毛澄见此，心里摸不着北，急忙问这太监到底为何这样。这太监说："大人请不要见怪，这是皇上的意思。皇上也没有别的意思，只是谁都有父母，还请大人给皇上一个尽孝的机会，所以麻烦大人一定要改变你的主张，不要再对皇上步步紧逼了。"

毛澄听了这些话后，也就没有再说什么。不过从那之后，毛澄再也没有参加过朝中礼仪之事，并且辞去了礼部尚书一职。或许在毛澄看来，朱厚熜的这一做法出于孝道，确实也无可厚非，可是自己又是明朝的旧臣，不能不顾老祖宗的礼法，所以也只好辞去职务，再也不理礼仪之事了。

朱厚熜登基之后的第三年，又把张璁从外地召回，辅佐自己处理朝事。张璁和桂萼等人献计，让皇上改称孝宗为皇伯考，而称朱厚熜的父亲朱祐杬为皇考。张璁等人的提议，不仅拒绝了让朱厚熜称孝宗为父的要求，更是直接将朱厚熜的父亲朱祐杬抬到了皇帝的位置。这一建议一出，立刻在朝中引起了轩然大波。

经过两个月的激烈争论，朝中顽固派和朱厚熜终于达成了一致，那就是称朱厚熜的父亲朱祐杬为"本生皇考恭穆献皇帝"。

对于朱厚熜来说，自己登基这么长时间以来，好不容易战胜了顽固派一回，心中别提多高兴了。而对于张璁和桂萼两个人来说，可就不是什么好事儿了。因为这一次的事情，他们二人可算是把朝中老臣都得罪了，如果不尽早铲除他们，恐怕他们以后在朝中的日子就不好过了。

二人想到此，便又向皇帝提交了一个奏折，说："皇上称呼自己的父亲为'本生皇考'，实际上还是把您当成了孝宗皇帝的儿子，这和称呼自己的父亲为皇叔差不多，看来那些朝中大臣表面上是遵照您的意思，可是实际上并没有发生什么改变，还是误了您的孝心啊！"

这时，当初反对最为激烈的几个人毛澄、杨廷等，已经死的死、辞官的辞官，眼下这帮顽固派已经不是朱厚熜的对手了。朱厚熜看完奏折随后就下旨，去掉了"本生皇考"中"本生"两个字。紧接着，以杨廷儿子杨慎为首的大臣们一个个哭倒在左顺门前，请求皇帝收回命令。

朱厚熜几次派人前去劝说，可是都无济于事。最后皇帝心想，既然敬酒不吃吃罚酒，那么也就别怪他了。于是，朱厚熜便抓了几个哭诉的大臣，就地正法，想要以此来吓退他们。谁知，杨慎等人看了，哭得更加凄惨，一个个哭声震天，响彻整个皇宫。

这下朱厚熜可真是恼怒了。他将这些哭哭啼啼的顽固派一个个都给了处分，有的发配边疆，有的则是进了牢房。就这样，"认父"风波才算是平息下来。最后，朱厚熜尊孝宗为"皇伯考"，尊张太后为"皇伯母"，尊父亲朱祐杬为"皇考"，而母亲蒋妃则是"圣母"。

前生道士　今生皇帝

关于朱厚熜的出生，还有一段传说。

有一天，朱厚熜的父亲朱祐杬和元祐道人下棋切磋棋艺。二人下到正高兴的时候，朱祐杬却发现元祐道人不见了。朱祐杬心里惊诧极了，他不知道元祐道人去往何处，于是便命人四处寻找。

就在这个时候，在朱祐杬面前又来了一位道人，并且还自称是元祐道人的徒弟。他对朱祐杬说："我师傅已经仙去了。"朱祐杬听后，更是不解。刚刚还在下棋的一个人，怎么说不见就不见了呢？这也太诡异了吧！朱祐杬还没缓过神来着，这边就听侍女来报，说是王府的小世子出生了。

听闻世子出生的消息后，惊魂不定的朱祐杬又匆匆赶到了王府。刚刚坐定，就听王妃抱着世子说："世子出生之前，我竟然做了一个奇怪的梦。梦到元祐道人来我们府上做客，最后一下子还投入我的腹中，我看这应该

是吉祥之兆啊！"

朱祐杬听后，心里更是惊疑了。他看着王妃怀里的孩子，经不住说道："世子应该和元祐道人有着什么缘分吧。"据说，朱祐杬中年时期，膝下还没有一男半女，多亏元祐道人从中指点，给了一点药，才让他的夫人怀了孩子。而今，世子出生和元祐道人仙去又属于同一时刻，这也不由得让人猜测，世子就是元祐道人的转世。

有了这一层关系，朱祐杬对这个宝贝儿子更是疼到了骨子里，百般呵护，生怕他会有什么闪失。而朱厚熜倒也没有辜负他父亲的期望，从小就聪明伶俐，文学天赋很高，这让朱祐杬很是欣慰。

另外，因为元祐道人的关系，朱祐杬对于道教很是推崇。朱厚熜从小在道教熏陶下长大，深受道教思想的影响。所以，朱厚熜登基为帝后，就重新修缮了元祐宫。与此同时，还亲自写下"元祐"两个字，以此来纪念元祐道人。从朱厚熜的出生，再加上他父亲对他的影响，这样人们也就不难理解这个皇帝为什么热衷于道教，而不顾朝政了。

拼命宫女　谋杀未遂

公元1542年11月27日晚，朱厚熜拖着疲惫的身体去端妃的寝宫用膳。用膳之后，端妃和身旁侍女都退了下去，只留下朱厚熜一个人在宫里休息。

就在朱厚熜半梦半醒的时候，有几个宫女悄悄溜了进去。她们手中拿着绳子，蹑手蹑脚地溜到朱厚身后，把绳子绕到朱厚熜的脖子上，一边一个人，想要把朱厚熜勒死。这时，朱厚熜突然惊醒过来，宫女见状，使力拉紧绳，朱厚熜还没有来得及呼喊，就昏死过去了。这些宫女见朱厚熜不再挣扎，一个个都吓惊慌失措，还没有检查人到底死没死，便匆匆跑出去了。

朱厚熜命不该绝，宫女走后没多久，值班太监就发现了异常，于是急忙将这件事情报告给皇后。方皇后听到消息后，急慌慌地跑过来，解开了朱厚熜脖子上的绳子。后来，御医也匆匆赶来，开了化瘀的方子。直到第二天，朱厚熜才慢慢地醒来。

朱厚熜醒来后，听说了事情的经过，心里非常生气。他立刻下令，将端妃以及其宫中的宫女全部处死。

我们都知道，朱厚熜性情暴虐，虐待了很多宫女，这才让宫女起了杀心。那么，究竟是哪一件事情激化了皇帝和宫女之间的矛盾呢？

原来，朱厚熜因为长期服用丹药的缘故，使得脾性越来越暴虐不堪，时不时就以鞭打宫女为乐。宫女们都叫苦不堪。在宫女当中，有一位名叫杨金英的人，她和另一个年龄稍大一些的宫女邢翠莲一起领着三四十个宫女在朱厚熜身边侍奉。

每天早上天还没亮，杨金荣她们就要起来去后花园中为朱厚熜采集晨露。她们根据朱厚熜的要求，收集树叶、草叶上的露珠，一点一滴地积聚起来，很是不易。几天下来，累得是腰酸背痛。后来，宫女们实在是做不了了，于是便一个个谎称生病了，想要休息几天。而朱厚熜却认为她们是借机偷懒，不仅训斥了她们一顿，而且还责打了带头的杨金英、邢翠莲二人。杨金英那个时候，只是觉得非常委屈。自己兢兢业业在这皇宫服侍了十几年，没有功劳也有苦劳，可是却跟了这么一个暴戾的皇帝，得不到表彰不说，还得经常忍受皮肉之苦。

这边刚挨了一顿打，下边又倒了大霉了。据说，有大臣给朱厚熜进献了一只五色龟，说这只龟已经活了一千岁，得之不易。所以，这也让朱厚熜非常珍惜，把神龟养在水里，派遣杨金英等人悉心照顾。实际上，这哪是什么神龟啊，只是严嵩为了讨朱厚熜欢心而玩的一点小把戏罢了。乌龟背上的颜料也是严嵩找人涂上的，把乌龟放进水里之后，颜料就会慢慢地被冲洗下来，乌龟喝了有颜料的水，最后中毒而死了。

这下可把杨金荣等人吓坏了，她们知道，"神龟"一死，也就代表着自己大难临头了，那个暴君朱厚熜是不会放过她们的。

横竖都是死，如若不反抗一下，又怎么会有希望呢？于是，杨金荣等人商议之后，便决定铤而走险，刺杀皇帝。只有皇帝死了，那么他们的性命也就算保住了。到那个时候，神龟死的事情也就无人追究了。

其实在中国历史上，也出现过宫女谋杀暴君的案例。比如在晋朝时期，张贵人设计谋杀司马曜，过了几百年之后，明朝又出现了宫女杨金荣谋杀朱厚熜，这也是历史上第二起宫女谋杀皇帝案。

只可惜，杨金荣的这一次策划失败，并没有勒死那暴虐的皇帝。不过，自从这件事情后，也让朱厚熜对宫闱之间的事情有所忌惮。最后，他甚至搬到西苑的万寿宫去住，那里比较安静，他可以安心炼药。从那个时候起，朱厚熜就没有再踏入紫禁城的寝宫。

另外，自那件事情后，朱厚熜几乎和朝中大臣断了联系，他只通过几个亲信来控制朝中的一切。慢慢地，便在朝廷中又形成了一个小朝廷，由朱厚熜亲自带领。

清官海瑞　痛骂皇帝

虽然在明世宗时期，宦官当道，奸臣执政，但是却也不乏一些清官、明官。那个时候，朝中既有权势遮天的奸臣严嵩，也有战无不胜的将军戚继光，更有功成名就的王阳明。而在此其中，最为著名的要数清官海瑞了。

海瑞是一个刚正不阿、廉洁奉公的清官，他不畏惧贵族权势，为百姓谋得福道，深受百姓的爱戴。在海瑞的一生中，最为惊险的一幕要数他痛骂皇帝明世宗朱厚熜了。

据说，在朱厚熜时期，海瑞呈递给朱厚熜一封奏折，里面写了当时政治的弊端，并且还写了所谓"嘉靖嘉靖，百姓家里一干二净，没有一点钱财"。这也就直言辱骂了当朝皇帝的无能。

对于自己的这番作为，海瑞知道会引来什么后果。奏折呈上去之后，他给自己买了一口好棺材,和家里的妻儿告别后,便将家里的佣人全部遣散,并且还找好了帮自己料理后事的人,随后他便坐在家中,等待着圣旨的到来。

果然不出海瑞所料,朱厚熜看了奏折后,心里非常愤怒,他把奏折狠狠地扔在地上,并且对左右的侍卫说:"赶快把海瑞抓起来,别让他跑了。"朱厚熜身边的太监黄锦说道:"这个人的精神一向不正常。听人说,他呈递奏折后,便给自己买了一口棺材,遣散了妻儿,就是等着朝廷发落呢,所以他不会跑的。"

朱厚熜听了之后,不再说话了,只是又把海瑞的奏折拿起来反复阅读。后来,他还对自己的侍从说:"海瑞的才能可以和比干相提并论,只是很可惜,朕不是商纣王。"那几天,朱厚熜的身体正好不适,心情很不高兴,后来又将徐阶找来,商议让太子继位的事情。随后,朱厚熜又对徐阶说:"海瑞说得很对,朕的身体一天不如一天了,确实无法再治理朝政了。"

接着,朱厚熜又说:"朕的确不是一个好皇帝,正是因为朕不自谨,才落下了一身病,如果朕可以勤于政事,海瑞又怎么可能辱骂朕呢?"说完,便命人将海瑞抓了起来,但并没有将其处死。户部司务何以尚和海瑞关系不错,便上书为海瑞求情,最后遭朱厚熜杖责一百,关进了大牢。直到明穆宗继位后,才把海瑞和何以尚放出来。

帝王之妃 命不由己

明世宗性格孤傲、性情残忍,这是在历史上出了名的。他在世的时候,后宫嫔妃是凄惨不堪,深受折磨,而等到明世宗去世后,这些嫔妃的下场也并不好。史学家们都评说:世宗的后妃,几乎都没有一个善终的。

我们都知道,朱厚熜是张太后亲选的皇帝继承人,而朱厚熜的第一任皇后陈氏,也是张太后亲自为他挑选的。

陈氏出身于书香门第，容貌秀美。刚开始，朱厚熜对这位陈皇后还是百般宠爱的，可是到了后来，却什么都变了。这到底是为什么呢？原来，这陈皇后是张太后亲自指认的皇后，心里对张太后自然充满了感激之情。为了报答张太后的知遇之恩，陈皇后经常报告一些朱厚熜的事情，这也使得朱厚熜和陈皇后之间心生间隙。

张延龄是张太后的亲弟弟，在宫中，张太后为了皇权的事情，正和朱厚熜暗自较劲，而宫外，张太后的弟弟张延龄也是为非作歹、胡作非为。这下子，也就给朱厚熜抓住了把柄。朱厚熜派人将张延龄抓起来，关入大牢，等候发落。

张太后知道这件事情后，心里很是着急，于是便想要让盛宠正浓的陈皇后为他的弟弟说说情。听了张太后的事情后，陈皇后想也没想，便应了下来。

元旦晚宴那天，陈皇后便拐弯抹角地提起了张延龄的事情。这一提不要紧，反而把朱厚熜惹怒了。朱厚熜拂袖离去，从那之后，他和陈皇后的关系便一落千丈。不过，陈皇后也是个聪明睿智的人，她知道皇帝和张太后之间的矛盾，也知道朱厚熜对道教养生很是痴迷。于是她花了重金，买通了陪着皇帝炼丹的道士。在这名道士的周旋下，二人和好如初。恰巧这个时候，陈皇后怀孕了。

有一天，心情很好的朱厚熜来到陈皇后的宫里，二人百般恩爱，很是甜蜜。这时，皇后宫中的两名宫女前来奉茶，其中一位姓张的宫女出落得亭亭玉立，一下就吸引了朱厚熜的注意，尤其是那少女的双手，很是白嫩。

陈皇后见朱厚熜色眯眯地看着眼前的宫女，不禁醋意大发，便随手推了宫女一把。这宫女一个没站稳，把手中热滚滚的茶水全部都倒在了朱厚熜的身上。朱厚熜哪能受得了，他一脚踹在陈皇后的肚子上，没有防备的陈皇后，顿时昏了过去。结果显而易见，陈皇后流产了，那个时候肚子里俨然已经是一个成形的龙子。而她最后也因为出血不止，不幸逝世，终年

22岁。

陈皇后死了之后，朱厚熜心中的怨气还没有消，所以在埋葬陈皇后时，他吩咐只需依照普通后妃的礼仪即可，并且还给她取了一个恶谥——"悼灵"。十年之后，性情暴虐的朱厚熜还没有儿子，这个时候他才想到了陈皇后，想到了自己还没来得及出世的皇儿，心里才算是有些一些愧疚。事后，他又将陈皇后的谥号改为"孝洁"，并且重新以皇后的礼仪为她举办了葬礼。

一代张后　病死冷宫

张皇后鉴于前车之鉴，在和朱厚熜相处的过程中，其言谈举止十分小心谨慎，恐怕会生出一点差错惹恼皇上。朱厚熜对于追寻古礼十分热衷，几乎每天都要拜道求仙，而且每天的仪式都十分繁琐，张皇后只是顺着他的心意，每一次都强颜欢笑，而且率领着众妃子听道士讲解《女训》。就这样，日复一日，年复一年，无聊的生活每天都是继续。但是，此时的张皇后早已经身心疲惫，心里难过却不敢说一个"不"字。

有一次，张皇后率领着众位妃嫔出宫拜祭的时候，天不逢时，暴风骤雨从天而降，为此，她大病一场。因为身体不适，张皇后终于鼓起勇气请求皇上批准自己不再参加那些无聊的活动。朱厚熜十分爽快地答应了她的要求。这样的结果，让张皇后无比高兴。只是，朱厚熜的心中并不高兴，他打算给这个违背自己意愿的皇后一点厉害瞧瞧。

机会终于到来了。

一天，朱厚熜得到了几支有长生不老功效的灵芝，他半信半疑地将灵芝煮成汤药，赐给张皇后饮下。皇上命人熬的汤药，自然不能辜负他的一片好意，而且，张皇后没有任何理由拒绝。于是，她饮下了那碗灵芝汤，接着，就上吐下泻，差一点要了她的命。朱厚熜知道这个情况之后，不但没有关心半分，还用嘲讽的口气说张皇后福薄，真是糟蹋了他的千年灵芝。

张皇后平日里受尽委屈，这一次只好再迁就脾气不好的皇帝。可是，昔日对自己百般宠爱的皇上，到了关键时刻却对自己置之不理。脾气再好的人也承受不住啊！张皇后终于在朱厚熜面前爆发了她压抑已久的火气，她说："倘若陛下真的认为这几支千年灵芝是宝贝，那么陛下怎么自己不喝呢，分明是拿着臣妾来试药。"张皇后不说还好，越说越有气，终于将这几年的积怨一股脑全说了出来。朱厚熜怎么受得了这些，立刻恼羞成怒，下旨要废掉皇后，任凭谁劝说他都没有用。

公元1536年，被朱厚熜废黜后在冷宫内居住两年的张氏，终于离世。她做皇后五年的时间，死后朱厚熜竟然连一个封号都没有给她，由此可见，她的命运多么凄惨。

圆滑皇后　葬身火海

一转眼，朱厚熜即位已经十年了，但是，他依旧孤独一人，没有子嗣。为了有一个儿子，也为了满足自己的欲望，公元1531年，朱厚熜又精心挑选了九位嫔女，方氏就是其中一位。在九位嫔妃中，方氏凭借自己的美貌很快便脱颖而出，得到了皇上的宠爱。张氏被罢黜之后，方氏自然而然成为了母仪天下的皇后娘娘。与前两位皇后大不相同，这位方氏精于算计，加上有了前车之鉴，她为人处世更加小心翼翼，颇有一国之母的风范，就连朱厚熜这样一个喜欢挑剔的皇上对她也十分满意。按照方氏的个性，想要在后宫生活似乎并非难事，但是，方皇后却不幸卷入了宫廷女人的斗争，最终落得悲剧收场，这着实令人叹息啊！

刚刚挑选的九位嫔妃中，有一位名叫王宁嫔的嫔女，虽不漂亮，但是心计很高，为此，也一度受宠。可是，没多久对她百般宠爱的皇上就又被端妃曹氏迷得神魂颠倒。失宠之后的王宁嫔十分恼火，就辱骂端妃，可是，端妃也不是省油的灯，再加上恃宠而骄，就在皇上面前添油加醋地哭泣一番。朱厚熜得知这一情况后，盛怒不已，当场将王宁嫔脱光衣服毒打了一顿，之后，又惩罚她去采甘露。王宁嫔心中十分委曲，但是又不敢不服从皇上的旨意，只是心中的恨意与日俱增。相传，杨金英等宫女谋害皇上的事件，就是王宁嫔主使的。

东窗事发之后，王宁嫔自知难逃一死，但是心有不甘，一心想着死也要拉一个垫背的。于是，她把素日里合不来的嫔妃们都拉扯了进来，特别是端妃，就是死咬着不松口，对其进行诬陷。再加上，事情恰巧发生在端妃的房间内，端妃自然百口莫辩，再加上有人陷害，自然是雪上加霜。只要稍微有一点头脑的人经过分析，都能清楚地知道正在受宠的端妃绝对不可能谋杀皇上，为什么这样说呢？因为端妃绝对不会笨到在自己的房间里动手，那不是明摆着在自己的脸上抹黑吗？可遗憾的是，精于世故的方皇后明知内情，却没有为曹氏主持公道。因为方皇后对曹氏受宠这件事早已经心有怨恨，正好借此机会下手，何乐而不为呢？再说，皇上正处在人事不醒的状态，正是行使自己手中权力的好机会，于是，方皇后果断地得出结论，下令将杨金英等人全部抓获斩首，而王宁嫔、端妃也遭受凌迟。

朱厚熜有幸活命，全凭方皇后，对于这一点，朱厚熜的心里还是十分清楚的。因此，痊愈之后的朱厚熜更加宠爱方皇后了，紧接着是整个方氏家族得以加官进爵。但是，宫廷是一个是非之地，每一个人都为了自己的利益，难免会尽力讨好一些人，也难免会得罪一些人。方皇后时常劝解朱厚熜远离那些道士，善待可怜的宫女，还引起了一些人的不满。

于是，一些别有用心之人旧事重提，认为端妃是被冤枉的，这一切都是方皇后的杰作，无法为自己辩解的方皇后对可怜的端妃使用的是极刑，这确实有些过分了。皇宫内的闲言碎语把朱厚熜对方皇后的感激一点点地变成了仇恨。想到心爱的端妃惨死，表面上对方皇后心存感激的朱厚熜却心情不悦。

公元1547年11月的一个晚上，方皇后居住的宫殿突然间失火，因为是半夜，宫门紧锁着，宫里没有一个人逃出去，宫外没有一个人进去。最

残忍的是，不管太监们怎样哀求，朱厚熜就是不下令救火。更令人不可思议的是，他竟然带着人到高台上欣赏，嘴里还不停地说："烧了正好，少了旧宫殿再修一座新宫殿。"由此可见，这个皇帝的心有多么狠。就这样，方皇后与几百名宫人在大火中烧死了。至于这场大火是怎样烧起来的，一直是历史上的一大疑案。

人在活着的时候不知道珍惜，死后才后悔。在方皇后去世之后，朱厚熜又想起她的好来，还时不时地对别人说："皇后救了朕，但是朕没有救她，朕真的很后悔！"于是，他给方氏封谥号"孝烈皇后"，亲自参加葬礼，场面十分隆重，可是人已经去世了，再这样又有什么用呢？

由此可见，在朱厚熜身边的三个女人，一个被他踢死，一个死于冷宫，一个被大火烧死。一个皇帝竟然换了三个皇后，这不能不说是他的问题。

第十章

爱钱如命的皇帝——明神宗朱翊钧

帝王档案

☆姓名：朱翊钧

☆民族：汉族

☆出生日期：1563年8月17日

☆逝世日期：1620年7月21日

☆配偶：孝端显皇后王氏；孝靖皇后王氏；孝宁皇后郑氏；孝敬皇后李氏

☆子女：8个儿子，10个女儿

☆在位时间：48年

☆继位人：朱常洛

☆庙号：神宗

☆谥号：范天合道哲肃敦简光文章武安仁止孝显皇帝

☆陵墓：十三陵之定陵

☆生平简历：

公元1563年8月17日，朱翊钧出生，是明穆宗的第三个儿子。

公元1568年，朱翊钧被立为太子，当时他只有6岁。

公元1572年，朱翊钧正式即位，改元万历，是为明神宗。

公元1582年，一代名臣张居正病逝，朱翊钧从此开始亲政。

公元1620年7月21日，朱翊钧去世。

人物简评

他是一代君王，是古代皇帝的典范。在皇室家族中，排名第三。他能坐上皇帝宝座，缘于两个巧合，一个是他的母亲本是裕王府的宫女，却有幸得到他的父亲朱载垕的垂怜，故而生下了他。另一个巧合是大哥的早世，给他留下的机会。在他的成长环境中，有大叔般的张居正为其指引道路，有母亲的严厉伴随着他。可是，他还是没能成大器，亲政后找"大叔"张居正算帐。此外，他还贪权贪钱，没为百姓办过实事。同时，他既没能力处理好政事，也没能力管好他的后宫。他罢朝25年，只顾个人享受。他是谁？他就是人们常说的那位爱钱如命的皇帝——神宗帝朱翊钧。

生平故事

"皇帝"、"大叔"是非恩怨

在明穆宗驾崩以后，由他的第三个儿子朱翊钧即位，为明神宗。

同父母一样，明神宗朱翊钧都是家族中的第三个孩子。在最早的时候，朱翊钧和皇位其实是无缘的。因为后来朱翊钧的大哥和二哥由于身体不好的原因，夭折了。所以，这个皇位就落在了老三的头上，老三也算是有幸。朱翊钧的母亲是裕王府的宫女，因为得到了裕王朱载垕的垂怜，朱翊钧便诞生了。正是因为这样的两个巧合，才使得朱翊钧坐上了皇帝的宝座。

朱翊钧从小就聪慧过人，而且他博闻强记，凡是他读过一遍的经史都能够过目不忘。因为性格也比较乖巧，所以父亲朱载垕视他为掌中宝。他六岁的时候，看见父亲在宫里骑马驰骋便前去阻拦，用非常稚气的声音对父亲说："父王是天下之主，这宫里的道路也不宽敞，就这么单枪匹马的奔驰，万一有什么闪失那可怎么了得。"穆宗听了以后，心里非常的感动，随即就将他立为皇太子。

转眼间，四年过去了，这时的朱翊钧已经十岁了。这个小翊钧虽然坐上了皇位，但他的实力毕竟有限。成长也是需要时间的。对于这一点，父亲早就为他想到了。朱翊钧的父亲在朝廷早就帮他物色好了一批贤臣班子，有这么多人辅助他，他自然可以高枕无忧。在这些贤臣当中，影响力最大的就是内阁的首府张居正。

张居正是湖北江陵人。他全心全意地辅佐着刚即位的小皇帝朱翊钧，非常地忠心，对于这一点可以从一些小事上看到。

在有一次的奏疏当中，他把一个十岁的小皇帝比作是父亲，这确实是有些不可思议。但是，事实上，这并不是太夸张。对小皇帝的辅导和关怀，张居正如同在孝敬父亲那样无微不至。每天他都会为皇帝安排好详尽的视朝和讲读的日程表。从朝廷用人之道到宫中的一些小事，他都耐心地讲给小皇上听。

某天，小皇帝突发奇想，想要策划出一个元宵的灯火，张居正便说："元宵灯火可以策划，但是只需将灯火挂些在殿上尽点兴就好了。接下来的时间还会有很多的大事情要做。比如说皇上的大婚和潞王出阁等事情，每件事都需要花费很多的钱，要知道天下的民力是有限的，可以玩，但一定要节省。"小皇帝听完之后倒是非常听话，很愿意按照先生的意思去办。

不但张居正对小皇帝很孝敬，同时小皇帝对他也非常尊敬，从来都不直呼他的名字。对他都是一口一个"先生"的称呼。每次下诏令，但凡是提及张居正的，都会写而成"元辅"，朱翊钧听说张居正肚子疼，就立即亲手调制一碗辣面给他吃，这碗辣面有利于治腹痛。冬天上课的时候他就会嘱咐太监放一条厚毛毯在张居正的脚下，免得他的脚受凉。听说张居正的父母还建在，他就经常赐给他们很多好东西。为感激皇帝的知遇之恩，张居正事必躬亲。在张居正的治理下，大明王朝也变得富裕起来。

神宗天资聪颖、勤奋好学，每天苦修不辍，他非常清楚自己的责任是什么，在张居正的教导之下，神宗亲笔写下"谨天戒、任贤能、亲贤臣、远嬖佞、明赏罚、谨出入、慎起居、节饮食、收放心、存敬畏、纳忠言、节财用"作为他的座右铭放在御案上，用来鞭策自己要成为一代明君。

在神宗在位的前十年当中，张居正大展雄才，政治和经济的方面进行大刀阔斧的改革。军事方面加强武备整饬，平定了西南的骚乱。同时，他还重用抗倭名将戚继光，把蓟、昌、保三镇交给他负责，因此确保了边境的稳定。一时间，大明王朝出现了短暂的繁荣现象。据了解，当时粮仓的粮食因为吃不完都腐烂了。

张居正于公元1582年病逝，为了感激这位"先生"，明宗为他举办了非常隆重的葬礼。但是天有不测风云，第二年，神宗亲政以后，他做的第一件大事就是找已经死去的张居正算账。他不但夺了张居正的各种封号，同时连他的家人都不放过，他所作的就是抄家，逼死张居正的长子，包括朝廷中张居正重用的人，一律都罢了职。他这样突然的转变好像二人之间的仇恨比山还要高，比水还要深一样。往日那种相敬如宾的样子仿佛一下就消失不见了。

神宗为何要这样做呢？

张居正也许是自己忘了，在公元1582年之前的十年时间里，所有的政绩都是归属在他自己的名下的。他忘了，大明的财富在增长，小皇帝的年龄也是不断地增长，他早就不再是往日那个小皇帝了，而是一个20岁有为的皇上。所以，在皇帝年轻的心中，除了有对张居正的感激之外，多少也有无法施展身手的遗憾。想要独揽大权，就一定得摆脱掉张居正的影响。

朱翊钧的这种变化，很显然是他长期处在张居正约束下心理的一次释放，张居正以前对神宗过于约束，使他没有察觉到神宗因旁人挑拨，使得他的反感情绪迅速地升温。

从张居正的角度看，他死后政治的悲剧，在一定程度上跟他有着摆脱不了的关系。

第一，张居正很多权利都包揽在自己的身上，让皇帝失去了施展才华的机会，导致威权震主，最后招来皇帝的报复。

第二，在张居正执政的时期，他太过于专权，所以得罪了很多官员。尤其是在他主张新政治方面，损害了好多官员的利益。在他死之后，这些反对新政的官僚就起来攻击诬陷他。张居正死后没多久，就有他生前的政敌上奏折弹劾他和他的支持者。由此看来，张居正是一个非常自信的人，在作风方面，没有虚几待人，所以就显得过于专制苛刻。

第三，从另一方面来看，招报复是他咎由自取。但是站在神宗的角度看，找张居正算账是他开始亲政的举措，只有将张居正推倒，自己的权威才能逐步树起。

张居正连做梦都想不到，自己死后居然会遭到神宗这般无情的惩处！神宗说张居正"罔上负恩"，实际上，他自己又何尝不是忘恩负义？

辣味"母后"　爱恨交织

公元1572年5月22日，皇宫当中突然传出了穆宗病危的消息。三天以后，内阁大学士高拱、张居正、高仪被召入皇帝的寝宫。穆宗当时稳坐在御榻上，旁边坐着皇后和皇贵妃，右边站着只有十岁的太子朱翊钧。穆宗抓着高拱的手，临危托孤。随后司礼监的太监宣读的遗诏，诏书上说要高拱、张居正、高仪三人辅佐朱翊钧皇太子好好为君。第二日明穆宗就在乾清宫驾崩了。同年的六月初十，皇太子朱翊钧正式登基。

根据穆宗的遗诏，高拱是外廷的顾命大臣，他的排名是最靠前的，但是在宫里，小皇帝的生活主要是靠冯保。为此，冯保和高拱二人相处的并不是很融洽。后来，冯保用计将高拱赶走了，高拱走之后，高仪的心里非常愤怒，连着三日呕血，后来死了。就是说三位内阁顾命大臣就只剩下张

居正了。从那以后，小皇帝的生活就只受三个人的规范：一是他的母亲慈圣李太后，一个是司礼监掌印太监冯保，再有就是内阁大学士张居正。至于张居正和小皇上的恩怨，前面已经说过。现在最主要是说他的目前慈圣李太后。

神宗上面，有两位母亲要侍奉，一个是嫡母仁圣皇太后，也是父亲的皇后陈氏；一个是慈圣皇太后李氏，就是他的生母。

父亲的皇后仁圣皇太后因为体弱多病，无法生育。所以她非常疼爱朱翊钧皇子。在朱翊钧当太子的时候，会常常去皇后那玩，每次陈氏听到太子的脚步声，心里就十分高兴。就这样两人慢慢建立起非常深厚的感情。

之后，为了尊崇生母李氏，神宗改掉了过去皇帝对生母只称"徽号加太后"的惯例，给亲生目前加上了个"皇"字，称为"慈圣皇太后"。当然，神宗并没有忘记陈氏，同样对他非常尊敬以此履行孝道。这一孝行曾一度为世人所称道。虽然说母以字为贵，但是李氏是个很慈祥的人，她丝毫都没有仗势欺人的派头，对陈氏也是十分的恭敬，两个人的关系非常融洽。唯一的不同，就是小皇帝的监护人还是生母李氏。

在教育儿子的方面李氏算得上是十分严格，她一心都想让儿子成为一个有为的君主，所以对儿子的教育也十分的严厉。小皇帝每次不读书，李太后就会让他跪在地上。到上朝的时候，五更时分太后就会到皇帝就寝的宫室把他叫起来，催他上朝。

有一回，小皇帝在宫里喝酒，酒意正浓的时候，就让内侍唱歌。内侍说不会唱，小皇帝大怒，以抗旨的罪名进行论处，同时还拿起剑准备向那个人刺去。后来，在左右的劝解之下，小皇帝这才勉强地割了那两个内侍的头发，这样也算是将他们斩首了。

李太后在知道了这件事情之后非常生气，她罚小皇帝在地上跪了很久，同时细数着他的过错。小皇帝听了之后，吓得涕泪横流，请求母后给他一个改正的机会，这才有了一个了结。

还有一次，皇帝在太监的怂恿之下喝了一点酒，整个人在醉意之下受了盅惑将冯保的两个养子打伤，同时骑马直奔冯保的住所。冯保见状，吓得抱起巨石撑住大门。第二天，冯保把这件事报告给了太后。

太后听了以后，马上换上青布衣服，没有精心打扮，就命召阁和部大臣，说要谒告太庙，把小皇帝废了。朱翊钧听说了以后，吓坏了，赶紧去往母后那请罪。但是太后说什么都要改立神宗的弟弟潞王为帝。神宗无奈，跪在地上哭了半天，于是在这样的情况下，太后宽恕了这个小皇帝。

小皇帝的成长环境，的确有点意思。纵观历代皇帝，还真的很少见到有他这般怕母后的。

皇帝女婿　谨言慎行

一般来说，在皇宫中生活的公主是愁嫁的，但是朱翊钧的这个公主真的有点让他犯愁。这位公主排行老八，年过二九，早就到了谈婚论嫁的年龄。只是她的一只眼睛有一点毛病，高不成低不就，一直待字闺中。

也许是因为这个公主嫁不出去，所以神宗皇帝对她格外的宠爱。公元1590年，某天清早，神宗因为公主的婚事早早就醒来了，他的身边跟着两个随从，漫无目的地来到皇家园林里。就在这时候，前方不远的地方没有个五大三粗脸面乌黑的男子正在弄着工具往井口上安装。朱翊钧见状，马上就来了兴趣，主动上前帮忙。两个随从就跟在皇上身后，任他去。

没过多久，朱翊钧就和这个男子用了不到一个小时的时间把东西安装好了。接着，这名男子在木架辘轳缠着的绳子上面栓了一只大瓦罐，还把他们转着放进井里，等到瓦罐灌满了水之后，男子又拧着辘轳上的摇把，轻松地把水提了上来。神宗看到这种过程觉得非常的有意思，于是问这个男子那个东西是什么。这个男子说是他发明的提水工具，用起来是既方便又实用，只不过刚做出来，还没来得及给他起名字。

这时候，站在皇上身边的两个随从提醒神宗回宫的时间到了，男子一听是皇上，吓得"扑通"跪在地上。神宗见状微笑着说："年轻人平身吧，

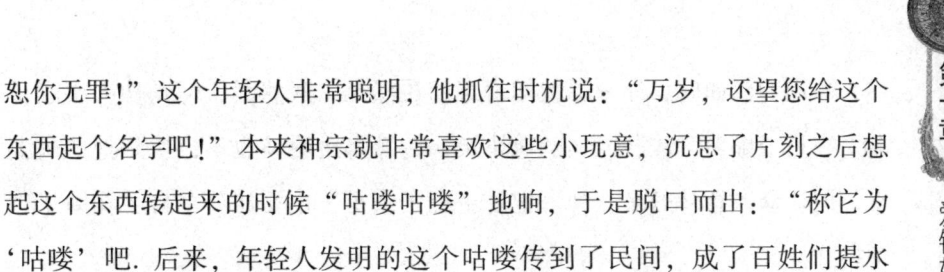

恕你无罪！"这个年轻人非常聪明，他抓住时机说："万岁，还望您给这个东西起个名字吧！"本来神宗就非常喜欢这些小玩意，沉思了片刻之后想起这个东西转起来的时候"咕喽咕喽"地响，于是脱口而出："称它为'咕喽'吧。后来，年轻人发明的这个咕喽传到了民间，成了百姓们提水的工具，名字被叫做"辘轳"。

年轻人随后说了一身"谢主隆恩"，于是爬起身来，不知所措地站在那里。神宗看年轻人长得不错，而且又是个能工的巧匠，心里不由地暗喜，很自然就想到了公主的婚事。于是问了年轻人的情况。年轻人说自己的名字叫做高炯，祖孙三代都是为皇家看护园林的。神宗心里想，家世还算不错，是个本分的人家。皇上什么也没有说，转身就走了。

回到宫里，神宗的心里还一直都在琢磨着这事，他认为那个年轻人心灵手巧，将他弄到自己的身边来，还能在宫里做点事情，如果把公主嫁给他，也算的上般配。但是，他转念一想：如果把公主嫁给一个看园的，说出去不是叫天下人耻笑吗？于是他又开始犹豫起来，一时间拿不定主意。

这时候神宗想到和公主的亲生母亲王皇后商量一下。听了神宗的意思，王皇后说这事好办，给那个年轻人送一个封号，问题不就解决了吗。王皇后的这句话提醒了神宗，他想到那个年轻人长得人高马大身强体壮的，就给他封了一个武状元的封号。看园林的年轻人在接到圣旨之后，就搬进了状元府，随后当起了武状元。

三年一度的科举考试很快就开考了，在科考结束之后，神宗亲自设宴招待及第的举子们。同时也宣布在这些人当中要挑选出一位驸马来。至于这个驸马，神宗早有人选。就是前面提到过的高炯。为此，他特地把高炯叫来参加，想趁着这个机会，成全他和公主的婚事。

在席间，那些金榜题名又有望成为驸马的举子们心中相当高兴，一个个都来了个你敬我让，杯盏交错，切磋功夫，抒发胸怀的场景。只有高炯一个人闷着头坐在那里大杯的喝酒吃肉。

高炯为何如此，原来，他知道自己虽然是个武状元，但是功夫半点不会。还是个虚名，皮肤又黑的像块炭，就算是挑驸马也不会挑到他的头上来。但让众人意外的是，神宗把公主也带来了，他要让公主自己在举子当中挑选。

公主按照她父皇的意思，在这些举子当中看了一遍又一遍，目光最后落在了高炯的身上。公主见他在吃东西的时候狼吞虎咽的，也不挑食，心里想这个人虽然是长得黑了点，但是会很好伺候和他一起生活不用受气，而且自己的眼珠上还长着很难看的萝卜花，是个有缺陷的女子，自己的条件不高，他长得也不帅，还挺般配。于是，她就把自己的意思给父皇说了。神宗听了之后，心中大喜，正符合自己的心思，真是缘分啊！

公主的驸马就这样被定下了。

没过多久，神宗就给公主和驸马选了个良辰吉日，给他们举行了非常隆重的婚礼。

所谓"天有不测风云，人有旦夕祸福"正在高炯一帆风顺的时候，一场杀身之祸悄悄降临到了他的头上。

有一天晚上。公主和高炯开着玩笑上床就寝了。公主对高炯说："驸马，你长的这么黑，母亲在生你的时候是不是吃了锅底灰呢？"高炯听了以后没有生气，他说："你们皇家的金银财宝满头抢，眼睛里都镶着玉翡翠。"说者无心，听者有意。公主的眼睛里长着萝卜花，她最忌讳别人提起这件事，听到高炯这么说，她一下就恼了，突然提起了高腔："你这个黑炭头，竟敢笑话本公主的眼睛有毛病，你就等着瞧吧！"高炯见此，心里不由叫苦，自己守着矮人说了矮话。于是他一个劲地向公主赔不是。但是没用，公主一边哭着，一边去找她的父皇告状。

这时，神宗也没有就寝，他看到公主这么晚来找他，还哭得成了泪人，急忙问原因。公主抽泣着说："都是你的驸马爷，他说咱们皇家的金银财宝满头抢，就连我的眼珠子也都是玉翡翠，这不是成心耻笑本公主吗？"

神宗听了以后，心里大怒。这小子一步登天，当了几天的驸马爷，翅膀就硬了。敢犯上作乱，难不成还要反了。于是，他抄起书桌上的御笔，拟了一道圣旨，内容就是高炯欺君罔上，免除一切的官职，先把他打入死牢，等到秋后问斩。

首府大臣方从哲在知道了这件事之后觉得高炯一案来得太过突然，于是他就去狱中向高炯问明原因。高炯如实相告。接着，他承诺高炯，这件事情不用担心，他会想办法为他开释的。王皇后在听说了之后，把公主叫来了解情况，并且将事情的来龙去脉禀告的神宗。

第二天，方从哲就上奏道："陛下，关于高炯高驸马一案，臣认为实属冤枉，应该无罪释放！"先前神宗就听王皇后说过事情的经过，现在又见到方从哲为他开脱。心里也认为这件事情处理得不对。当时是为了疼爱的女儿。现在一言既出驷马难追。于是便问："有何冤枉？"

方从哲继续禀奏道："臣已经查明，驸马爷和公主千岁是因为开玩笑而引起的事端，陛下可请来公主千岁证实。"神宗马上把公主传到大殿，方首辅提高嗓音说："陛下，公主千岁和驸马爷床下是君臣，床上则是夫妻，他们开的玩笑是出于床上，属于夫妻的私房话，因此算不上欺君或是不欺君。因此，驸马爷应该无罪释放。"

神宗听了以后，觉得非常在理，要怪只得怪自己一时糊涂，差点误了驸马爷的性命。于是，他说："高炯无罪释放，官复原职，其九族之人免除诛灭，准奏退朝！"

这次的生死变故，让高炯真正体会到了帝王世家的无情。同时，也深切地感受到了人情世事的炎凉。高炯在出狱之后悄悄地带着父母回到沂山隐居，一直到明朝灭亡之后，他才回到自己的老家过着平淡安宁的日子。

罢工25年　享受生命

大明王朝有个十分有趣的现象，就是越是受人敬仰的明君就越是短命，越是令人讨厌的庸君就越是长寿。朱翊钧算得上是个庸君。于58岁那年去世，算是比较长寿的一个。这个皇帝不喜欢上朝，但是他会办公。他在位的年间朝中的大事，都是由他来处理的。比如万历三大战，尤其是明朝抗击倭寇战争，就是这个喜欢罢工的皇上指导的。

他不上朝其实也是有理由的。如果深入了解，不难发现，他的罢朝和"国本之争"有着非常紧密的联系。

这个"国本"指的是太子的人选，在朝中，立太子是有原则的。通常都是立皇后的儿子为太子，如果皇后没有儿子，那就立皇帝的长子为太子。当时，朱翊钧的皇后王氏就没有儿子，皇上的长子是王恭妃生的朱常洛。依照惯例，朱常洛应该被立为太子。但是，皇帝却非常宠爱三子朱常洵，这个儿子是他心爱的郑贵妃生的。所以，明神宗打算立幼子为太子。

众所周知。太子人选的问题直接关系到下一任皇帝的问题。所以必须要慎重。但是朱翊钧却不想跟着章程走。这样便引起了朝中大臣的关注。当时有一位户部大臣上书建议皇帝将长子立为太子，但是此举却违逆了朱翊钧的心意。

事后，这位官员被他贬得远远的。为了国之根本，其他的大臣也并没有因此就停止上疏。朝中一时间拥立皇长子为太子的奏章接踵而至，把皇上弄得晕头转向，非常心烦。但是立幼不立长本身就不占理。于是朱翊钧想了一个高招，那就是"拖"。

公元1593年，神宗准备把长子朱常洛、三子朱常洵以及五子朱常浩一同封王，还说等他们长大以后再选择善者来封为太子，用这个借口来搪塞朝臣。

朝中的大臣也都不傻，他们知道皇上的用意，因此大家一致地反对。无奈神宗不得不作罢。这件事情一直在朝堂上争论个不停，最终还是李太后出面来摆平了。李太后问儿子："为什么迟迟都不立常洛为太子？"朱翊钧听了之后慌不择言："他不过是个宫女的儿子罢了。"

太后自己其实也是穆宗皇帝恩宠的宫女，因为生下了神宗皇帝所以才

被晋封为贵妃。后来儿子即位当了皇帝，自己才成了皇太后。如今听到儿子说出这样的话来，她不禁大怒："你也是宫女的儿子！"此话一出，把朱翊钧吓得连忙叩首请罪。

朝中有了太后的支持，再加上群臣的压力，朱翊钧只好勉强将朱常洛立为太子。至此"国本之争"也算是告了一段落，朝堂终于安静了下来。

群臣在取得到胜利之后，皇帝的心里仍然不甘：既然你们不顺我的意，那就不要怪朕做得太狠了。于是他以"不郊、不庙、不朝、不见、不批、不讲"的态度对待朝臣，最后干脆罢朝。想到就要做到。朱翊钧后来果真是没有上朝，也不召见大臣，慢慢地连内阁大学士们也都很少能再见到他一面。

之后居然发展到不批阅奏章，对臣下们的奏章一律"留中"不发。

皇帝的心里非常清楚，如果对于那些他不喜欢的奏折，稍加贬斥，就会给朝臣们找来更多的上奏理由，还能让他们得到"讪君买直"的机会。现如今，他干脆对朝臣们懒得搭理，于是这帮"忠君爱国"的大臣们手中的巴掌就再也拍不响了。

后来三十年的时间，明神宗出现在朝臣们面前的只有三次："公元1592年11月御午门，受宁夏俘；公元1599年夏4月，御午门，受日本俘；公元1600年12月，御午门，受播州俘。这三次都是公开露面，都是皇帝举行受俘大典，群臣没有机会接近他，也只能在午门下面远远地看着，就连内阁首辅也不例外。历代的阁辅臣都会千方百计地请皇帝接受朝臣，这一代阁辅臣也是如此。但是神宗对于阁辅臣提出接见大臣一事，并没有去理会。

其实，做一件事不是很难。可是，要想用一辈子去做一件事是很难的。这一点，能表现在朱翊钧的身上是难能可贵的。用在朱翊钧的身上是：一日不上朝能很好地做到，但要用25年不上朝，是真的不容易啊！

后宫战争　乌烟瘴气

明神宗是个奇葩，不但朝政处理得不好，连自己的后宫也处理得不好。因为他的无能，让嫔妃们把宫廷弄得是乌烟瘴气。后妃也卷入到政治斗争当中，导致朝廷出现了非常严重的政治危机。这在明朝的二百多年中还是第一次。在后宫这么多的嫔妃当中，有三个妃子是最为代表的，分别是：皇后王氏、恭妃王氏、皇贵妃郑氏。

有句话说的好，说"皇后母仪天下"，但是这句话对于神宗的皇后来讲似乎没有什么用。皇后不受皇上的宠爱，甚至还有点狼狈，备受皇帝的冷落。

皇后本姓王，浙江余姚人，但是在北京长大。公元1578年，慈圣太后选中了13岁的王氏，将她立为皇后，成了14岁的皇上的妃子。

王皇后生的容貌端庄，且举止稳重，个性严谨。但是她体弱多病，并不是神宗心里最佳的配偶。婚后最初的几年时间，两人的关系还算可以。皇后对神宗的衣食起居悉心照料，同时还帮助神宗整理朝臣的奏章。但凡是皇上批阅过的奏章，皇后都会认真的封识，之后再收好。对于神宗无意之间提起的某些事情，皇后都能够迅速又准确地找到相关的奏章交给神宗。对于她做事细心迅速，神宗对此非常的满意。对她的父亲以及兄弟们不断地加官进爵。但是，因为张居正等内阁大臣一致地反对，神宗只得作罢。

四年以后的某一天，神宗18岁，再次大婚，这一次是和九个女子同时进行。当天王皇后带着这些行过礼的九个嫔妃去拜告祖庙。这样的情况下，谁都不愿有更多的女人跟自己争宠。

王皇后自然很不开心。她看着这九张嫔妃的容貌，其中有一个姓郑的女子生得非常俏丽。皇后的心马上一沉，直觉告诉她，这个女人将来一定会成为她的对手。

皇后此番预料果然没错，没过多久，她的预感就成了现实，神宗对郑氏非常得宠爱，整天都和她嬉笑打闹，皇后这里自然是冷冷清清。受到冷落这也倒没什么，但是朱翊钧还消减她的膳食服饰和侍从，在皇后身体不舒服的时候，侍候在她身边的宫人也就几个。皇后的遭遇很快就传遍了京师，大臣们听说了以后也大吃一惊，纷纷上疏。神宗看了奏章以后大怒，对那些上疏的大臣大骂一顿，有的还被打入监狱。同时，还下谕说皇后的不是。但是朝臣们并没有就此罢休。

迫于大臣们没完没了的进谏，神宗只得改善王皇后的生活条件。确实，神宗这样不善待皇后做得非常不对，但是皇后也有"不是"的地方。不过她也是被神宗所逼吧，一个妃子长期得不到皇上的爱，心理上难免就会变态。就会把情绪发泄到宫人的身上。据记载，在她当皇后的这42年当中，死在她棒棍下面的管家和宫女有百余人，宫中的那些宦官，大多数都被她关过禁闭。

公元1586年开始，朝中的大臣开始不断地向皇上递送奏章，要求他将皇长子朱常洛册封为太子。那时候深得神宗宠爱的妃子郑氏刚刚生下了皇三子，所以被册为皇贵妃，位居皇长子的生母恭妃之上，地位也仅次于皇后。大臣们的心里都非常的清楚，如果再不督促神宗立皇长子为太子，皇三子很有可能取而代之。

但是，神宗就一心想让皇三子作为他的接班人。因此他把主意打到了皇后的身上。他说："现在皇后还很年轻，完全有可能会生下嫡子，倘若是现在立皇长子，日后皇后若再生下嫡子，那岂不是违背了立嗣的原则了？"其实，朱翊钧的心里是有他自己的如意算盘。他想，皇后经常生病，肯定不会活太久，一旦皇后归天了，就可以把郑贵妃立为皇后。到时候，母凭子贵，再立皇太子也是合情合理的，大臣们到时候也挑剔不出什么了。

在立太子的这件事情上，皇后是站在皇长子这边的。她对神宗没有什么影响力，也没法通过自己的力量促使他早日册立皇长子。因此，只好在私下保护皇长子少受他人的欺负。神宗是个心胸狭窄、寡恩薄义的人，因为他没有办法实现自己的心愿，就把愤怒发泄在皇长子的身上，皇后看在眼里，急在心里，她常常把皇长子召到自己的宫中安慰、照料，给予母爱。

再后来，王皇后的女儿出嫁，但是婚后的生活却并不幸福，这无疑给皇后脆弱的心里又一致命打击，因而使她变得更加的疯狂，更加变本加厉地折磨宫人。

虽然皇后的身体是体弱多病，精神上也是受尽煎熬，但是她的生命力非常的顽强，活了很久。就这样神宗想册封郑贵妃为皇后的如意算盘就这样化为泡影了。公元1620年，备受冷落的皇后终于离开了人世，享年55岁。神宗在三个月之后也离开了。皇后和神宗葬在一起，生前的冤家到死了之后还是朝夕相伴。

太子即位之后，为了报恩，将王皇后奉为"孝端贞恪庄惠仁明媲天毓圣显皇后"。

大喜大悲　恭妃王氏

恭妃本姓王，是河北直隶人士，在一个寒门子弟的家庭中出生。公元1563年，朝廷在北京附近的郊区挑选了一批出身清白年龄在9到14岁之间的女子进宫当宫女。经过多次的淘汰和甄选，最终王氏被选中，将她分到慈圣太后的宫里。

再一次偶然的机会当中，皇帝去太后宫室中请安的时候，看上了美丽的王氏，并且临幸了她。按照宫里的规矩，皇上在临幸宫中任何一个女人的时候，都要赏赐若干的物品，但是王氏任何赏赐都没有得到，要说收获，只有神宗的一个背影。

没多久，王氏就怀孕了。她喜极而泣，身为宫女，不但得到了皇上的临幸，还怀上了龙种。她做梦都没想到，这样的好运会降临到他自己的头上来。

很快，慈圣太后就知道了宫女怀孕的事情。有一天，神宗陪着慈圣太后宴饮，她告诉神宗："我的宫中有一个姓王的宫女在被你临幸之后，怀孕了。"神宗听了以后，脸腾地红了。王氏是母亲身边的宫人，但是自己却背着母亲临幸了她，为了不被母亲训斥，他不愿意坦白和王氏的事情。

见儿子不承认，慈圣太后便命内侍去取《内起居注》。

宫中设有文书房，专门负责记录皇帝的起居。不管是哪天，哪个妃嫔或者哪个宫女在何处被皇上临幸，赏赐过什么，上面都记得清清楚楚。神宗最后只得承认，这时候，太后和颜悦色的对神宗说："哀家老了，还没有孙子，如果她能够生一个皇子，也是宗室的福分，不可因为她是宫中的下人，就不予理会。"

一听太后不是找他的事的，神宗的心里也就踏实了。随后，就将王氏册封为恭妃，没过多久，神宗的第一个皇子诞生了，取名朱常洛。

虽然王氏由宫女升为了恭妃，而且还生下了皇长子，不得不说，上天是怜悯她的，而她也是幸运的。但是，令她想不到的是，噩运居然会来的这么快。

神宗之所以临幸王氏，就纯属心血来潮，图的是一时痛快。后来对她就没有任何兴趣了。自打郑妃进宫以后，神宗就更不把她放眼里了。可怜那皇长子也因为母亲的缘故，生下来就受到了冷落，和郑氏生下的三皇子朱常洵相比，那待遇简直就是一个天上一个地下。

此外，15年的"国本之争"让王恭妃的内心无法安宁，日日夜夜担心儿子。因为立皇三子没有成功，神宗就视恭妃母子为敌，从内心里仇视他们，对皇长子也是百般刁难。

因为此事太后看不惯儿子的所作所为，就出面摆平了此事，同时还将皇长子立为太子，但是恭妃的处境也并没有因此得到改善。

儿子被册封为太子，为了报复，神宗不让他们母子相见。骨肉分离的痛苦，对于一个母亲来说真是天大的折磨。因为见不到儿子，王恭妃终日以泪洗面，度日如年。最后，泪水流干了，眼睛也失明了。

直到几年之后，恭妃的孙子出世，她才在大臣的提议下被封为皇贵妃。恭妃被册封后一直缠绵病榻，太子朱常洛向神宗请求去探望母亲，这次终于得到了许可。当太子走到恭妃的门前，只见宫门紧锁，一片凄凉冷寂。太子打开门进去，只见卧病在床的母亲身体消瘦，形容枯槁，且双目紧闭着。见此惨景，太子不禁失声痛哭，恭妃听到儿子的声音却高兴得直落泪，不久之后便咽了气。

恭妃离世后，有大臣提议厚葬。但冷酷无情的神宗却置若罔闻，不仅如此，他还任由恭妃的墓园荒芜冷落。后来，太子朱常洛继位，他正准备给母亲册封尊号，却不曾想自己做皇帝仅仅一月就驾崩了。直到他的儿子熹宗登上皇位，才正式追封恭妃为"孝靖温懿敬让贞慈参天胤圣皇太后"，并将她的陵寝迁葬至定陵。

得宠失意　嫔妃郑氏

神宗的妃子郑氏，祖籍顺天府郭京县（今北京大兴）。郑氏是一个工于心计，且权力欲望极强的女子。神宗在位时期，为了谋取权力，她不惜一切手段扰乱朝纲，使得明朝朝野上下一片狼藉，官员腐败，民心涣散，宫廷争斗此起彼伏，这也是当时社会不稳定的重要原因之一。

据史书记载，郑氏不仅容貌美丽，而且天性聪敏，特好读书。工于谋略和曲意逢迎让她在后宫生活得风生水起，不久便因神宗的宠爱而被晋升为贵妃。此时，郑氏的地位已经超过了皇长子的生母王恭妃。

由于郑氏一直都十分鼓励神宗亲政，因此被神宗引为知己，对她的宠爱和信任更是达到了令人难以想象的地步。不久，郑氏诞下一子，这就是三皇子朱常洵。母以子贵，郑氏立刻被封为皇贵妃。

皇贵妃的地位仅次于皇后，这样一来，郑氏的地位比皇长子的生母恭妃高出了两级。这时，郑氏已然在后宫站稳了脚跟，但在野心和私欲的支

配下，她并没有停下追逐权力的脚步。

在封建王朝统治时期，作为女子所能追求的最高地位莫过于皇后了。郑氏显然深谙其中的门道，于是为了达到这一目的，她处心积虑地想要把自己的儿子朱常洵推上储君之位。

郑氏为了达到自己的目的可谓是无所不用其极。当时的朝廷看似由朱翊钧掌控，而实际上大权是掌握在郑氏手中的，许多政见都是出自她手。但是，这场权力的角逐最终还是以郑氏的惨败告终。

郑氏不仅有着极强的权力欲望，而且还跟神宗一样极度贪财。这两人唯一不同的是神宗负责各地搜刮钱财，而郑氏则是大肆挥霍。史载郑氏每年仅仅胭脂钱就要花费白银十万两，而当时全国一年的田赋收入才四百万两。

郑氏的儿子朱常洵被封为福王，按照明朝祖制，藩王受封之后应当立即去国就任，但福王却迁延不肯启程。由于群臣一致的反对和坚持，郑氏无可奈何只能退而求其次，向神宗提出许多条件，想要借机大捞一笔，她提出必须在洛阳为福王修建好府邸之后福王才能就任。神宗于是下令拨款二十八万两白银为福王修建了府邸。但是，当府邸竣工之后，郑氏却变本加厉，又要求划给福王四万顷庄田。这样完全违背祖制的无理要求遭到了群臣的反对，神宗无奈之下，只好两者折中，给福王的封地按郑氏的要求减半。

福王就任之后，开始大肆横征暴敛，胡作非为，直接导致了当地连年大荒，人民骚动，有些地区甚至出现了人吃人的惨状。而福王聚敛的钱财竟达到了几百万，比大内仓储还要多。

郑氏受宠之后，她的家族也随之飞黄腾达。由于族人常常仗势为非作歹，在朝廷内郑氏也受到了很多大臣的攻击。因为怕神宗听信了大臣的话对自己不利，郑氏便开始唆使神宗少与大臣见面。到了万历十八年之后，神宗几乎不再临朝理政，而是整日与郑氏和一些太监宫女厮混在一起。

万历四十二年，太后去世，这时郑氏在后宫完全没有了顾忌，于是她开始肆无忌惮地采取手段以达到自己的目的。在这期间,她制造了震惊明朝后宫的三大案:移宫案、梃击案和红丸案。最终郑氏将她的眼中钉明光宗迫害致死,此时她还妄图把持朝政。

到了明熹宗年间,郑氏已经年过六旬,虽然她还有着强烈的权力欲望,但早已力不从心。

公元1630年7月,郑氏寿终正寝。郑氏一辈子都在做着皇后梦,到最后还是未能如愿。这样一个心机险恶、手段毒辣的女人,几乎将大明王朝搅得天翻地覆,最终却安稳地度完余生,在死后还被封谥"恭恪惠荣和靖皇贵妃",葬于银泉山。

棺椁开启　惊现秘密

朱翊钧的一生有两位皇后:一位是孝端,一位是孝靖。定陵是他与孝端与孝靖两位皇后合葬的陵寝。随着定陵的发掘,一个天大的秘密惊现于世,这就是朱翊钧的具有个人特色的"葬式"。

在考古的常识中,发掘古墓的最后一道工序、也是最重要的一道程序就是开启梓棺,其要求十分严格。当时,发掘梓棺的人小心翼翼地打开了神宗的棺墓后,在场的专家们都惊呆了,究竟是什么样的情景会让人们如此震惊呢?原来,朱翊钧的尸体放在一条棉被上,在棉被的两边上折,掩盖着尸体。尸体的头朝西、脚朝东仰卧着,肌肉已经腐烂,只剩下骨架。从面相上看,头顶右偏,右臂弯曲,右手放在头的右侧,略微向内侧弯曲,左手放在腹部上,手里面拿着一串念珠,右腿稍微弯曲,左腿直伸,两脚向外撇开。

孝端皇后的尸体放在上织金妆花缎被子上面,但是被子的两侧折角,掩盖住尸体。尸体已经腐烂,骨架头西脚东,脸向右侧,左臂下垂,手放在腰上,右臂向下伸直,足部交叉在一起。

孝靖皇后的尸体也放在织锦被子上面,被子的角对折,盖住尸体,尸

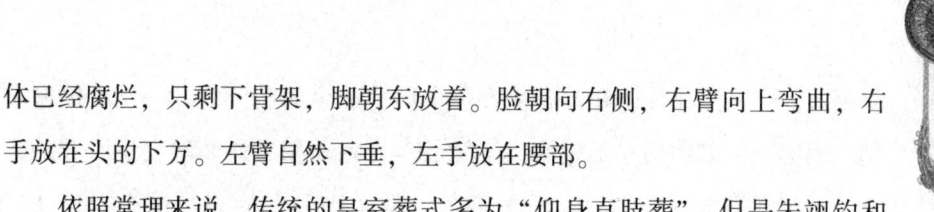

体已经腐烂，只剩下骨架，脚朝东放着。脸朝向右侧，右臂向上弯曲，右手放在头的下方。左臂自然下垂，左手放在腰部。

依照常理来说，传统的皇室葬式多为"仰身直肢葬"，但是朱翊钧和皇后们的葬姿却不同寻常，他们的葬式算得上是"惊世发现"。这种别开生面的葬姿，极有可能隐藏着一些不为人知的事情。难道有人动过？对此，专家们一直百思不得其解。

在考证期间，正好赶上文化大革命，一直到2004年专家们才得出结论，而且极为合理地破解了帝王葬式的密码，同时，也引起了当年考古界的强烈关注。

2004年，在明清陵寝的学术研讨会上收到了一篇由"明十三陵特区办事处"专家王秀玲提交的名为《试论明定陵墓主人的葬式》的一篇论文。据说，这一篇论文在当时抢尽了风头，是最值得参会论文之一。与此同时，这一篇论文是大陆人员最早的关于定陵主人的一篇报道。

在论文中提出这样的观点，从皇上与皇后的骨架可以看出，三个人的葬式稍有不同，但是显而易见，这与普通人的葬式又有所不同。从骨架的姿势来看，三个人的头部都向右侧，左手都放在腰间。关于右手的部分，朱翊钧与孝靖皇后都是向上弯曲，放在头部，但是孝端皇后的却是向下垂放。关于腿部，朱翊钧的右腿弯曲，左腿伸直；孝靖皇后的双腿弯曲；孝端皇后的两腿平放，两足交叉。因此可以推断，朱翊钧的原葬姿势是当时比较罕见的"侧卧式"。

根据上述分析，孝靖皇后的骨架情况与当时的原葬式极其相似，但是朱翊钧与孝端皇后的姿势却有一点出入。依照常理来说，人去世入葬之后，不可能故意将其摆放成一条腿弯曲、一条腿伸直的样子。显而易见，假设朱翊钧的入葬方式并非原葬式。孝端皇后的两条腿虽然平放，但是头部却向右侧，脊椎也向右侧弯曲，两腿平方与姿势很不相符，所以，经过推断得出，她的原状应该是侧卧式。

此外，如果人的尸体是平放的，即使晃动也不会有太大的变化，只有侧卧式，在强烈碰撞的时候容易发生变形，如果向右侧卧，一定会倒向左侧，因此，朱翊钧的左腿直伸，仅仅是因为晃动和碰撞而改变了原葬的方式。置于孝端皇后的右臂下垂的姿势，截止到目前为止还没有得出任何结论。

其实，倘若原葬式为下垂式，在此种情况下，手臂应该贴近身体，但是孝端皇后的右臂却是向外撇，倘若她与朱翊钧与孝靖皇后那样是将手放在头部，就会碰撞右臂的情况而导致姿势发生变化。如此，就会出现向外撇的姿势。

从史书上，可以找到朱翊钧下葬时的相关信息，原葬式的确可能发生变动。在当时，朱翊钧的棺木从百里之外的京城凭借人力抬到山陵的，因为路途颠簸有可能会让他的尸体姿势发生改变。孝靖皇后因为比朱翊钧早去世九年，已经葬入天寿山。如此一来，可以想象朱翊钧与孝端皇后的姿势都可能发生变化。

在现有的考古发掘中，中国古代的葬尸通常为仰身直肢葬、俯身葬、曲肢葬等姿态。朱翊钧采取的"侧卧式"下葬方式，并不常见，而且不存在相应的文字记载。那么，朱翊钧去世之后为什么会选择这样的入葬方式呢？对此，史学家们得出结论：这种葬式属于"七斗星葬式"。如此一来，皇帝入葬的方式密码一下解开了。

此外，朱翊钧的怪异葬式还有可能与风水有关。过去的风水专家们认为，北斗七星有避邪的作用，为什么这样说呢？主要是因为它的形状犹如一个巨大的"S"形。皇帝挑选陵址，会选择聚气藏风的地方，其选择的标准是依山傍水。

对于朱翊钧的埋葬方式说法很多，那他的葬姿究竟是源于天象，还是风水呢？直到目前为止，学术界还没有明确的定论。

定陵揭密　驼背皇帝

到了2007年，距离定陵地宫棺椁的开棺时间正好有50年，而关于它的争议也是一直延续到现在。不过，令人遗憾的是，这座帝王陵曾经被合法地开启过，破坏了帝王陵原本的面貌，造成了无法挽回的损失。

开棺之后，有很多奇珍异宝都因为无法妥当保存，而使其遭到了严重的破坏。同时，那时的人们并没有足够的文物保护意识，没有记录下来当时的文化信号和文化现象，进而使得这些重要信息被遗失。

二十世纪六七十年代，神宗和其两位皇后的坟墓被挖掘，甚至还把他们三人的棺材全部都当成垃圾，扔进了废水沟里。就连他们的尸骨，也被有心人销毁了，这一系列的事件都令史学家们痛惜不已。

1956年，定陵被人挖掘，它也是十三陵中第一个被挖掘的帝王陵。值得注意的是，定陵仅次于长陵和永陵，它的地宫结构在明朝王陵中也是数一数二的。地宫内有一个主室和两个配室。主室内还设置了门三重、甬道，地宫结构也成了石砌拱券。地宫内布置的倒是很简朴，没有过于华丽的装饰。

地宫在地下27米的地方，总共有五个厅室组成，占地面积为1195平方米。其中，最为对称的就是左右配殿的设置，每个殿的中间还有一个棺床，主要用汉白玉铸成。棺床的上面还铺着金砖，中间有一个长方形的小孔穴，那里面填充的都是黄土，所以将此称之为金井。

地宫中最重要也是面积最大的部分就是后殿，高达9.5米，长约30.1米，二者的跨度达到了9.1米。总的来说，这个地宫的施工质量还是比较好的，到现在为止依然保存的很好。细细观察它的地面，就能够看到地上铺着花斑石，打磨的很光滑。

在棺床的中间位置，就是朱翊钧棺木的所在地。左右两侧分别是孝端、孝靖两位皇后的棺木。这三位棺木周围还分别置放着梅瓶、玉料和各种红漆木箱。

1958年，考古学家夏鼐带着一批学者进行神宗陵墓的科考，他们打开神宗的棺木后，就看到一堆穿着龙袍的白骨。夏鼐使用一些先进的科技手段，还原了神宗的尸骨，还原之后的结果是：神宗生前很可能就是一个驼背皇帝，从骨骼的测量中也可以看出，从头到脚，也就只有1.64米。

明神宗在位时期，因为当时政治环境的影响，这位皇帝并不得人们的爱戴。而明神宗还原出来的样子也比较有意思，一幅封建地主的嘴脸：头上戴着金丝帽子，鼻子下面还张着一个血盆大口，手里拿着皮鞭，横眉怒目，而他的两位皇后则站立在两侧，脸上涂了厚厚的胭脂，很是诡异。

1966年8月24日，神宗以及其皇后的陵寝遭到了巨大破坏，就连三位古人的尸首都被他们砸的七零八落，一边喊着"打倒地主阶级头子万历"的口号，一边发泄似的毁坏他们的陵寝。

就在这个时候，人群中突然有一个人说："把他们都烧了，烧了。"这种声音一下，有人立刻将他们的白骨放在广场上，顿时浓烟四起，骨灰也纷纷飘散。而那位统治了明朝48年的皇帝，也灰飞烟灭了。

第十一章

心灵手巧的木匠皇帝——明熹宗朱由校

帝王档案

☆姓名：朱由校

☆民族：汉族

☆出生日期：1605年

☆逝世日期：1627年

☆配偶：张皇后

☆子女：无

☆在位：7年（1621年~1627年）

☆继位人：朱由检（思宗）

☆庙号：熹宗

☆谥号：达天禅道敦孝笃友章文襄武靖穆庄勤悊皇帝

☆陵墓：十三陵之德陵

☆生平简历：

公元1605年出生于北京。

公元1621年即位。

公元1627年服用"仙药"而死，年仅23岁。

人物简评

我们都听说过，明朝有这么个皇帝，他不善于治理朝政，但是很擅长木工活。这个皇帝的名字叫做朱由校。在朱由校当政期间，明朝的发展呈直线滑坡。他是一个有天赋的木匠，但是他不是一个有魄力的皇帝。他是一个文盲，却碍于面子假装看得懂奏章。他宠爱自己的奶妈客氏与宦官魏忠贤，对两人的邪恶行为视而不见。他才在位7年，却几乎将大明江山送上绝路。而他自己，年纪轻轻的才23岁就死了。在这短短的7年间，却留下了很多传说。

生平故事

天才的木匠皇帝

明朝的皇帝都非常有个性，明太祖朱元璋当皇帝之前做过和尚，明成祖跟侄子争夺皇位，明神宗二十多年不上朝理政事，有自封大将军的明武宗，还出了一个木匠皇帝明熹宗。

明熹宗朱由校擅长木匠手艺，对制作木器感兴趣，整天和锯子、斧子和刨子打交道，不理朝政。一般皇帝对权力、女人感兴趣，但这位皇帝天生异常，一颗心全部投入到盖小宫殿，制作木器上面，对政事不理，作为一个皇帝没有尽到自己的职责。但是，皇帝也是人，也可以有自己的爱好，明熹宗朱由校将这一点发挥得淋漓尽致。

当朱由校很小的时候，就已经展现出了自己在木工制作当面的天赋。

他痴迷于打造精美的小玩意，而且还不避讳自己的皇帝身份，亲手拿起刀、斧头等做木匠活。但是历史是荒诞的，既然派一个这么有天赋的木匠工人来当皇帝。这个木匠当皇帝能干什么呢？只能祸国殃民。

朱由校对木匠活可不是一般的水平，而是技巧娴熟，超越了一般的能工巧匠级别。听说有这么回事，一个木器用具、亭台楼榭，只要朱由校过目了，就能自己再做出一个一模一样甚至更精致逼真的来。他对各种木工制造痴迷到废寝忘食的地步，而付出总有回报，凡是他亲手去做的东西，基本上都让人看了赞不绝口。如果今天我们看到这些东西，也会由衷的赞叹朱由校在那个年代竟然能做的出这么精致可爱的东西。

曾有野史上说，在朱熹宗当政的时候，曾用自己的天赋做成了一件漂亮的事。在当时，民间的木匠们大多没有什么天赋，只是会些简单的劳力活，所以做出来的床很大，而且很重的要命。不仅如此，光是放在那里也不好看。而就是这样的床成本还很贵。这让这些木匠们苦恼，这样的床不好卖出去呀，就算卖出去，也不一定能够搬到百姓的家里去。因为这个床不是一般的重，经过他们的实验，需要十几个力气大的汉子一起才能抬得动。

朱由校知道了这件事后，就整天不上朝，自己一个人在那儿琢磨着该怎么解决这个难题呢。琢磨着琢磨着，他的心中就有了这么一张蓝图。蓝图想出来后就开始施工了。朱由校是个追求完美的人，他对床的每个细节要求都很严格。而让人想不通的是，他不是把这个蓝图交给宫里的木匠们干，而是自己亲自动手。

朝中的正直大臣们都劝他不要沉溺于木工，朱由校却不听劝，还津津有味的干着。这一干就是1年，最后，大功终于告成了。他做出来的床那是好得没话说。首先，床不大，还挺小。其次，这个床还有挺多花样，你可以折叠，折叠后还能携带，甚至随便移动都没问题。而最让人敬佩的是这个床不仅很实用，还很美观。这样的床建造出来后，让当时的木匠惊得目瞪口呆！

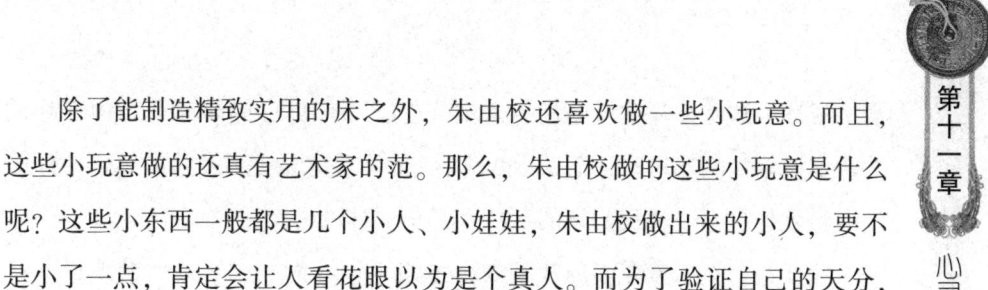

除了能制造精致实用的床之外，朱由校还喜欢做一些小玩意。而且，这些小玩意做的还真有艺术家的范。那么，朱由校做的这些小玩意是什么呢？这些小东西一般都是几个小人、小娃娃，朱由校做出来的小人，要不是小了一点，肯定会让人看花眼以为是个真人。而为了验证自己的天分，朱由校还曾让内监拿着制作的小木人出宫去卖，这么多好看又好玩的小人物大家平常都没见过，因此都特别喜欢，都在那儿抢着要。朱由校听说了自己的小木人卖的这么火，都笑的都合不上嘴啦！

　　不仅如此，朱由校还亲自动手做粉刷工，在这方面他也有天分。粉刷工，简而言之，就是给自己做好的小玩意上色。如果没有一定的艺术鉴赏能力，这个色即使上去了也不好看。而朱由校却精通上色的技巧。自从他给自己做过的小木人上色之后，木像仿佛活人一般，绽放光彩。而朱由校对自己的作品也很是满意，拿起来都舍不得放下。

　　朱由校不仅是个优秀的木匠，还是一个不错的建筑师。像我们小时候玩的过家家游戏，他就特别喜欢玩。他经常在闷的时候自己盖房子，盖的还不是我们小时候盖的那种小木屋，而是一座华丽的小宫殿。我们都知道，宫殿的内部结构是很复杂的，要想做好它可不是简单的事情。但是朱由校做出来的宫殿都比得上童话里的城堡了。这个宫殿有1米多高，但是麻雀虽小，五脏俱全。

　　而且，他还擅长雕琢假山楼台。越是这些难雕的东西，他雕琢的就越精致。当时的人看了这些东西，没有一个不拍手称赞的！而朱由校自己也很满意。但是艺术家们的追求永远是没有最好只有更好。所以，每次朱由校看完自己的作品的时候都会再推倒它们，重新制作。而对于之前辛辛苦苦做出来的东西，朱由校并不觉得可惜。相反，他一直相信，最好的还在后面。

　　朱由校不仅喜欢做些艺术品来欣赏，陶冶生活的情操，他还喜欢做些东西来供自己娱乐。在明朝的时候，宫里的娱乐设施还比较有限。朱由校见状就自己动手做起来了。他发现每年冬天来临的时候，西苑一带的水就会结成冰，这些冰还比较坚硬，朱由校想，如果自己能在冰上自由自在的滑行那该多好啊！可是，怎么滑行呢？玩耍的力量是伟大的，没一阵子，朱由检就想到了一种很好玩的玩法。那就是冰戏。

冰戏是怎么回事呢？冰戏是朱由校亲手设计的一个游戏。游戏道具有一个小拖床、一顶帐篷、红漆、红绸缎、小钩；游戏成员有朱由校本人和几位太监，游戏过程也很简单，就是那些太监拉着坐在拖床上的朱由校，不停的滑动；游戏结果没有胜负之分，就是看朱由校玩的开不开心。他玩得开心了，参与人员都有奖赏；他玩的不开心了，别人也别想高兴回去。

不过，由于这个游戏是他自己想出来的，所以大多数的时候他玩的都很开心。

朱由校整日沉迷在自己的木匠工作中，不务正业，这下子可苦了那些期望报效国家的忠臣。而对于那些一心为己的臣子来说，皇帝不理政事，可是大大的好事，特别是对像魏忠贤那样的奸臣。魏忠贤就瞅准了这个机会去谋取自己的私利。他怎么谋取呢？魏忠贤这个人也不笨，他故意趁皇帝沉醉于木匠活的时候，拿朝廷上的奏章给朝廷看。而朱由校在潜心艺术时，最讨厌别人来打扰。但是他知道自己是皇帝，不能对政事置之不理，所以他把政事就交给魏忠贤办了。

按照明朝的老祖宗留下的规矩，皇帝要亲自批改群臣送上来的奏本。就算没有亲自更改，由司礼监代拟批问做秘书工作的时候也要在奏折上写上"批准"这样的字眼。这就表示皇帝是看过这些奏折，牢牢的掌控着国家的大权的。但是现在，看看朱由校，看也不看就交给别人了，这就等于把自己的权力白白交给魏忠贤了。这个魏忠贤又是个大坏蛋，皇帝给了他空子，他就使劲往里钻，趁此机会扰乱朝政。就这样，明朝表面看似平静，地下却波涛汹涌。

文盲皇帝

公元 1613 年，朱由校父亲的皇后死了。6 年后，也就是公元 1619 年，

朱由校的生母也死了。同一年，朱由校的父亲也死了。朱由校突然就变成了一个孤儿，无父无母。那一年，朱由校才14岁。由于之前他并没有什么显赫的地位，不是什么皇太孙，所以皇家对于朱由校的教育并不重视。这时候的朱由校还没有读过书，可以说，活脱脱的文盲一个。

为什么会出现这样的情况呢？这件事还得从头说起。当初，明神宗对朱由校的父亲朱常洛是恨铁不成钢。可能是明神宗老糊涂了，讨厌朱常洛就讨厌吧，他还连带的不喜欢朱由校，不让朱由校读书念字。但是世事难料，最后明神宗死之前没办法才想开了。趁着还有一点力气，他给后世立下遗嘱：朱由校立刻去上学读书。等到明神宗驾崩之后，朱由校的父亲明光宗登基了。

新朝代来临了，才当了几天皇太孙的朱由校一下子就变成了皇太子。不过，明光宗朱常洛并不想这么早就立太子。最后，禁不住大臣们的多次请求，才立朱由校为太子，册封仪式打算在9月9日举办。不过，不幸的是，明光宗朱常洛还没来得及等到那天就匆匆离开了人世。就这样，朱由校糊里糊涂的就当上了皇帝。9月9日，朱由校被正式册封为皇太子。而他也成为明朝历史上唯一一个不识大字的皇帝。

皇帝不识字，怎么来批改奏章呢？没办法，只好让身边的大臣来读给他听了。别人就是读错了，他也不会知道。所以这么一来，就造成了一个大漏洞。不过，作为一国之君，朱由校还十分爱面子，他怕别人嘲笑他，看不起他，所以经常一知半解的，不懂装懂。最后，由他写出来的圣旨文句不通顺，而当太监在文武百官面前将他的圣旨读出来的时候，朝廷下的人是笑也不是，哭也不是。

有一天，有个忠心耿耿的江西巡抚成功地剿灭了叛军，于是写在奏章上告诉了皇帝这么一个捷报。在讲述自己如何剿灭这群叛军的时候，江西巡抚提到了"追奔逐北"这四个字。但是就因为这四个字，他的命运从此改变了。给皇上念奏折的太监把这四个字念成"逐奔追比"。念完之后，这个太监还堂而皇之的把这四个字翻译成"追赶逃走，追求赃物"。这么一说，朱由校就不高兴了。于是，他不但没有奖赏这个本来立了功的巡抚，还严厉地惩罚他，降低了他每年的俸禄。别的官员看到江西巡抚最后落到这样的下场，都不敢再为朝廷卖命了。在朝政上他因为不识字还害苦了忠心的朝臣，而对外，他则让外国对大明朝轻视。史书上说了这么一个事。说是有一年，有三个外国的使臣到明朝来进贡珍奇宝物。像什么海马、五色水晶围屏等。进贡完之后，这些使臣还会递给皇帝一个奏章，他们国家的国王在奏章上向大明皇帝表达了和谐相处、共同发展的愿望。

不过，事情就出在这些普通的奏章上。旁边的大臣把这些奏章给朱由校时。朱由校心里就慌了：我又不识字，这不是让我在这么多人面前丢丑吗？这事我可干不得。于是，他就模仿前人在看奏章时的样子，把这些奏章看成又要跟大明皇帝谈论什么事情。所以，他装作很生气的样子说："你们这些小国也太不讲道理了，竟然欺压到我大明朝的头上来了！"说完之后就气愤地走了，也不好好招待这些和平使者。

皇帝这么一来，让这些使臣百思不得其解。他们觉得自己没有做错什么事，但是眼下大明皇帝却如此对待他们。这事不弄清楚回去也无法交代。于是，他们问了很多人，最后打听到的缘由让他们大吃一惊：原来这个皇帝不认识字，所以看不懂奏章！

而当日朱由校在向大臣搞清楚了这些使臣的来意之后，知道自己昨天的行为太过分了，所以在第二天再次招待了这些使臣。而这时候的使臣知道大明皇帝是个文盲后，很看不起朱由校。也是从这一年起，大明王朝周边的很多国家都不再向大明朝进贡宝物了。你想想，一个国家的皇帝竟然不识字，这个国家还怎么强大呢？

独爱奶妈

明熹宗对奶妈客氏极好，据说离了客氏就活不下去。真是奇了，为什么皇帝这么热爱他的奶妈呢？关于这一点，可以听听专家是怎么说的。这个专家是世界闻名的精神分析师弗洛伊德。大师说像这种情况可以称为"恋母情结",明熹宗就是弗洛伊德可以拿去分析的这一种情况,在大户人家,孩子一生下来就配一个奶妈,孩子吃奶妈的奶长大,感情自然也就很深,有的简直当成亲妈来看待。更何况是皇子呢?只是想不到朱由校有这么深的"恋母情结"。

作为一国之主,朱由校这种严重的恋母情结,葬送的不仅是他的家庭,还有整个大明朝的未来。不过,他深深迷恋的并不是自己的亲生母亲,而是类似于生母的奶妈。为什么说她类似于生母呢?因为在朱由校的心里,他的奶妈就是他的亲生母亲。

公元1605年,朱由校的母亲生下了他,按照规矩要为孩子找个奶妈。皇子的奶妈肯定不能随便挑,而要找好一点的,这样皇子才能长的健健康康。经过严格的挑选之后,她们终于为朱由校找到了一个奶妈。她就是后来的客氏。那一年,客氏18岁,已经结了婚,还生下了一个儿子,去竞选奶妈的那一年还生下了一个女儿,不过那个女儿命不长过世了。

但是年方18的客氏因为年轻,长得很漂亮。身材也不错,最主要的是奶汁比较丰盛。所以就在众多候选者中被选中了。之后就成了朱由校的奶妈。两年之后,她的丈夫在老家那边死了,才20岁的客氏就成了一个寡妇。为了不再回到那个伤心的地方,客氏就不再回去,而是经常住在北京这边。

而朱由校在断奶后,还是离不开客氏的陪伴,所以他让客氏到自己的身边来照顾自己的饮食起居。

随着明熹宗一次次的把政务交给魏忠贤处理,魏忠贤在宫中的权力更大了。而之后,为了自己的长远发展,魏忠贤勾结上了皇帝的奶妈。朝中的正派大臣知道这两个祸害要是联结在一起了,宫中必定会大乱。所以,他们多次在奏章中向皇上提起这件事。但是朱由校是不可能就这样把这两人赶出宫去的。为了推脱这件事,朱由校说等明神宗的丧事办完之后再把客氏赶出去。等到明神宗的丧事终于办完了,臣子立即向熹宗说起此事。

215

朱由校逼不得已，毕竟是皇帝亲口说过的话，只好把客氏赶出去了。但是，没多久客氏又重新回到宫里来。这究竟是怎么回事呢？

根据历史留下来的记载，朱由校的奶妈客氏刚被赶出去，熹宗就开始思念她。没有客氏在他身边陪伴着，熹宗整天魂不守舍的，茶饭不思，也不管其他大臣的意见，硬是把客氏从京城外召唤回来了。

公元1621年2月，朱由校举行了隆重的婚礼，婚礼当然少不了女主角，这次婚礼的女主角是张嫣，也就是后来的张皇后。皇上都结婚了，因此，客氏这时候就回避了一下。而熹宗觉得必须要安慰一下客氏，以表达自己对客氏的关心与在意。于是，朱由校赏赐了客氏20亩田，并且把她的儿子从普通的锦衣卫升为锦衣卫指挥。

朱由校在掌权期间已经给了客氏最好的待遇了，这一点胜过任何朝代的君主。

而客氏这人本就有点虚荣心，现在皇帝对自己这么宠爱，在这样的宠爱中，她已经分不清东西南北了。整天在皇宫中仗着自己的这点优待到处炫耀，宫里的人也是敢怒不敢言。因为客氏在宫中的地位大家都知道。在客氏炫耀的过程中，有些小太监就抓住这个机会，大夸客氏。

客氏在朱由校的过度关心及宫里的小人的夸赞下更不懂得控制自己的行为了。她以权谋私，不断地加害皇宫里的后妃，而且她加害这些妃子的方法是惨不忍睹，极其没有人性。比如，客氏与选侍赵氏关系不好，两人经常有些小矛盾。为了除去这个眼中钉，客氏可是煞费苦心。她暗地里与魏忠贤勾结，竟然在赵氏面前假宣圣旨，说是让赵氏自尽。可怜的赵氏听了这个圣旨后，以为是皇帝真的要赐死自己，觉得很委屈也很心寒。之后，她痛痛快快地哭了一场，就上吊死了。

还有更狠的是朱由校临幸过的一个妃子张氏，她是一个坦率的人，有什么说什么。有一次，她对客氏说了一句有点冒犯的话，客氏认为她这是没把自己放在眼里，但是当时又不好报复，只好暗暗地记着这个仇恨，另找机会报复。

而后来，她终于想到了怎么把张氏逼到绝境。那时，张氏已经怀孕好几个月了，客氏心怀鬼胎，在皇帝面前诬陷张氏，说她肚子里的孩子不是皇帝亲生的。客氏说这话得有证据呀，如果皇帝临幸哪个妃子，皇帝的太监都会记录，皇家对血统是很看重的，怎么会无凭无据地就认为张氏怀的不是自己的孩子呢？熹宗简直被蒙蔽了心智，对客氏污蔑张氏，给他戴绿帽子也不生气，并且没有半点疑心，马上严惩张氏，把还在怀孕的张氏关进了冷宫。

张氏遭到如此悲惨的打击后，客氏还不放过她，斩草要除根呀，还有她肚子里的孩子呢？怎么能让张妃生下来呢？已经丧失人性的客氏自作主张的断了张氏的饮食，想要把她活活饿死。

孕妇本来应该比平时调养得更好一点的。但是现在张氏不仅过的都没有平时好，还怎么比平时调养得更好呢？最后，她已经饿的不成样子了，连睡下去的力气也已经没有了。最后，她艰难地拼尽全力到冰冷的屋檐下去喝雨水，不幸的是，雨水竟然活活地灌死了她。

被客氏加害的还有冯贵人，冯贵人是一个识大体的人，她曾经好心地劝朱由校不要让太监插手政务。客氏听说了之后，心里的火气一下子就上来了。她发誓一定不能就这么放过冯贵人，就逼她自杀。

这么一来，其他的妃子就看不惯她的这种行为了。一个大活人就这么给整死了，谁看着心里好受啊！于是，皇帝的一个妃子成妃就把这件事的真实经过告诉了朱由校。哪知道朱由校这人不但不伤心，还很无情，对这件事置若罔闻，对凶手客氏依然疼爱有加。这让成妃感到十分痛心。

而成妃这么做也给自己惹来了杀身之祸。客氏知道成妃的正义事迹后，把矛头又指向了她。上次假宣圣旨，皇帝都不管。这次，她假宣圣旨的时候更大胆了，还是把成妃打进了冷宫，并断了她的食粮。而成妃早就对此有所准备，她事先藏起来一点儿食物，靠着这点儿干粮，她活了15天。

也许命不该绝，恰好是15天后，朱由校想起来这个成妃，就向客氏打听成妃的情况。而客氏又添油加醋的说了成妃的许多不好，但是皇帝也知道成妃没有那么重的罪过，所以就放她出来，只是废去了她的妃子身份，把她贬为普通的宫女。不管怎样，成妃的这条小命总算捡回来了。

客氏和魏忠贤迫害熹宗妃嫔的事件数不胜数。可以这么说，整个后宫里的妃子，几乎都不同程度地被客氏毒害过。但是，更可悲的是，皇帝朱由校知道这些坏事都是客氏一人所为，却惯着她，对这些事情不管不顾，对死去的妃子更是冷漠至极。

在朱由校当政期间，客氏拥有很多特权。比如她可以不受限制地自由进出紫禁城，不过，狡猾的客氏也知道自己目前所拥有的东西都是朱由校给的。而朱由校之所以能给自己那么多，是因为他是个皇帝。一旦他不是皇帝了，自己现在所拥有的也会随风而去了。为了日后打算，她十分重视熹宗的皇位继承人。

而客氏所担忧的也正是奸臣魏忠贤所担心的。因此，两个人又再次勾结起来，想尽一切办法想要陷害在位的张皇后。他们梦想中的皇后是魏忠贤的侄子魏良卿的女儿。不过，朱由校虽然在很多事情方面都很糊涂，在这方面可没糊涂。他十分看重与张皇后之间的结发之情，所以两人在熹宗面前说张皇后坏话的这一招不管用了。张皇后的地位没有受到动摇。

而最让客氏害怕的是张皇后会生下孩子。如果生的是男孩，那么无疑会成为他们的一个威胁。而历朝历代都是母凭子贵，那么张皇后就是贵上加贵了。照这样下去，那么熹宗可能再也不会宠爱自己了。其实不仅是对张皇后，对于其他的妃子他们也不让他们留下龙种。而可怜的朱由校从头到尾都没有一个自己的孩子。

但是，曾经他也是有孩子的人。根据历史记载，他曾经有三个孩子，而且都是儿子。最大的儿子，连是哪个妃子生的都不知道；二儿子还没满一岁就死了；三儿子也是这样。这几个孩子都不是正常死亡，而是暗地里被客氏害死的。客氏为了保住自己一人之上、万人之下的权力，不惜将魔爪伸进小孩子的襁褓里。

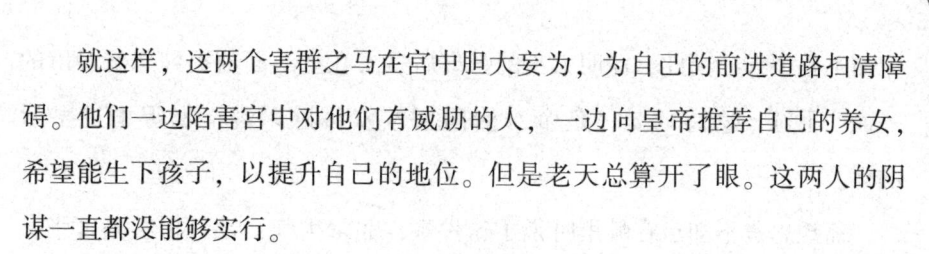

就这样，这两个害群之马在宫中胆大妄为，为自己的前进道路扫清障碍。他们一边陷害宫中对他们有威胁的人，一边向皇帝推荐自己的养女，希望能生下孩子，以提升自己的地位。但是老天总算开了眼。这两人的阴谋一直都没能够实行。

因此，朱由校驾崩之后，客氏也就失势了。朱由校的弟弟朱由检登基后，客氏就必须离开紫禁城了。客氏离宫的那天，她没有再赖床了，而是很早就起床了。走之前，她还去看望了朱由校的灵堂，在那里，她痛苦的烧掉了朱由校孩提时留下的胎发等物，之后就偷偷地出宫了。

客氏虽然出去了，但是在宫中依然流传着关于她的传说。传说的都是她当初如何陷害他人。毕竟天下不再是朱由校的了，所以客氏最终还是被揪出来了，被宫里人押到了京城问罪。宫里的人都很恨她，最后，她在乱棍之中被活活打死了。看到她已经死了，宫里人气的还没完全消解。

好女人张皇后

朱由校的皇后是张嫣，今天的河南省开封人，也就是后来的懿安皇后。

张皇后15岁入宫，她容貌端庄、体态大方，而且品性正直。在宫中，张皇后对客氏十分厌恶。有一天，她在客氏面前亲自警告过她，如果还不改正自己的过错，就一定会严厉惩罚她。张皇后的警告引起了两个害群之马即客氏和魏氏的恐惧，因此成天就想着逮住机会除掉张皇后。

奸臣魏忠贤为了陷害张皇后，就曾在她的身世上做了一番文章。不过，朱由校在张皇后的事情上表现得很清醒，对张皇后没有那么绝情。才不会因为别人的三言两语就革去张皇后的位置。而且，与之相反，他好惩罚那些在宫中散布谣言的人。从此以后，魏忠贤再也不敢乱动了。

而张皇后之所以深得皇上的祖护，也是有自己的原因的。除了她是宫里的皇后外，她个性比较好，不争不抢，为人坦率开朗。心里装着的是国家而不是个人。因此，深明大义的张皇后多次在皇上面前提魏忠贤奸臣的一面，不过，遗憾的是，皇帝对治国根本就不感兴趣，也听不进皇后的话。

而魏忠贤不知道在哪里听说了这件事，非常生气，设计再次陷害张皇后。不过，他并不是从张皇后本人入手，而是从张皇后的父亲张国纪入手。魏忠贤通过导演一场弑君案想置其父于死地，就连带地拖累张皇后。

不过，朱由校知道这件事后，并没有对张皇后怎么样。就这样，这件事好像从来都没有发生过一样。魏忠贤见皇上对这件事好像不怎么感冒，怕再纠缠下去可能会把火烧到自己身上，因此这幕戏就散了。

张皇后也算逃过了这一劫，但是魏忠贤和客氏怎么会轻易放过她，并且后宫到处都是魏忠贤和客氏两人的眼睛，孤身一人的张皇后还是不幸被暗算。

公元1623年，张皇后有身孕了，这也是魏忠贤和客氏两人等了很久的机会。这么好的机会，他们当然不会轻易放过。他们命令宫女制造个意外将张皇后肚子里的孩子给弄消失。

当时张皇后只有18岁，不知道在这后宫之中处处布下了陷阱，随时都会遭到暗算。果不其然，在一次按摩中，宫女故意下重力，张皇后的孩子就这样没了。

尽管一直有奸人在离间熹宗和张皇后，但是朱由校却始终都很疼爱张皇后，这既是他的优点，也是缺点。甚至在朱由校临死之前，还特地让自己的弟弟朱由检以后好好照顾张皇后。而朱由检上位后也确实对张皇后很好，十分敬重她。这是为什么呢？因为张皇后本来就是一个有魄力的女人。

张皇后不仅能干还很聪明。而真正让她有魅力的却是她有自知之明，不仅对身边的人要求很严格，对自己的要求更是严格。明后期，朝政那么混乱，她却始终有一个清醒的头脑，知道该做什么，不该做什么。

更可敬的是，她是一个性情中人，爱恨分明，敢爱敢恨。她讨厌那些不正义的丑陋行为，并且用自己的实际行动反对这些行为。也因此，她得到了很多百姓发自内心的爱戴。

但是张皇后一人的正直与贤明是无法拯救腐败衰落的明王朝的。公元1644年，奔跑了17年的农民起义军终于攻到了北京，然而他们到紫禁城后，做的第一件事就是保护好张皇后。因为他们十分崇敬张皇后。不过，大明朝已经倒下了，张皇后怎么会偷生呢？最后，她还是自己上吊死了。那一年，她才38岁。

奸臣魏忠贤

听到魏忠贤这个名字，你不要以为他是一个又忠心又贤明的臣子。事实上，与此相反，魏忠贤是一个明朝的祸害，他就像大明王朝身上长得毒瘤。据说，他在年轻的时候是一个有名的痞子，尽做些见不得人的坏事。他好赌，但是经常输，最差的时候连身上穿的外衣都输光了。因为他输了很多钱，又不能偿还，那些债主经常找他算账，他没办法，只好这儿躲躲，那边藏着。

但是一直躲下去也不是事儿呀，只好另谋出路，不过像他这样的无赖能做什么呢？那么只能对自己狠一点儿了。于是，魏忠贤就狠心去宫里做太监了，他还幻想着没准儿日后能飞黄腾达。

但是一个地痞无赖能做什么呢？他大字不识一个，只有一张会拍马屁的嘴巴。但就是这张嘴巴让魏忠贤走上了平步青云的道路。而且魏忠贤眼力比较好，一开始就相信朱由校能当上皇帝。而他经过多方打听也知道朱由校很宠爱他的奶妈客氏。为此，魏忠贤就想方设法的去奉承客氏。魏忠贤想着有一天能步步往上升，从不起眼的小太监升到最耀眼的秉笔太监。

为什么说秉笔太监这个职位很耀眼呢？因为这个职位的主要任务是给皇上颁布的诏书打草稿，而皇帝又不认字，喜欢木器活，只要当了秉笔太监就相当于把持了朝政。因此，这个职位的权力比较大。

而经过魏忠贤的层层算计，他的梦想终于实现了，朱由校登基后，朝廷还没稳定下来呢，就提拔了魏忠贤。而且这个提拔很高，直接就到了秉笔太监的职位。魏忠贤真是得偿所愿了。

让一个痞子掌握了大权，对明朝来说可谓是大不幸。魏忠贤大权在握，于是就恣意妄为。由于他关注的是自己在朝廷中的权力和地位，所以他经常打击朝中的正直大臣。打击完之后就会千方百计的去毒害他们。而客氏关注的是自己在后宫中的权力和地位，所以主要的打击对象是后宫的嫔妃们。久而久之，明朝几乎就是这两人的天下了。

魏忠贤还算聪明，知道皇上才是自己最大的靠山。他懂得只有跟皇上搞好关系，自己才能牢牢掌权。俗话说，知己知彼百战百胜。魏忠贤就牢牢抓住了皇上的兴趣爱好，从这一点入手。有事没事就叫人去寻找有意思的小东西。

朱由校当时还只有16岁，正是玩性最大的时候，看到那些没见过的小玩意，十分开心。他一开心，魏忠贤就有福了。而最开心的一次是朱由校都忘记自己是皇帝了，让魏忠贤去帮自己处理政事，并且把朝廷的特务机构东厂交给魏忠贤管理。这么一来，魏忠贤的势力如日中天。

魏忠贤飞黄腾达了，成为宫中无人不知的掌权者。他身上发射着耀眼的光芒，这种光芒吸引了很多想要瞻仰的小人。他们希望靠近这点光芒，让自己也能沾点光。而魏忠贤自己也需要一些心腹手下，于是两者相互利用，相互合作。最终朱由校完全成了一个傀儡。

很多官员都来拍魏忠贤的马屁，拍得好的，升官发财。每次魏忠贤出场的时候，那待遇与皇帝都差不多了。只不过，周围的人在跪拜他的时候，称呼的不是皇上，而是"九千岁"。这是从会拍马屁的一个官员那儿遗留下来的。皇上才万岁，这边就九千岁了，这不是明摆着自己现在是宫里的第二棵大树嘛！而那个拍马屁的官员在魏忠贤的关注下也火速的走上了飞黄腾达之路。

看到拍个马屁就能改变命运，其他的官员也心动了。心动就要行动，

这些官员深深明白其中的含义。像当时西湖边上竟然就有了魏忠贤的祠堂！祠堂是什么呢？在封建社会只有给死人建祠堂的，哪有给活人建造的呢？而浙江巡抚这么做无非是想讨好奸臣魏忠贤。

魏忠贤知道这回事后，特别开心，重重的赏赐了这个官员。看到建个祠堂就能捞到这么多好处，其他的官员都开始在各地建立祠堂了。而魏忠贤变成了一个神，走到哪儿，都能看到他的庙宇。

魏忠贤不仅喜欢听人拍自己的马屁，还心狠手辣的。自从他接手东厂的管理权之后，东厂就变成了人间地狱，在这里，站着进去的人都是躺着出来的。而这些东厂的人并不是替朝廷办事，去抓那些反叛皇上的人，而是到处抓那些反对魏忠贤的人。

有很多正直的人因此受到牵连，造成了大量的冤案、错案。有些忠臣实在看不下去了，就不顾自己的生命安全，秘密的把魏忠贤的24条罪状上书给皇上。但是皇宫里到处都是魏忠贤的眼睛，这些上书最终还是落到了魏忠贤的手里。

魏忠贤看到这个奏章后，看到这上面写的每一条罪状都有事实说明，顿时觉得有惊无险。接下来，他是不会轻易放过这些忠臣的。由于罪状中也提到了客氏的某些罪状，于是魏忠贤把这件事情告诉了客氏。客氏知道后，与魏忠贤一起商量对策。他们想到了一个计谋，并且马上就付诸了行动。

第二天，两人一看见熹宗就不停的哭。熹宗很惊讶，就问他们为什么流泪。魏忠贤就假惺惺的说："皇上啊！我命苦啊！我忠心耿耿的跟在您身边，为江山社稷出谋划策。想不到现在有些大臣却联名上书，责骂我是个奸臣。骂了我不要紧，他们还骂了你呀！他们还说我的权力太大了，想挑拨我与你之间的君臣感情啊！"

魏忠贤表演得非常逼真，眼泪鼻涕一大把，朱由校年纪还小，不懂得其中的阴谋，就去看看这个奏章。但是朱由校什么都看不懂只是做做样子。他最信任眼前的这两个祸害了，所以就相信了他们，并下令让魏忠贤自己处理这件事。

既然皇上都护着自己，魏忠贤毫不迟疑地要处罚报复递上这一份奏折的相关官员。魏忠贤马上命人将以杨涟为首的忠臣抓起来了，把他们关在东厂大牢里，施用暴刑，先让他们生不如死。最后，他们被魏忠贤活活的折磨死了。

崇祯皇帝上台，他是一个有理想、有作为人，早就看不惯魏忠贤，登基之后立马削弱了魏忠贤的势力，逐渐地革去了魏忠贤在宫里的各个官职，并严惩他的心腹们。对于魏忠贤，先让他承受一会儿痛苦，然后再追杀。最后魏忠贤害怕后半生都坐大牢，就自杀了。

自此，魏忠贤这荒唐的一生就结束了。

天才木匠死去了

公元1627年8月，客氏以及魏忠贤陪着明熹宗在宫里的西苑乘着船只游玩。三人在大船上饮酒作乐，心情非常舒畅。

当时，朱由校喝了些酒，胆子也非常大，非要和魏忠贤以及其他两名亲信的小太监去深水处泛舟。谁料到，他们正在小船上坐着，突然吹来了一阵狂风，一下就把小船刮翻了。朱由校一不小心就跌进了水里，还险些淹死。

后来他被人救起，也算是捡了一条命。但是心里却受到了严重的惊吓，因此落下了病根，看了很多医生都没有用，身体也渐渐衰落了。

后来，有个尚书霍维华他给熹宗进献了一种叫做灵露饮的"仙药"，说是吃了这个药就能够病除，健康长寿。反正就死马当活马医吧，也许吃了还有可能有活下去的希望。朱由校就一口服下，谁曾想，这个药的味道清甜可口，一吃就停不下来了，每天都必须要吃，不吃就会不舒服。但是连续吃了几个月以后，肚子就一直胀气，浑身上下起了水肿，最后卧倒在床再也起不来了。

第二年，朱由校病的越来越厉害了。8月11日，他心里也明白剩下的时间不多了，于是就把自己的弟弟朱由检叫到身旁，对他说："下一位皇帝就是你了。"8月12日，朱由校把内阁的大臣叫道自己的身边来，高兴地说："现在我把后事都安排好了，心情不错，感觉身体也稍微好了一点。"8月13日，年仅23岁的朱由校就驾崩了。

熹宗死了之后被后人安葬在昌平一带，那里有个德陵，朱由校死了就永远孤独地居住在那里了。后人封庙号为熹宗，也即是后来的天启皇帝。谥号为"达天禅道敦孝笃友章文襄武靖穆庄勤悊皇帝"。如果他再多活十多年，也就能够看到大明王朝的灭亡了，或许在他的治理下，明朝灭亡得更快。

第十二章 悲剧的亡国皇帝——明思宗朱由检

帝王档案

☆姓名：朱由检

☆民族：汉族

☆出生日期：1610 年

☆逝世日期：1644 年

☆配偶：周皇后、田贵妃、袁贵妃

☆子女：7 个儿子，6 个女儿

☆在位：17 年（1627 年~1644 年）

☆庙号：思宗

☆谥号：烈皇帝

☆陵墓：十三陵之思陵

☆生平简历：

公元 1610 年出生。

公元 1622 年，封为信王。

公元 1627 年，兄长天启帝朱由校病逝，他即位为帝。

公元 1629 年，三月，定立魏党"逆案"，入案者 255 人，分别惩处。五月，以徐光启主持用"西法"修定历书，至崇祯 8 年修成《崇祯历书》137 卷。

公元 1630 年春，陕西三边总督杨鹤对农民军剿抚并用，部分农民军流动至山西。

公元 1631 年正月，赈济陕西灾民，定议对农民军实行以抚为主的政策。十月，下罪己诏。

公元 1638 年，张献忠部接受明军招降，李自成部遭明军围剿，损失惨重，仅余十八人。农民军势力一时低沉。同年，清军犯境。

公元 1641 年正月，李自成部复振，攻克洛阳。

公元 1642 年三月、四月，松山等城相继破，洪承畴被俘，降清。五月，李自成部三围开封。

公元 1644 年 4 月 25 日夜，崇祯自尽殉国。

人物简评

崇祯皇帝身上具备了一切明君的特征，但是却无力挽救明王朝的衰落。他的性格复杂多变，机智和愚蠢，胆略与刚愎，高招与昏招。他是一位勤政的皇帝，兢兢业业，克勤克俭，但是施行了很多的错误政策，特别是加重了百姓的赋税，将百姓逼到了起义军的队伍，削弱了明朝的统治。他是一位无力回天的悲情皇帝，自缢殉国。

生平故事

最后一个皇帝

明熹宗卧病两个月后一命归西，没有留下子嗣，只有一个弟弟朱由检，年满17岁，是他的唯一继承人。时间不长，迎接新皇帝登基的队伍就出发了，向着朱由检居住的王府而去。很快，大家簇拥着17岁的信王踏进皇宫。朱由检登基为帝，即明朝的最后一个皇帝明思宗。

尽管一开始朱由检的兄弟不少，他们一共是兄弟五人。不过后来有三个兄弟夭折，到最后他就只剩下一个哥哥朱由校了。本来朱由校有一群嫔妃，但是他的孩子出生的、没出生的都被客氏和魏忠贤害死了，所以最后连一个儿子也没有。

这样，朱由校一去世，毫无疑问，朱由检就成了唯一的皇位继承人。所以，这个皇位的到来，朱由检心里也曾默默地想过，他早就意识到有一天自己可能登上皇位。

虽然朱由检的年纪不大，但却少年老成，比他的大哥还要成熟。

朱由检生母是刘选侍，她并没有什么身份地位，即使生下了皇子也没有得到皇上的优待。由于受到的待遇非常糟糕，刘选侍的日子过得很不好，所以在朱由检4岁时，她就去世了。那么他的母亲是如何去世的呢？是生病吗？好像不是。传言说，刘选侍是被朱由检那个暴脾气的父亲活活打死的。

这样看来，朱由检一直生活在一个暴力家庭。他的母亲也整天忍受着折磨。不过还好，朱由检的年纪还很小，只有4岁，当时发生的事早就忘完了。所以，朱由检根本对自己的母亲一点印象也没有，他经常为此感到痛苦。

因为死了生母，朱由检没人抚养，就被送到李选侍那里。朱由检的父亲不喜欢李选侍，李选侍一直都没能生下自己的孩子。因此李选侍就将自己全部的爱都给了朱由检，弥补了朱由检失去的母爱。

李选侍通情达理，没有霸占朱由检的爱，当朱由检懂事以后，她就把朱由检生母去世的情况对朱由检讲明了。朱由检是个懂得感恩的孩子，对李选侍的养育之恩感激不已。由于童年遭遇不幸，朱由检小时候就很懂事，他是一个早熟的孩子。

由于是皇子，他以前也经常会在皇宫中与哥哥朱由校共同游戏。哥哥朱由校比较骄傲、也很任性，对于这种情况，朱由检心里特别清楚。后来，朱由检看到哥哥宠爱魏忠贤与客氏，由着他们兴风作浪，从心里感到非常不赞同。不过既然已经是这样了，为了自保，为了不引起客氏和魏忠贤的陷害，朱由检只能沉默。所以，他看起来有着不合年龄的老成。

即便朱由检知道自己即将成为皇帝，也没有妄自尊大，而是理性成熟，懂得谦虚。他被仪仗队迎到文华殿中，受到大臣们的朝拜，还收到了一个《劝进表》。但是他开始的时候却一直逊让，等到大臣们将《劝进表》上了三次时，他才装出一副勉为其难的样子，登基做了皇帝。

朱由检当上皇帝之后，内阁给了他四个可供选择的年号，分别是"乾圣"、"兴福"、"咸嘉"、"崇祯"。朱由检仔细想了想，对大臣们说："乾圣，乾也就是天，圣是圣人的意思，这个年号我不敢用；兴福，意思应该是中兴国家吧，我应该做不了这么好；咸嘉，咸字在右侧是一个'戈'，目前最重要的事就是将干戈化解，所以这个年号不能用。还是用崇祯做年号吧。"

果然，崇祯没有做到中兴，也不是什么圣人，他成了明朝的最后一个皇帝。

清除魏忠贤一党

朱由检登上皇位，这个皇帝可不好当，因为摆在他面前的是兄长朱由校留下来的一个烂摊子，如果不小心，连这个烂摊子都没有了，只怕大明王朝也将覆灭，不知道当时他有没有意识到这一点。

明朝只剩下一个内里腐烂不堪的空壳子，江山社稷已是岌岌可危，所有事物都已经荒废了。这么多需要处理的问题，究竟该从何做起呢？朱由检还是信王的时候心里就有了打算。他知道，客魏集团就是他第一步铲除的目标。

皇帝刚刚上任，魏忠贤的势力非常强大，所以一时半会儿，还是无法将他铲除的。朝野到处被魏忠贤的党羽占据着，朱由检完全是在单打独斗，他空有一个皇帝的头衔，身边却连个可用之人也没有。

朱由检明白，如果太着急，起不到好的作用。万一惹恼了魏忠贤，魏忠贤一党恐怕要对皇帝动手，到时就危险了。所以崇祯皇帝告诉自己要忍耐、静静等着时机的到来，时机成熟，再一举拿下魏忠贤和他的党羽不迟。

尽管魏忠贤的势力十分庞大，然而朱由检当上皇帝以后，还是令他特别紧张。无论如何，皇帝的号召力都是很大的，太监还是靠着皇帝才能生存下去，魏忠贤势力再大，也不敢公然和皇帝作对。

为了看一看朱由检对自己是什么样的态度，魏忠贤主动在皇上面前说要将东厂的职务辞掉。朱由检虽然没经历过多少事，但却非常聪明，他知道魏忠贤这是在试探自己，就没同意。魏忠贤见皇帝似乎对自己没什么看法，顿时放心了不少，却不知道自己的这种想法大错特错。

虽然没有了朱由校这棵庇护的大树，魏忠贤却安然无恙。客氏见魏忠贤没事，便也跟着他学，向皇帝提出离宫。没想到朱由检马上就批准了她的请求。客氏没想到会是这样的结果，没有办法，只好出宫去了。

魏忠贤看新皇帝对自己的态度还不错，也就没有先前的担心了。不但魏忠贤像以前那样风光无限，连他的朋党李永贞和王体乾也受到宠信。这样一来，魏忠贤就更是放心了。

然而，这也就是魏忠贤一党最后的好时光了。朱由检的手段真是高，他为了将魏忠贤一党铲除，先安他们的心，让魏忠贤尝点好处，丧失警惕。与此同时，朱由检不停将注意力集中在增强自身实力上，他让以前信王府中的太监曹化淳和徐应元等人担任重要职务，并不断扩大自己的势力。

朱由检这一切都进行得不动声色，不过还是有一些人感觉到不对头了。人们知道朱由检和朱由校完全不同，不会再宠着魏忠贤了。当官的都是看谁的势力大，就往哪边靠，皇帝和魏忠贤之间要投靠一个，他们当然会选择皇帝了。

魏忠贤手下的人也觉得情况有变，他们再也静不下心来了，想要给自己找一条后路，否则有一天死无葬身之地。就这样，魏党里面的人自己就开始搞分裂了。无论是多么庞大的组织，只要里面已经出了问题，再想搞垮它就很容易了。因此，情况变得越来越对朱由检有利。

魏党内部矛盾重重，很快，魏党里有人按捺不住了。一个叫杨维垣的给朱由检上折子弹劾自己的同党崔呈秀，说他乱政专权。崔呈秀着急了，深怕皇帝责难，于是便主动请求回家尽孝。但是朱由检却没有同意他的请求。

杨维垣看皇上也不处置崔呈秀，心里着急，觉得是不是自己检举的罪名太小了，还不够治他的罪。因此，杨维垣又一次上折子对崔呈秀进行弹劾，由于这次说的罪过更大了，就将魏忠贤牵连在内了。

杨维垣不但弹劾崔呈秀，还把另外的几个人检举了出来。不过此时朱由检依然沉得住气，还是不动声色，看着魏党内部窝里斗，什么也不表示。他们内部斗得越狠，内耗越严重，也就给了朱由检更多的机会。

魏党内部在不停争斗，魏党之外的人也早就对这些危害国家的人恨之入骨了，欲除之而后快。这个时候，和魏党没有什么关系其他官员，也加入到讨伐魏党的大军之中。于是，崔呈秀马上就变成了众矢之的。

工部主事陆澄源在此时也上折子对崔呈秀进行弹劾，并说了关于魏忠贤的生祠建造等事。眼看魏忠贤犯下的罪过也逐渐暴露，朱由检还是在那里什么都不说，并且还说陆澄源不应该越位擅言，实际上他的心里特别开心，马上让崔呈秀回了老家。

墙倒众人推，已经有人弹劾魏忠贤了。没过多久，兵部主事钱元悫就不再畏畏缩缩不敢进言了，他开始上折子对魏忠贤进行弹劾，使用的语言特别激烈，让整个朝堂都大为震动。接着，海盐贡生钱嘉徵也奏请皇上处置魏忠贤。他把魏忠贤所犯的大罪做了非常详细的叙述，一共列出来十条，希望朱由检将魏忠贤杀了，以安天下人的心。

朱由检还是不着急，他知道魏忠贤识字不多，就命人将这个弹劾的奏折念给魏忠贤听。魏忠贤听了之后，觉得这件事特别严重，这么多人憎恨自己，恐怕这次凶多吉少。他立即以生了大病为由，请求将东厂首领一职辞去。

这次朱由检很愉快地同意了他的要求，并嘱咐他一定要好好养身体。接着，朱由检便下令把魏忠贤安排在皇宫里的军士们解散了。魏忠贤对朱由检的威胁就这样解除了。

成功除掉了魏忠贤之后，朱由检也就没有什么顾虑了，准备放开手脚大干一场。他马上将魏党里几个重要的人点了名，传旨吏部对这些人进行查问。他还将各镇的监军太监撤了回来。

朱由检将魏忠贤的罪名昭告天下，把魏、客这两家的财产全都充公，以前封赏的爵位也一律革除，将他们的家眷全都充军发配。本来魏忠贤罪大恶极，应该千刀万剐，才足以平息民愤。但是崇祯皇帝念在哥哥朱由校还没有出殡，因此就打算暂时让魏忠贤到凤阳去，等过一段时间再杀。

魏忠贤还不知道皇上已经处置了他的党羽，也不知道皇上将会处理他。他正要从京城离开，此时已经领着很多人，赶着不少马车，走在路上了。

朱由检随便找了个借口，让兵部派人把魏忠贤押送至凤阳。魏忠贤刚来到阜城县，就得知了朱由检传下的旨意，明白自己的末日来临了，害怕多受苦，于是便自杀了。

崔呈秀已经在老家了，知道魏忠贤已死，又想到往日跟随魏忠贤作恶多端，知道皇上也不会放过自己，就上吊了。接着，朱由检让客氏去了浣衣局，然后把她打死。随后，魏、客两家的家眷也被朱由检杀了。

在这次权力的斗争里，朱由检可以说是不费一兵一族，就取得了胜利，显示了他是一位懂得谋略、具有政治才能的皇帝。由于他一上台就给国家除掉了这么大的一个祸害，所以老百姓们也都很拥戴他。

魏忠贤虽然死了，但魏忠贤党羽及其势力仍然很强大，将朝政掌握在手中。那时候，朝廷中很多重要的官员全都和魏忠贤有关系，因为想要在魏忠贤的眼皮底下做官，肯定和魏忠贤有不小的瓜葛，不然早就被魏忠贤迫害致死了。

让自己的党羽可以继续在朝廷做官，贾继春、杨所修、安伸、杨维垣等人将自己当成是打倒魏忠贤的有功之人。朱由检一时之间也没有什么理由将这些人除去，因此只好保持现状，决定等到有机会的时候再清除他们。

朱由检心里很清楚，虽然魏忠贤已经伏法，但剩下的余党还是要赶紧处理掉的，留着他们始终是一个隐患。很快，他便传令将以前魏忠贤手底下最重要的朋党"五虎"与"五彪"抓起来，送至司法部门处理。

到公元1628年时，朱由检已经自己主持过四批御史与给事中的选拔工作了，总共提拔了一百多人。这些人刚选拔上来的言官很少有和魏忠贤有关系的，基本都是效忠于皇帝的。这些人将清除魏党当成自己的本职工作，经常会对有关魏党的事进言。朱由检知道了更多真相，开始为受魏忠贤迫害而死的官员平反，并重用那些忠义之人。

节约从俭的朱由检

朱由检是一个平时很注重节俭的皇帝。他当皇帝时，由于以前的皇帝荒淫无度，国库亏空较大，他就经常要求皇室的人注意节约，一来二去，省下了不少钱。

按照惯例，皇帝与妃子们的衣服经常都是只穿一次，然后就再也不穿了。因此，宫里光是盛衣服的箱子就堆得像座小山一样。这些箱子里装的都是历代皇帝、后妃穿过一次的衣物。朱由检认为如此穿衣服实在有点浪费，便传旨要宫里的妃嫔一个月才可以换一次衣服。

这个习惯也不是说改就马上能改的，毕竟这是皇宫里多少年的规矩了。所以，崇祯皇帝就亲自带头，主动穿以前穿过的旧衣服，要求妃嫔也穿洗过的衣服。在这个过程中，皇后也做出了表率，她有时甚至自己把衣服洗了。

皇帝平时也是经常学习的，给朱由检上过课的大臣就见过他的袖子口已经磨破了，连线都在外面露着，但他却丝毫不在意，还是照样穿。如果不知道他是九五之尊，只看他的衣服，宫外的人肯定就不相信这位穿着朴素的人是皇上。

皇宫是个奢侈的地方，有很多东西都是金的银的，然而崇祯皇帝摒弃这些金银器皿不用。到了后来，他将那些金银做的东西全都送至银作局化成银两，拿去充当军饷了。

在朱由检做皇帝的这些年当中，皇宫里从未建过也未装修过宫殿，这样就有大量的经费被节省了下来。朱由检也不大吃大喝，他经常会看奏折一直看到很晚，觉得饿了也不吃大餐，而是命太监带点零钱出去买一些宵夜拿回来吃。朱由检还裁掉了很多宫女，让她们回家嫁人。

不得不说，任何一个帝王都比不上朱由检勤政。白天，朱由检会在文华殿内和大臣们商量国事，批改奏章。晚上，他还是批改奏章，不过只是将地点挪到了乾清宫而已。有时候遇上紧急的军情，朱由检几天几夜都不休息，真是非常辛苦。

朱由检的生活过得非常简单，这对于一个帝王来说是非常难得的。他一点特殊爱好也没有，既不讲究吃也不讲究穿，用品和住处各种东西都不在意，也不爱好声色犬马。如果有人问他什么都不喜欢，那当皇上为的是什么？朱由检肯定会回答说，为了大明江山。

朱由检刚当皇帝时，有一次，他正坐在文华殿里批改奏章，此时天已经很晚了，蓦地有一股奇异的香味传来，随后他感觉特别浮躁。他感到有点莫名其妙，就转着圈于殿内寻找，终于找到了香味的来源。就在大殿的一个角落当中，有个小太监正安静地坐着，手里还拿着一炷香。

朱由检细细询问，才明白了原因。原来这种做法在宫里由来已久，那根点燃的香经过独特的秘方用药物配成，可以引起男人的欲望。朱由检不由大为感慨，父亲和皇兄的时间和精力全都浪费在这些歪门邪道上了，哪里还有心情好好地治理国家呢？

朱由检马上对内侍严加责问，并且将制造这种香的秘方毁掉，不允许任何人再研制这类害人的东西。

朱由检后宫的嫔妃不多。帝王们哪一个不是爱好美色，恨不得全天下的漂亮女人都是自己的，朱由检和他们比起来简直有天壤之别。

最后一位皇后

朱由检的皇后是周氏，周氏的先祖是从苏州迁居到今天的北京大兴的。周皇后嫁给朱由检以后，就被封成了信王妃，所以她是朱由检的结发妻子。公元1628年，朱由检登基做了皇帝，周氏马上就被册封成皇后了。

周皇后对夫君非常支持，她为人特别严谨，是个通情达理的女人，算得上是朱由检的一位贤内助。她作为掌管六宫的皇后，以前朝为鉴，从历史当中寻找经验，将本来乱糟糟的后宫打理得井井有条。那时，后妃之间的关系非常融洽，基本不存在什么争风吃醋的事儿。后宫的安定，让朱由检安心管理国家大事，不用为其他事分神。

因为朱由检对田贵妃特别宠爱，导致田贵妃认为自己非常了不起，和其他嫔妃的关系都很僵。周皇后便经常拿宫中的礼仪来约束田贵妃，以挫挫田贵妃的锐气。

有一次春节时，天气非常冷，但田贵妃也必须去给周皇后请安。周皇后想挫挫她的嚣张气焰，就故意不说让她进门，直到田贵妃在寒风中等了很久，冻得差不多了，才叫她到屋里来。

田贵妃心里有一点儿不满，但是也不好说什么。到了屋里，田贵妃一个人坐了很长时间，周皇后才慢吞吞地从里屋走出。周皇后高坐于御座上，接受田贵妃拜见，自己则什么表示也没有。两个人就这样面对面坐了很长时间，谁也没开口说话，气氛很是尴尬。

田贵妃受到这样的冷遇，心里非常不高兴，灰溜溜地走了。但是等袁贵妃去朝见皇后时，受到的待遇与田贵妃完全不同。周皇后不仅对袁贵妃特别热情，还和她有说有笑，宛如亲姐妹一般。

田贵妃知道自己和袁贵妃受到的待遇有如此差距之后，心中对周皇后充满了愤怒。她觉得自己不能忍受这样的屈辱，想到皇上一直对自己宠爱有加，于是，田贵妃决定让皇上替自己做主，惩治周皇后。

田贵妃跑到朱由检跟前大哭大闹，痛斥周皇后对待自己如何不公，让她受尽了委屈。朱由检和周皇后也算是恩爱夫妻，自然不会惩罚皇后。但是，田贵妃一直在皇上耳边说三道四，朱由检经常听，便不由信以为真，开始疏远周皇后。

有一回，朱由检和周皇后出现了分歧，两人互相说了几句，朱由检非常生气，把周皇后推得跌倒了。周皇后很是伤心，她是一个性情刚烈的女人，于是就不吃饭了，向朱由检抗议。朱由检对自己对皇后施加的暴力行为感到非常后悔，为了表达歉意，他让人送了很多礼物给周皇后，还关切地询问她的饮食起居。见朱由检表现得非常诚恳，周皇后这才原谅了他。

过了一阵子，周皇后与朱由检两个人到永和门看花，两个人情投意合、恩爱非常，玩得非常高兴。这时候，周皇后就向朱由检提议，不如将田贵妃叫过来共同观赏。虽然周皇后是一个大度的女人，但是朱由检知道两人之间有嫌隙，所以不同意她的请求。

于是，周皇后便特别真诚地表示："我那次之所以对田贵妃特别冷淡，完全是想让她收敛一下自己盛气凌人的姿态，这对她来说非常有好处。实际上不止对她有好处，这对国家同样有很多好处。我和她一点个人恩怨也没有。"

但是朱由检仍旧不放心，还是没有批准皇后的要求。周皇后没有办法，只好自己做了决定，说："既然你不答应，那我自己就说了算。"说完她马上命人将田贵妃接过来和他们共同赏花。

周皇后和田贵妃见面以后，两个人前嫌尽弃，又和好了。朱由检看她们不再闹矛盾，也放心了，心情大好。由于皇后宽容大度，后宫里基本上很少有矛盾。

田贵妃的祖籍在陕西，但是后来搬到扬州去了。她的父亲叫做田弘遇，是一个性格特别爽直，喜欢打抱不平的人。因为女儿是受皇帝宠爱的皇贵妃，所以田弘遇也一路高升，最后当了左都督。

田贵妃是个貌美如花的大美人，而且聪明伶俐，手也非常巧，还会很

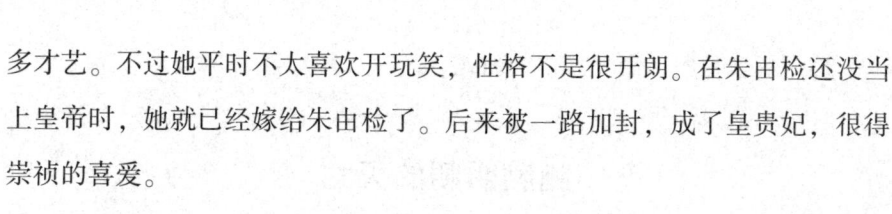

多才艺。不过她平时不太喜欢开玩笑，性格不是很开朗。在朱由检还没当上皇帝时，她就已经嫁给朱由检了。后来被一路加封，成了皇贵妃，很得崇祯的喜爱。

田贵妃给朱由检生了不少孩子，有永悼王慈照、悼灵王慈焕、悼怀王朱慈灿，还有皇七子。不过这几个孩子的命运都不好，只有永悼王慈照还算好一点，在京城被攻陷时失去了下落，别的王子全在小小年纪就死了。

一连有这么多孩子去世，严重打击了田贵妃，最终，她因为太伤心了，生病去世。朱由检给她的谥是"恭淑端惠静怀皇贵妃"，将她葬于思陵。

田贵妃比较幸运，在明王朝灭亡之前去世，因此可以算是死得很安详。她在死后还可以有个隆重的葬礼，但袁贵妃与周皇后等人都是在李自成攻入北京之后才自杀的，根本没有什么葬礼。

尽管嫔妃们没有闹出什么乱子，然而明王朝还是面临着严重的统治危机，以前遗留下来的各种问题都逐渐扩大化。国内时时爆发农民起义，而外面又有后金时刻威胁着明朝的统治，朱由检所面临的情况令人堪忧。

战事太紧张了，京城已经非常危险，这时候周皇后就特别委婉地告诉朱由检："臣妾在南方那边还有一套房子。"朱由检希望皇后能把这事说得更详细一些，然而皇后却不想多说。可能皇后是打算用这种方式给朱由检提个醒，让他向南方转移，不让明朝这么快灭亡。但是朱由检一直抱着侥幸心理，没有南迁。

公元1644年，农民军队在李自成带领下一路打到了京城，然后将京城攻占。皇宫里顿时乱成一团，朱由检非常难过地告诉周皇后："我们已经完了！"周皇后感到特别后悔，说："我跟着你过了18年，这么多年，你从来都对我说的话充耳不闻，因此才走到现在这一步！"

现在说什么也晚了，周皇后将二皇子与皇太子两个人抱在怀里，放声大哭。痛哭过后，周皇后赶紧找了可靠的人，把这两个孩子从宫里护送出去。朱由检不但自己不想活了，还命令周皇后自杀。

周皇后于是服从命令，自杀而死。

测测明朝的灭亡

在朱由检当皇帝的后期，百姓不堪忍受明朝的苛捐杂税，纷纷起兵反明。其中势力最大的就是李自成带领的那一帮起义军。很快李自成的军队就打到了北京，眼看就要灭亡明朝的政权了。

朱由检也预感到自己将要万劫不复了，他每天过得提心吊胆，这真是一种精神上的煎熬。

据说某天，朱由检穿着常服溜达出皇宫，打算给明朝的朝廷算上一卦，看看今后的气运怎么样，能不能从困境中走出来。虽然现在充满了危机，也许明朝命不该绝呢！

说来也巧，朱由检才出了皇宫没走多远，就遇到了一个测字算卦的人。这位测字先生拿着一个幌子，微笑着向他走来。朱由检看这个人留着一缕胡须，脸上很干净，好像是一个挺有能力的人。朱由检觉得自己可能和这位测字先生有缘，不然怎么刚从皇宫出来就遇上了呢，于是就请这人给他算一卦。

测字先生说，要想算卦，先说个字出来。朱由检想了一下，说了个"有"。

这人上下仔细看了看朱由检，思索了一会儿，问："有件事得先问明白，您想知道的是自己的前途呢，还是国家的命运呢？"

朱由检心中微惊，觉得这个人有点门道，竟然能猜到自己想什么，沉吟了一下说："个人的前程和国家的命运是紧紧联系在一起的，你就说说国家的命运吧！"

这人马上分析道："您测的是'有'，这个字的上边是少了一撇的'大'字，下边则是没有'日'的'明'字。如果您问的是国家，这个卦可不太好，江山社稷很有可能要丧失一大半啊……"

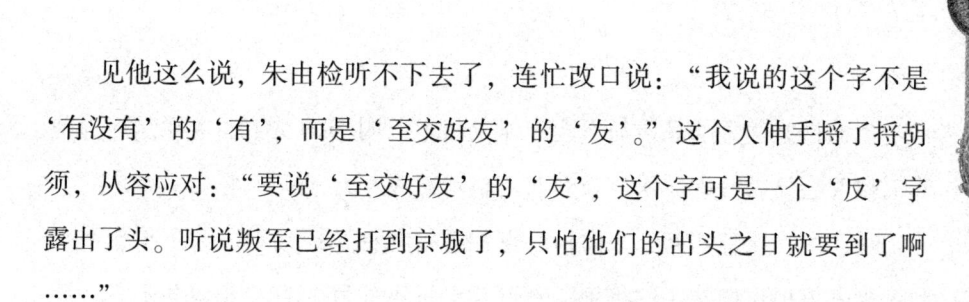

见他这么说，朱由检听不下去了，连忙改口说："我说的这个字不是'有没有'的'有'，而是'至交好友'的'友'。"这个人伸手捋了捋胡须，从容应对："要说'至交好友'的'友'，这个字可是一个'反'字露出了头。听说叛军已经打到京城了，只怕他们的出头之日就要到了啊……"

朱由检心中大吃一惊，连忙又改口说："不对不对，我刚才说走了嘴，实际上我打算测的字不是那个，而是'酉时'的那个'酉'。"测字先生仍然是非常从容，掐了掐手指头，脸上露出惊恐的神色，非常紧张地道："您算的这个字，我不能说出来，不然就有杀头的危险！"

朱由检听他这么说，更想知道了。不过他也非常紧张，镇定了一下心神，装出一副平静的样子道："你说吧，这里只有我们两个人，没关系的。"

这人往朱由检跟前凑了凑，神秘兮兮地道："您现在测的'酉'字，是一个'尊'把脑袋和脚去掉以后得出来的！'尊'当然是指的身份无比尊贵的人，也就是当今天子。你问的又是国运，那只怕当今的天子性命危在旦夕啊！"

朱由检这次没有再改口了，他已经震惊得说不出话来，心中只想着，看来大明王朝凶多吉少了。过了一会儿，朱由检才缓过神来，给了测字的人一些银两，便匆匆忙忙往回走，去为明朝的后事做准备。

这个测字的人望着朱由检的背影微微一笑，转身离开了。据说这个测字的便是农民军领袖李自成手下的谋士，他的名字叫牛金星。

明朝的末日

朱由检这个人有特别让人难以理解的复杂个性。他刚当皇帝那会儿，致力于将魏忠贤那伙危害国家的败类除去，此时的他能够审时度势，表现得既有头脑又沉稳。他当皇帝时各种习惯也很好，既勤于朝政，有艰苦朴素。

然而这些优秀的品质却不能让他成为中兴明朝的君主，主要是因为他有时候又会显得特别浮躁，和以前完全判若两人。

由于国家叛乱四起，朱由检一直在进行各种镇压活动。为了将叛乱平息，他不停地更换领头的将领，一点儿也沉不住气。有些流寇并不是一朝一夕就能清除干净的，虽然将领们有的表现得非常好，但还是难免被朱由检换掉的命运。

另外，朱由检一直在增加老百姓的赋税，人们受不了这么重的税，因此被逼无奈而造反。这便是朱由检当皇帝时国内动乱不堪，农民起义扑灭一波又来一波的主要原因。苛捐杂税的增加，将百姓逼到了明朝的对立面。

明朱由检盼望着经过自己的努力，能够使明朝出现"中兴"的局面。但是前朝留下来的烂摊子实在太烂了，好几代人已经将国家搞得不成样子。各地不停地闹饥荒，又有瘟疫疾病到处流行，农民起义接连不断，外面还有皇太极在边境上不断捣乱，明朝的江山已经摇摇欲坠。

朱由检迫切地想改变明朝的现状，但是他的疑心太重，又听不进别人的劝解，所以经常会对国家大事做出错误的决定。他痛恨魏忠贤的宦官专权，在前期废了很大的力气将魏忠贤一伙人除去，然而却不珍惜这一劳动成果，后来竟又重新让宦官掌了权。

朱由检在大臣们的劝说下，一开始对著名的将领袁崇焕特别信任，让袁崇焕负责把守辽东，与满人作战。袁崇焕不负朱由检的信任，打了明朝与满人之间战争的第一个大胜仗，之后一直将战线维持在辽东。

皇太极奈何不了袁崇焕，于是就绕过他的防线，直接进攻京城，不料又被挥师救援的袁崇焕挫败。皇太极打不过，就开始收买朱由检身边的宦官，让他们在朱由检面前说袁崇焕的坏话。

朱由检是非不分，将袁崇焕杀了。明朝少了一员大将，离灭亡更近了一步。

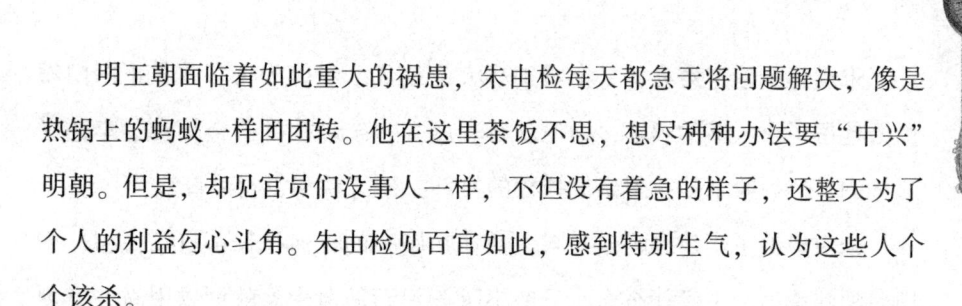

明王朝面临着如此重大的祸患，朱由检每天都急于将问题解决，像是热锅上的蚂蚁一样团团转。他在这里茶饭不思，想尽种种办法要"中兴"明朝。但是，却见官员们没事人一样，不但没有着急的样子，还整天为了个人的利益勾心斗角。朱由检见百官如此，感到特别生气，认为这些人个个该杀。

从公元1642年以来，所有人都觉得朱由检像是变了一个人似的，他猜忌心理更严重了，而且还喜怒无常。可能他是被眼前的内忧外患逼急了，甚至有时会显得有些神经质，控制不住暴躁的情绪。他软弱的肉体似乎已经不堪重负，要垮掉了。

公元1644年，北京刮起了大风，天上飘着黄色的雾气，显得非常吓人。后来，凤阳出现了地震。那是朱家祖坟所在的地方，因此这件事的兆头非常不好。

坏天气和地震搞得所有人都非常害怕，人们都感觉明朝的江山就要完了。有很多官员积极给自己找退路，根本无心再理国家的事。

不祥的征兆还没过去几天，李自成率领的军队就离京城很近了。朱由检知道这个消息之后，不停打着哆嗦，不甘心地哭了起来，他说："朕本来不想当一个让国家灭亡的君主，但是所有的事情似乎都显示着国家要亡了。假如先祖打下的基业毁在朕手中，以后朕还有何脸面去和祖宗见面啊！决不能坐以待毙，朕得御驾亲征，去和叛贼拼个你死我活。就算是最后朕死在了战场上，也比这样憋在京城好得多。"

大臣们知道朱由检准备御驾亲征，都表现得非常积极，大学士们也吵吵嚷嚷地主动请求到战场上杀敌，为国立功。其中，一个叫李建泰的人表现得尤为积极。

李建泰住在山西曲沃，是那里有名的富豪。李建泰说自己愿意拿出家财犒赏军队，于山西组织一支队伍，去消灭李自成率领的农民军。

朱由检心中非常高兴，于是立即准奏，自己又不御驾亲征了，而是让李建泰代替他去打仗。

朱由检给李建泰办了一个特别盛大的仪式，封他为将，并在正阳门城楼给他摆了个丰盛的酒宴，为他壮行。席上，朱由检举着金杯赏了李建泰三杯酒，然后给了他一封亲笔授权的文件——《钦赐督辅手敕》。

朱由检给了李建泰很多权限，命他在路上的任何事情都自己做主，不用向朝廷请示。不管什么人，只要不听李建泰的命令，就可以用尚方宝剑将其斩首。

李建泰非常激动，向朱由检表示一定会不辱使命。李建泰离开时，朱由检一直眺望着他的背影，将国家的希望全都押在了他身上。

李建泰离开京城，还没走多远，他的轿框便忽然坏了，所有人都认为这是不祥的兆头。

那时候，除了京城这里，城外各地都已经不听明朝的命令，明朝的政权早已经名存实亡。李建泰的军队遇到了很多麻烦，还没开打就已经注定要输了。他所经过的州县连吃的都不供应，等行至河北定兴时，更离谱的事情发生了，那里的县令不让李建泰的人马进城。

后来李建泰听说李自成已经率领军队从黄河渡过，赶紧向后跑，领着几百个亲近的士兵去保定了。时间不长，李建泰便向李自成投降了。

崇祯听到这个消息之后，恐怕应该是捶胸顿足吧。

让李建泰率领军队出征之后，国家已经调不出兵来了，如果想找人守卫京师，只有一个办法，就是把在宁远镇守的吴三桂调过来。因此，朱由检打算马上传旨命吴三桂支援京城。

如果吴三桂不镇守宁远了，等于是把那里的地方全都送给皇太极。大臣们都担心这件事，也明白朱由检反复无常，说不定什么时候就又反悔了。如果他日后追究起来，肯定不会惩罚自己，而是追究大臣的责任。

所以，大学士都不敢拿主意。当时的首辅陈演提出种种理由来阻止圣旨下达，他将百官聚在一起商量对策，一起讨论如果吴三桂领兵保卫京城，边境上的老百姓如何安置，撤军的银两如何出，怎样守住山海关等一系列问题。

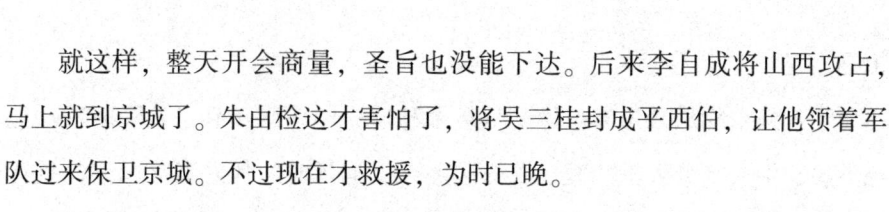

就这样，整天开会商量，圣旨也没能下达。后来李自成将山西攻占，马上就到京城了。朱由检这才害怕了，将吴三桂封成平西伯，让他领着军队过来保卫京城。不过现在才救援，为时已晚。

大顺军日益逼近，京城的局势非常紧张。尽管朱由检竭尽全力想力挽狂澜，却无力回天。

公元1644年，户部告诉朱由检，国库已经没有了银子。战争急需用钱，朱由检便让皇家的亲戚、众位大臣捐献钱财。

朱由检让宦官去见自己的岳父周奎，要求他捐献12万两银子出来，给其他官员树立榜样。但是周奎坚决不肯出钱，最后交出来1万两。

朱由检特别生气，又命人向周奎索要2万两。周奎于是将这件事告诉了周皇后，周皇后便拿了5000两给他。周奎又给了朱由检3000两，自己吞没2000两，等李自成攻占北京之后，在周奎家搜出了50多万两银子。

其他官员也都不愿意拿钱。朱由检辛辛苦苦威逼利诱了30多天，才凑了20多万两银子。等李自成军队查抄时，一共从贵族、官员及太监那里搜出来2000多万两银子。

形势已经到了最危险的时刻，朱由检有颁布了《罪己诏》，还一连两次。他表示国家变成这个样子，所有的责任都在他自己身上。他决定不再向百姓征收多余的赋税，打算用这种方法让局面稳定一些。

然而，现在做什么都没有用了，实在太晚了。李自成很快打到了居庸关，镇守在那里的唐通与太监杜之秩马上叛变。接着，李自成的军队攻占昌平，有的人马已经来到京城之外。

这时京城里面已经大乱了，朝廷的军队不战自溃，城墙上也没有像样的防守。官员们纷纷出逃，士兵们全无战意。已经没有几个人再听朱由检的调遣了。

后来，李自成让向他投降的太监杜勋过来找朱由检议和，便是愿意和朱由检将国家一分为二，共同治理。不过他要求朱由检必须用800万两银子奖赏他的军队。朱由检听了这样的要求以后，既没有同意，也没有拒绝。

不过朱由检从来没有想过要与叛军和谈，即使已经到了这个时候，他也不想和别人平分天下。但他觉得这是一个拖延时间的好机会，因此就让身边一个很受宠的太监去和杜勋商量具体的细节。

朱由检是打算一直拖下去，给其他地方过来保卫京城的军队足够的时间。但是李自成却不愿意等太久，因为他不是傻子，明白时间越久越容易生变。见朱由检迟迟不做决定，李自成下令攻城。

曹化淳将京城的大门打开，将李自成迎接进城。于是外城瞬间就被农民军攻占……

崇祯自缢　明朝灭亡

朱由检听说外城沦陷的消息后，知道明朝大势已去，已经无力回天了。他知道，过不了多久，李自成的大军就会进驻皇宫，而自己也将会成为李自成的俘虏。朱由检这时就像是一个没有生气的幽灵一般，茫然地看着皇宫中惊慌失措的宫人太监。

他长叹一口气，登上了煤山，想要在看一看这大明江山的故土。煤山上，朱由检看着城外的烽火连天，不禁泪如雨下。他想作为一国帝王，在国家危难的时候，除了以身殉国，还有什么更好的办法吗？

想到此，朱由检又返回宫中，叫来自己的几个皇子。太子仅有16岁，二皇子11岁，小皇子9岁。朱由检看着眼前稚气未脱的儿子，内心非常的痛苦。他强忍着心中的悲痛，对皇子说："我们的大明王朝就要完了，你们一定要想尽办法逃出去，保住性命，以后也好为我报仇。"几位皇子似懂非懂地点点头。

随后，朱由检又让人给几位皇子穿上了破旧的衣服，再次叮嘱道："现在的你们还是皇子，等过了今天，你们就是普通百姓了。记住，你们出去之后，一定要保护好自己，见到年长的人就成为伯伯，见到年轻的人

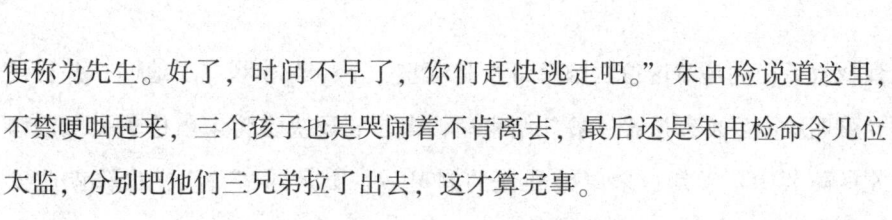

便称为先生。好了，时间不早了，你们赶快逃走吧。"朱由检说道这里，不禁哽咽起来，三个孩子也是哭闹着不肯离去，最后还是朱由检命令几位太监，分别把他们三兄弟拉了出去，这才算完事。

送走自己的儿子后，朱由检又让自己的贴身太监给自己端来一壶酒，一边饮一边看着眼前的景色，没过多久，这皇帝就醉了。他歪歪扭扭的走出皇城，看着从身边匆匆而过的人们，他的心里痛苦极了。做了十七年的皇帝，始终未能挽回明朝灭亡的局势，如今，眼看着大明王朝就要落在贼人手里，除了死，他又能做什么呢？

不过，在死之前，他还有一件事情要做，那就是要安排好自己的妻子女儿，决不能让她们落在李自成的手里。于是，他命身边的太监传旨，命令皇后妃子自裁谢罪。为了防止妃子们贪生怕死而违抗自己的命令，他甚至亲自前往坤宁宫，监督妃子们自裁。

随后，朱由检又跌跌撞撞的来到寿宁宫。朱由检的二女儿长平公主便住在这里。长平公主今年16岁，是朱由检最为宠爱的女儿。朱由检来到寿宁宫时，长平公主正准备自缢。长平公主看着浑身都是血迹的父皇，心里有些害怕。她大叫一声父皇，便想扑入朱由检的怀中。朱由检狠下心，用剑指着自己最疼爱的女儿，大喊一声："为什么，为什么你要生在我帝王家！"说完，便一剑刺向公主。随后，朱由检又亲自杀了自己的三女儿昭仁公主。

这些都做完之后，他自己一个人又去了煤山。这时候的朱由检，早就已经成了一具没有灵魂的行尸走肉，他只是走啊走啊，鞋子掉了、脚上磨出了血泡，他也像没有察觉到一般，只是漫无目的地走着，而他的贴身太监则不放心地紧随其后。

朱由检到达煤山顶后，再次看了一眼这满是疮痍的紫禁城，便吊死在煤山的一棵树上。他的贴身太监王承恩看到皇帝吊死了，自己也准备了一条白绫，吊死在朱由检的对面。

朱由检死后，和周皇后同放在一个棺材中，并将其寄在寺庙内。多尔衮执政后，倒是对这位亡国皇帝很是尊重，下令以礼厚葬了他们，并且还允许明朝旧臣可以送丧。葬礼结束后，多尔衮还决定将朱由检夫妻藏进田妃的陵墓中。于是，朱由检和他的周皇后、田妃同宿一穴，也算就此安息了。

对于朱由检来说，他的一生可谓是充满了悲剧色彩。朱由检是一个心思缜密、果敢坚决的人，他的政治手腕也非常强硬。他在位期间，一直希望可以通过自己的努力来扭转明朝灭亡的局面，只可惜天不遂人愿，病入膏肓的明朝在朱由检的治理下，并没有好转的迹象。

后世对朱由检的评说也是褒贬不一，有人说他身上具备一切明君的特质，他爱民如子、勤于朝政，只是因为当时明朝腐朽根基已深，他无法撼动而已，所以他也称得上是一位明君了；而有的人则认为朱由检是亡国之君，本是无可厚非的，并不能因为他在位时的表现，而否定他亡国的事实等，众说纷纭。看来对朱由检的定论，还需要后世细细地推敲啊。